Stephen Karcher
Das I Ging

Edition Roter Löwe

Der rote Löwe verkörpert die belebende, antreibende Energie von Sulfur, einem der Grundelemente im alchimistischen Transmutationsprozeß. Sulfur ist die Kraft, die verändert, veredelt und auf eine höhere Ebene bringt. Ziel dieser Edition ist es, esoterisches Wissen und Erkenntnisse aus der transpersonalen Psychologie verständlich und komprimiert darzustellen und damit ganz persönliche Wandlungsprozesse in Gang zu bringen.

In derselben Reihe:
Ägyptische Mysterien
Alchimie
Astrologie
Buddhismus
Die Chakras
Esoterik
Gnostizismus
Die Göttin
Der Gral
Handlesen
Die Kabbala
Kräuterkunde
Kristalle
Meditation
Naturmagie
Numerologie
Pendeln
Psychosynthese
Ritualmagie
Die Runen
Sufi-Praxis
Taoismus
Tarot
Visualisieren
Yoga
Zen

Stephen Karcher

Das I Ging

Edition Roter Löwe im
AURUM VERLAG · BRAUNSCHWEIG

Das englische Originalausgabe erschien 1995 unter dem
Titel »The Elements of The I Ging« im Verlag Element
Books Ltd., Shaftesbury, Dorset.

Ins Deutsche übersetzt von Christine Bendner
Gesamtgestaltung: Sabine Schönauer-Kornek

Die Deutsche Bibliothek – CIP-Einheitsaufnahme

Karcher, Stephen:
Das I-Ging / Stephen Karcher. [Ins Dt. übers. von
Christine Bendner]. – Braunschweig : Aurum-Verl., 1997
(Edition roter Löwe)
Einheitssacht. : The elements of the I-ging <dt.>
ISBN 3-591-08392-5

1997
ISBN 3-591-08392-5
© 1995 Stephen Karcher
© der deutschen Ausgabe Aurum Verlag GmbH,
Braunschweig
Gesamtherstellung: Westermann Druck Zwickau GmbH

Inhalt

Vorwort 7
Einführung 9
Die acht Trigramme 37
Münzen und Schafgarbenstengel 43
Hexagrammschlüssel 46
Nummern und Namen
der Hexagramme 48
Die vierundsechzig Symbole
der Weissagung 50
Literatur 266

Vorwort

Ich erinnere mich noch gut an jenen kalten, regnerischen Tag vor dreißig Jahren, als ich ziellos durch die Straßen lief und nicht wußte, wohin ich mich wenden sollte. Ich war allein und fühlte mich emotional und spirituell von allem abgeschnitten. Um zumindest dem Regen zu entgehen, betrat ich einen kleinen Buchladen. Dort entdeckte ich ein graues Buch mit chinesischen Schriftzeichen auf dem Einband und vernahm plötzlich eine Stimme, die mich unwiderstehlich zu diesem Büchlein hinzog. Das war der Geist des I Ging. Als ich später damit zu arbeiten begann, erfuhr ich, wie es ist, einem Buch eine Frage zu stellen und etwa folgende Antwort zu bekommen: »Ich sehe dich. Dein Wohlergehen liegt mir am Herzen. Es ist mir wichtig, wie du lebst und wie du stirbst.«

Das Buch, das Sie nun in der Hand halten und das wir »das kleine Buch, das dir sagt, was zu tun ist« nennen könnten, hat noch ein wenig mehr zu bieten als jene Version, die ich damals entdeckte, denn es beruht auf der praktischen Erfahrung von Tausenden von Menschen, die das Orakel als visionäres Instrument benutzen. Darüber hinaus stützt es sich auf jahrzehntelange Forschung in den Bereichen der Sinologie, Archäologie, Tiefenpsychologie und Religionsgeschichte. Es ist eine neue Betrachtungsweise eines sehr alten Buches.

Heute suchen mehr und mehr Menschen nach »anderen« Wegen und Möglichkeiten, sich selbst und ihre Probleme zu verstehen. Wir legen Tarotkarten, arbeiten mit Runen, chanten Mantras, gehen zu Wahrsagern und Medien oder schließen uns einem Hexenzirkel an. Alles, was je als Aberglaube und Werk des Teufels betrachtet wurde, kehrt nun zurück, um uns zu verfolgen – oder vielleicht, um uns zu retten. Das I Ging gehört dazu. Wenn Sie heute ein Orakel befragen und seine Antworten ernst nehmen, bringt Sie das wieder mit vielem in Kontakt, was im Laufe der Entstehung unserer mechanisierten und entpersönlichten Welt unterdrückt wurde. Es geleitet Sie zurück zu einem Ort, den unsere Vorfahren »das Meer der Seele« nannten, indem es Ihnen aufzeigt, welche Handlungen und Gedanken Sie zu der Erfahrung eines tieferen Sinnes führen können. Das ist das Wesen der Magie. Unser Interesse an diesen alten Wissenschaften und anderen Kulturen spiegelt unser starkes Bedürfnis, diesen Sinn wiederzufinden. Das I Ging kann auf vielen Ebenen zu Ihnen sprechen, und Sie können es auf viele Arten betrachten. Sein Zauber entfaltet sich in dem Moment, da Sie in einem besonderen Augenblick Ihres Lebens den Geist um eine Vision bitten, die Sie führen soll.

Stephen Karcher

Einführung

Was ist das I Ging?

Das I Ging ist ein Orakel, ein dreitausend Jahre altes System, das ursprünglich erdacht wurde, um mit Göttern und Geistern in Kontakt zu treten. In unsere heutige Sprache übersetzt, zeigt es uns Wege auf, mit unseren großen und kleinen Problemen umzugehen, indem es uns hilft, mit dem Tao oder »Weg«, jenem kreativen Raum, den wir heute das Unbewußte nennen, in Verbindung zu kommen oder zu bleiben. Das I Ging versetzt uns in die Lage, schwierige Situationen zu durchschauen und die sie verursachenden verborgenen Energien wahrzunehmen. Es zeigt uns, wie wir gleichzeitig mit der inneren wie der äußeren Welt in Kontakt bleiben können, und kann uns helfen, unseren »Weg« im Leben zu finden.

Wie funktioniert es?

Das I Ging umfaßt vierundsechzig Symbole der Weissagung, Hexagramme genannt, die aus jeweils sechs Linien bestehen. Jedem Hexagramm ist ein besonderer Name und ein kurzer Orakelspruch zugeordnet. Diese divinatorischen Symbole sind sozusagen das Wörterbuch jener verborgenen Kräfte, welche hinter den Dingen stehen und sie bewegen und wandeln. Sie wirken wie ein Spiegel auf die unbewußten, Probleme oder Lebenssituationen kreierenden Kräfte. In der traditionellen Sprache ausgedrückt, sind die Symbole des I Ging »Träger des Lichtes von Göttern und Geistern«. Stellt man dem I Ging eine Frage, so bringt es eine Antwort hervor, die »bis zu den tiefsten Wurzeln reicht und den Willen aller unter der Sonne lebenden Wesen durchdringt«. Wenn Sie auf diese Stimme hören, leben Sie in Einklang mit dem Tao oder »*Weg*« und dem verborgenen »Zeitgeist«.

Der Zeitgeist

Unsere Welt wird nicht allein von mechanischer Zeitregelung bestimmt: Des Nachts in unseren Träumen oder inmitten der Verstrickungen unserer Alltagskonflikte erfahren wir eine andere Art von Zeit. Diese »andere Zeitdimension« ist – wie unsere Träume und jene Welt, der sie entspringen – von Geistwesen bevölkert, und diese Wesen können Ihr Leben beeinflussen und tun es auch, ob Sie sich dessen bewußt sind oder nicht. Sie gehören zu Ihnen und kreieren ständig Situationen, die Sie zwingen, sich ihrer bewußt zu werden. Darin spiegelt sich ein grundsätzliches Prinzip der kreativen Imagination. In jedem Problem, jeder Schwierigkeit, in die wir verstrickt sind, steckt ein Geist, nämlich der »Geist der Zeit«, der mit uns zu kommunizieren versucht. Dabei hilft uns das Orakel mit seinen ganz spezifischen, praktischen Ratschlägen. So können sich die Dinge für alle Beteiligten glücklicher entwickeln, wenn Sie in Einklang mit diesem Geist handeln, anstatt gegen ihn zu arbeiten. Auf diese Weise wird Ihre Zeit mit Leben erfüllt, wird für Sie zu etwas Besonderem, Bedeutsamem.

»Besondere« Zeit

Das Wörterbuch definiert Zeit als »ein nicht-räumliches Kontinuum, in welchem sich Dinge ereignen; eine bestimmte Spanne innerhalb dieses Kontinuums und ein System, mit Hilfe dessen solche Spannen gemessen oder berechnet werden«. Das ist unsere sogenannte »Uhrzeit« oder »wissenschaftliche Zeit«. Innerhalb dieses Systems sind alle Einheiten austauschbar, was bedeutet, daß jede Minute der anderen, jedes Datum dem anderen gleicht. Doch es gibt noch eine andere Art von Zeit. Das zeigt sich auch in unserem Sprachgebrauch. Wir sprechen von sorgenvollen Zeiten, guten Zeiten, unserem persönlichen Zeitrhythmus, der richtigen Zeit, dem rechten Augenblick, der Zeit unseres Lebens, dem Augenblick der Wahrheit; wir schinden Zeit, leisten Zeit ab, sind unserer Zeit voraus, hinken der Zeit hinterher, haben Freizeit! Diese Zeit ist von ganz anderer Qualität, weil sie von der individuellen Wahrnehmung abhängt.

Und auf diese Weise arbeitet die Zeit auch für das Orakel. Sie besitzt hier stets eine spezielle, vom individuellen Fragesteller abhängige Qualität. Von einem Orakel können Sie keine Zeitangaben wie von einer Uhr erwarten, wohl aber erzählt es Ihnen eine Geschichte der Zeit, indem es die inneren und äußeren Prozesse sinnvoll miteinander verknüpft. Das ist »lebendige Zeit«, die die Wege der Seele widerspiegelt.

Wie das Orakel wirkt

Man liest das I Ging nicht einfach wie ein normales Buch, sondern stellt ihm eine Frage und erhält eine Antwort. Diese Antwort kommt durch Prozesse zustande, die unser bewußtes Denken als »Zufall« betrachtet. Man nimmt sechs bunte Murmeln aus einem Korb, wirft sechsmal drei Münzen oder wählt einige von fünfzig Schafgarbenstengeln aus. Dieses »Zufallsprinzip« veranlaßt »etwas anderes«, die Wahl zu treffen, es ermöglicht dem »Geist der Zeit«, die Kontrollmechanismen Ihres bewußten Denkens zu umgehen und eines der Orakelsymbole auszuwählen, welches Ihnen dann die Antwort übermittelt. C. G. Jung bezeichnete dieses Phänomen als »Synchronizität« – einen Zeit- und Sinnzusammenhang, der nicht einfach auf dem linearen Prinzip von Ursache und Wirkung beruht. Sie selbst, Ihre Situation, das »Zufallsereignis« und die gewählte Antwort sind alle Teil einer besonderen Zeitqualität. Das I Ging nutzt diese besondere Zeit, um Ihnen wie in einem Spiegel zu zeigen, was »hinter den Kulissen« in Ihrem Leben vor sich geht. Was Sie normalerweise als Zufall betrachten würden, ist in Wirklichkeit der Beginn eines Dialogs.

Die Bedeutung des I Ging

I Ging bedeutet »Klassiker des I«. Das Wort Ging oder »Klassiker« stammt aus der Zeit um etwa 200 vor Christus, als in China fünf »klassische Bücher« entstanden. Vor dieser Zeit wurde das Buch *Choi I* genannt. Choi wurden jene Könige genannt, die laut Überlieferung das I etwa 1100 vor Christus zuerst benutzt haben sollen. Es bedeutet außerdem »alles umfassen, sich im Kreis bewegen«. *Choi I* bedeutet demnach »umfassendes I«. Die Betonung liegt hier auf dem Wort »I«, und deshalb wird das Buch oft einfach »das I« genannt. Vielleicht wissen Sie, daß die chinesische Silbe I normalerweise mit »Wandel« oder »Veränderung« übersetzt wird. Tatsächlich geht es aber um ganz bestimmte Veränderungen, nämlich solche, die durch unerklärliche oder ungewöhnliche Ereignisse ausgelöst werden. Das Orakel sagt Ihnen, wie Sie solchen Veränderungen begegnen können: Seien Sie flexibel, lassen Sie Ihre festen Vorstellungen los, beißen Sie sich an nichts fest, lassen Sie sich von den verborgenen Geistwesen oder Energien bewegen und transformieren. In einer bestimmten Ausgabe des Buches enthält das chinesische Wort das Schriftzeichen für »Chamäleon«, in einer anderen das Zeichen für »Sonne« sowie ein negatives Zeichen, das auch »Mond« bedeutet. Darüber hinaus bedeutete das Wort I auch noch: »Jemandem ein Geschenk überreichen.« Wenn wir all diese Elemente miteinander verbinden, ergibt sich folgendes: I macht Ihnen bewußt, auf welche Weise sich die Dinge in der mondbeschienenen Welt der Seele bewegen. Es ist ein Geschenk an die Menschen, das ihnen die Möglichkeit gibt, wie ein Chamäleon die Farbe zu wechseln. Sie müssen also nicht in Ihren Problemen stecken bleiben.

Der wichtigste Aspekt des I jedoch hat mit Imagination oder Vorstellungskraft zu tun. Seine Symbole beschreiben die Art und Weise der Geistwesen oder geistigen Helfer, die menschliche Vorstellungskraft zu bewegen. Diese Energien sind die »Samen der Ereignisse« in unserer manifestierten Welt. Das Buch bringt Sie in Kontakt mit diesen »Geistern« und Ihrem eigenen I, Ihrer kreativen Imagination, sofern Sie geneigt sind, diese für sich zu nutzen. So werden Ihre »schwierigen Probleme« zu Geschenken der geistigen Helfer, zu einer Einladung, einen Dialog mit dem Tao zu beginnen.

Die Ursprünge des »I«

Wir wissen nicht wirklich, welcher Quelle das I entsprang, aber wir wissen, daß es aus dem Verlangen geboren wurde, mit den geistigen Kräften unseres Kosmos in Verbindung zu treten. Viele der in diesem Buch gebrauchten Begriffe sind mindestens 3500 Jahre alt und waren Teil einer besonderen, von Wahrsagern und Magiern benutzten Sprache, die ebenfalls I genannt wurde und in den Königshäusern des alten China entwickelt worden war. Diese Sprache entstammte einer noch älteren schamanischen Tradition der Lieder, Geschichten, Reime und Zaubersprüche, die von Eingeweihten mit Hilfe eines Systems geschlossener und offener Linien »entschlüsselt« wurden. Aus diesen Linien entstanden schließlich die Hexagramme.

Etwa um 1100 vor Christus schuf Wu Hsien, der »einende Schamane«, aus den Worten und Linien ein System und entwickelte eine Methode, das Orakel durch das Abzählen von Schafgarbenstengeln zu befragen. Dieses System wurde Chou I genannt. Es ist überliefert, daß die Könige der Chou-Dynastie es anwandten, um ihre korrupten Vorgänger zu stürzen, ein harmonisches Staatswesen zu errichten und in Kontakt mit dem Tao zu bleiben. Etwa fünfhundert Jahre später, während einer von vielen Kriegen geprägten Periode, begannen auch Menschen, die nicht der Herrscherfamilie angehörten, das Chou I zu befragen. Es war eine Zeit der gesellschaftlichen Um- und Zusammenbrüche, die gleichermaßen chaotisch wie kreativ war. Die Gesellschaft fiel auseinander, ähnlich wie wir es heute erleben, und die Menschen brauchten den Rat des Orakels. Um 200 vor Christus, zu Beginn der Han-Dynastie, machte eine Gruppe von Gelehrten aus dem Chou I ein *Ging* (einen Klassiker). Sie kodifizierten die Schriften und ältesten Texte, sammelten das später entstandene, neue Material und fügten alles zusammen. So wurde das Chou I zum I Ging. Das Buch, wie wir es heute kennen, ist praktisch identisch mit den vor über zweitausend Jahren entwickelten Texten. Jeder im alten China benutzte es – vom Regierungsbeamten bis hin zum Straßenwahrsager. Die Bilder und Symbole des I Ging dienten Dichtern und Denkern sowie Autoren magischer und populärer Literatur als Inspiration. Da es seine Wurzeln in uralten schamanistischen und magischen Traditionen hat, ist es mit traditionellen Kulturen der ganzen Welt verbunden. Auch heute noch werden die Texte des I Ging überall im Osten als Orakel benutzt.

Mit den Geistwesen kommunizieren

Das I ist ein Produkt des nördlichen China, es trägt die Züge der Landschaft, der Geschichte, der Mythen und Träume der dort lebenden Menschen und eröffnet uns so eine wunderbare, geheimnisvolle und vielschichtige Welt, die von Menschen, Tieren und mythischen Gestalten bevölkert ist. In ihm spiegeln sich eine ganze Reihe gesellschaftlicher und politischer Umbrüche – von prähistorischen bis in historische Zeiten. Die von den alten Wahrsagern und Schamanen zur Kommunikation mit den Geistwesen entwickelte Sprache brachte eine einzigartige Symbolik hervor, welche uns zeigt, wie Imagination sich bewegt und wandelt. Gemäß der Überlieferung kreierten Zauberer und Schamanen diese Symbole spontan, um sich mit jener »lebendigen Welt« zu verbinden, die wir heute das kreative Unbewußte nennen. Einige dieser Symbole müssen wir erst näher erforschen, um sie nutzen zu können, doch dann erhalten wir Zugang zu etwas, das weit über jede individuelle Kultur hinausreicht.

Neokonfuzianismus

Der Neokonfuzianismus ist eine von der herrschenden Klasse Chinas verbreitete, offizielle Interpretation des Orakels. Sie besagt, daß in der Welt eine hierarchische Ordnung existiere – oben der Himmel, unten die Erde, oben die Männer, unten die Frauen, oben die Herrscher, unten das gewöhnliche Volk –, der das Tao untergeordnet sei. Hierbei handelt es sich jedoch um eine relativ neue, politische Interpretation durch die »Upper Class«. Die Symbole des Orakels sind viel älter, interessanter, volkstümlicher und kreativer. Wir, die wir leicht aus diesem hierarchischen System aussteigen können, können uns von ihrer historischen Bedeutung freimachen, sie als zeitlose, inspirierende Kräfte begreifen und so die Macht des Orakels freisetzen. Auf die gleiche Weise können wir mit allen im I Ging auftauchenden geschlechtsspezifischen oder auf Macht bezogenen Begriffen, wie beispielsweise Ehefrau und Ehemann, König und einfacher Bürger, umgehen. Wir können sie als Rollen betrachten, in die wir in unserer Vorstellung nacheinander oder abwechselnd schlüpfen können. Allein was die Gestalten tun oder wie sie sich verhalten, zählt. Sie können heute »Ehemann«, morgen »Ehefrau« sein, sich in bezug auf ein bestimmtes Problem wie ein König verhalten und bei einem anderen in die Rolle eines einfachen Arbeiters schlüpfen. Sie tragen das Potential all dieser Gestalten in sich, es sind einfach Rollen, die Sie in Ihrer Vorstellung durchleben können. Das vorliegende I Ging unterscheidet sich von den meisten anderen Versionen dadurch, daß es die moralischen und politischen Aspekte außer acht läßt. Es macht Sie wieder mit der ursprünglichen Bedeutung der Symbole vertraut, so als konsultierten Sie einen Menschen, der die echte Kunst der Weissagung beherrscht, und nicht einen von der Regierung bezahlten Übersetzer.

Die Kunst der Weissagung

Weissagung ist nicht einfach Wahrsagerei, sondern ein Weg, um mit den verborgenen Kräften im eigenen Innern wie in der Außenwelt in Kontakt zu treten. Für unsere

Vorfahren in aller Welt war diese Methode, mit unsichtbaren Energien in Verbindung zu bleiben, etwas ganz Selbstverständliches. Sie beruht auf der Vorstellung, daß es möglich ist, die Götter oder Geister – die »Geister der Zeit« oder das Tao – zu fragen, was sie von uns erwarten und wohin sie sich bewegen. Das gibt den geistigen Kräften die Möglichkeit, hier und jetzt über die Ereignisse unseres täglichen Lebens mit uns zu kommunizieren. Das hat nichts mit Tugend oder Moral zu tun. In einem echten System der Weissagung haben die Symbole stets mehrere Bedeutungen, denn die Kunst des Weissagens ist nichts anderes als eine kreative Art und Weise, mit geistigen Energien in Kontakt zu treten, geistige Kräfte wahrzunehmen und Möglichkeiten zu finden, mit ihnen umzugehen. Sie öffnet eine Tür, durch die diese geistigen Kräfte in unserem Leben wirksam werden können.

Mit »Geistern« reden

Was unsere Vorfahren »Geister« nannten, sind »innere Wesenheiten«, die die moderne Tiefenpsychologie als »Komplexe« bezeichnet. Wir sind normalerweise der Meinung, daß wir Komplexe »haben«, doch wenn wir tiefer in die Materie eindringen, müssen wir bald erkennen, daß es in Wirklichkeit genau umgekehrt ist: Die Komplexe »haben« uns. Was wir »Komplexe« nennen, sind nicht einfach Überbleibsel unserer Gedanken und Gefühle, sondern Kraftzentren in unserer Vorstellungswelt, die alle unsere als »real« erlebten Erfahrungen erschaffen. Die Griechen nannten diese Komplexe *Daimon*, was soviel wie »Versorger oder Ernährer« bedeutet. Sie geben uns, was wir zum Existieren brauchen, und wenn wir mit diesen »inneren Wesenheiten« oder Geistern sprechen, können wir von ihnen Heilung, Hilfe und neue Kraft bekommen. Wir erhalten Zugang zu jenem unermeßlichen Raum der Bilder und Geschichten, der im I Ging als *Weg* oder Tao bezeichnet wird. Wir modernen Menschen können Symbole, magische Zeremonien, Opferriten und Mythen zwar nicht mehr so anwenden wie die Mitglieder urzeitlicher Stämme oder traditioneller Kulturen, aber wir können erkennen und wahrnehmen, daß diese Dinge etwas Reales über unsere Psyche und unsere Vorstellungskraft ausdrücken. Sie unterstützen uns bei einem Prozeß, den wir als »Seelenarbeit« bezeichnen können: dem Bemühen, im Einklang mit der Seele, den geistigen Kräften und der Vorstellungswelt zu handeln, anstatt sie zu zerstören.

Die Magie des I Ging

Alles, was mit der erwähnten »besonderen Art von Zeit« zu tun hat, ist Magie, weil es uns Zugang zur »geistigen Welt« verschafft. Doch hier geht es um eine ganz bestimmte Art von Magie. Sie ist nicht dazu geeignet, andere Menschen zu kontrollieren oder das Wetter zu ändern, aber Sie können sie nutzen, um sich jener »anderen«, denen Sie Nacht für Nacht in Ihren Träumen begegnen, bewußt zu werden und im Einklang mit ihnen zu handeln. Diese Magie kann Sie glücklicher, handlungsfähiger, mitfühlender und kreativer machen. Ihr Handeln wird dann von einem tieferen Wissen geleitet, und auf lange Sicht kann sich Ihr gesamtes Weltbild ändern. Betrachten Sie es einmal so: Sie wollen etwas tun und machen Pläne. Dann beschleicht Sie auf einmal ein unbehagliches Gefühl – Sie spüren, daß irgend etwas im Busch ist. Sie müssen herausfinden, was »die anderen« in Ihrer Psyche über Ihre Pläne denken. Sie wollen wissen, ob dies der richtige Zeitpunkt ist und welche Haltung oder Strategie am erfolgversprechendsten wäre. Jene »anderen« – die geistigen Kräfte oder Komplexe –

können Ihre Pläne unterstützen oder durchkreuzen, denn sie wissen um Zusammenhänge, derer Sie sich nicht bewußt sind, weil sie den Raum bewohnen, dem all Ihre Visionen, Bilder, Motive und Wünsche entspringen. Sie können Sie warnen, Ihnen andere Wege aufzeigen, Sie ermutigen, Ihnen sagen, wie bestimmte Dinge anzupacken sind, oder Sie auf drohendes Unheil hinweisen. Das Orakel eröffnet den Dialog mit diesen Geistwesen, und das Resultat dieses Dialoges ist *Shen Ming*. So nannten die alten Schamanen den Zustand intuitiver Klarheit, das bewußte Wahrnehmen des Tao oder »Weges«.

Die Bedeutung des *Tao*

Das Wort *Tao* bedeutet »Weg« oder »Pfad«. Es ist jener allumfassende Strom lebendiger Energie, der alles durchdringt und die Welt bewegt und gestaltet. Das Tao bietet jedem Individuum und jedem Ding einen Weg oder Pfad und ist ein grundlegender Pfeiler des östlichen Gedankenguts. Wo »Westler« sich über logische Definitionen dessen, was »real« ist, streiten, streiten sich die Chinesen über den »richtigen Weg« und die Möglichkeiten, mit ihm in Verbindung zu bleiben. Es ist ein Unterschied, ob man sagt: »Ich werde einen Weg finden, zu tun, was ich will« oder »es gibt einen Weg für mich, und ich möchte ihn finden«. Aus der Sicht des Tao gibt die Welt uns die Antwort, nicht umgekehrt. Dinge, die für uns im allgemeinen von höchster Bedeutung sind – Erfolg, Macht, Geld, Sicherheit –, sind für Menschen, denen es darum geht, ihren »Weg« zu finden, zweitrangig. Einige Leute behaupten, Tao beziehe sich auf ein ganz bestimmtes System gesellschaftlicher Regeln, während andere es als einen kontinuierlichen visionären Prozeß, eine Art schamanischer Reise betrachten. Wieder andere meinen, es bedeute »Nichtstun« (Wu Wei): Man ergreift nicht die Initiative, sondern wartet, bis man durch die »Geister« oder Umstände zum Handeln bewegt wird. Alle sind sich jedoch darin einig, daß es außerordentlich wichtig ist, mit diesem »Weg« in Kontakt zu bleiben, und das Orakel wurde entwickelt, um das zu ermöglichen, indem es dem Tao eine Stimme verleiht. »Mit dem Tao gehen« heißt, einen Sinn in allem zu erkennen. Es schenkt Freude, Freiheit, ein Gefühl der Verbundenheit, Mitgefühl, Kreativität, Erkenntnis und Liebe. Ein Mensch, der sein Leben in Einklang mit »dem Weg« führen wollte und dazu die Hilfe des Orakels in Anspruch nahm, wurde *Chün Tzu* genannt, was wörtlich übersetzt »Kind des Häuptlings« heißt. Der oder die Chün Tzu jagt nicht einfach hinter Geld, Macht oder Ruhm her, sondern trachtet danach, *Te* zu erwerben: die Macht, das Tao durch Handeln zu manifestieren und das individuelle Potential zu verwirklichen. Für eine(n) Chün Tzu ist das Orakel ein heiliges Vehikel oder *Ting*. Es ist das Symbol für einen kontinuierlichen Transformationsprozeß. Wie »der Geist« bewegt sich das Tao auf geheimnisvolle Weise. Es scheint sich wie psychische Energie aufzubauen, plötzlich und unberechenbar zu reagieren, und zerstört alles, was starr und unbeweglich geworden ist. Es manifestiert sich auch über die Kraft der Imagination, und Träumen ist ein gutes Beispiel für den Dialog mit dem Tao. Die Arbeit mit dem Orakel ähnelt in der Tat dem Traumprozeß – mit dem Unterschied, daß sie intensiver und zielgerichteter ist und direkt auf Ihre Probleme und Sorgen eingehen kann. Sie hilft Ihnen in praktischen Dingen sofort und auf lange Sicht auch auf der spirituellen Ebene.

Sich mit dem Tao verbinden

Als erstes müssen Sie natürlich eine Frage haben. Diese sollte einem Problem entspringen, das Sie nicht auf die übliche Weise lösen können, das wie ein verborgenes Kraftfeld wirkt und Ihre Energie und Aufmerksamkeit in Anspruch nimmt. Es zeigt Ihnen, wo »die Geistwesen« in Ihrer Seele gerade aktiv sind. Welche Gefühle löst das Problem in Ihnen aus? Angst, Verlangen, Widerstand, Verwirrung, das Gefühl, daß etwas Rätselhaftes geschieht oder daß Sie mehr oder andere Informationen benötigen – oder vielleicht das Gefühl, daß sich etwas Bedeutsames anbahnt? Es muß sich nicht einmal um ein großes Problem handeln. Allein die Tatsache, daß es Ihre Aufmerksamkeit auf sich zieht, aber dennoch verborgen bleibt, zeigt Ihnen, daß hier Prozesse auf tieferen Ebenen ablaufen. Wenn Sie Ihr Problem in eine Frage kleiden wollen, müssen Sie zunächst in Ihrer Seele forschen. Das ist die erste Phase dieses Prozesses. Forschen Sie in Ihrem Innern und artikulieren Sie, was Sie in bezug auf das betreffende Problem denken und fühlen, wer außer Ihnen noch davon betroffen ist, was davon abhängt. Erforschen Sie Ihre Erinnerungen und Träume, überlegen Sie, was dieses Problem symbolisieren könnte, weshalb Sie ängstlich oder unsicher sind und welche Art von Informationen Sie benötigen. Oft hilft ein Gespräch mit einem Freund oder einer Freundin, diese Dinge zu klären.

In der zweiten Phase formulieren Sie die Frage an das Orakel so klar wie möglich. Konzentrieren Sie sich auf sich selbst; Sie sind der aktive Teil. Die Antwort wird sich dann direkt auf Sie und Ihr Problem beziehen. Je klarer Sie die Frage formulieren, desto klarer fällt die Antwort aus. Fassen Sie, falls möglich, einen Entschluß in bezug auf das, was Sie tun wollen. Fragen Sie beispielsweise: »Was geschieht, wenn ich dies tue?« Sie können auch fragen, welche Einstellung oder Haltung dem Problem gegenüber angemessen ist: »Welche Haltung sollte ich XY gegenüber einnehmen?« Oder fragen Sie: »Was wird im Hinblick auf XY geschehen?« Handelt es sich um eine sehr wichtige Angelegenheit, sollten Sie zweimal fragen: »Was geschieht, wenn ich XY tue? Was ist, wenn ich es nicht tue?« Das Orakel wird Ihnen ein Bild vermitteln, das Sie mit den Geistwesen oder unbewußten Kräften, den »Samen zukünftiger Ereignisse«, in Kontakt bringt. Es konzentriert sich auf Sie als den Aktiven oder Handelnden. Machen Sie sich auf eine Überraschung gefaßt.

Wie man ein Hexagramm bildet

Um eine Antwort erhalten zu können, müssen Sie ein Hexagramm bilden, eine aus sechs Linien bestehende Graphik, deren Positionen von unten nach oben gezählt werden. Auf jeder Position befindet sich entweder eine geschlossene (Yang) oder eine offene (Yin) Linie. Es gibt außerdem stabile Linien und Linien der Wandlung. Das I Ging umfaßt vierundsechzig solcher Hexagramme, die sich aus jeder möglichen Kombination von sechs unterbrochenen (offenen) und durchgezogenen (geschlossenen) Linien zusammensetzen können. Jedem Hexagramm ist ein Name und eine Zahl zugeordnet. Die unteren und die oberen drei Linien eines Hexagramms werden jeweils zusammengefaßt und als Trigramme bezeichnet. Es gibt insgesamt acht Trigramme, die alle möglichen Kombinationen dreier unterbrochener und durchgezogener Linien enthalten können. Auch sie werden mit Namen und Bedeutungen assoziiert. Die Trigramme erleichtern Ihnen die Identifizierung Ihres Hexagramms, nachdem Sie es mittels einer der beschriebenen Methoden erstellt haben. Die folgende Abbildung zeigt die potentielle Form eines Hexagramms.

```
6 (    )  Äußeres
5 (    )  Trigramm
4 (    )

3 (    )  Inneres
2 (    )  Trigramm
1 (    )
```
Nummer: ......
Name: ....

Potentielle Form eines Hexagramms

Auf jeder dieser sechs Positionen kann eine der vier verschiedenen Linien plaziert sein: eine stabile Yin-Linie, eine stabile Yang-Linie, eine sich wandelnde Yang-Linie oder eine sich wandelnde Yin-Linie.

Stabile Yin-Linie
━ ━

Stabile Yang-Linie
━━━

Sich wandelnde Yang-Linie
━o━ → ━ ━

Sich wandelnde Yin-Linie
━x━ → ━━━

Die in einem Hexagramm vorkommenden Linien

Es gibt zwei traditionelle Methoden zur Erstellung eines Hexagramms. Bei der einen werden sechsmal drei Münzen geworfen, bei der anderen achtzehnmal neunundvierzig Schafgarbenstengel ausgezählt. Diese Methoden sind auf Seite 43 ff. beschrieben. Die Münzmethode ist nicht so zeitaufwendig, aber auch nicht ganz so akkurat wie das

Auszählen der Schafgarbenstengel, weil letzteres die Qualitäten der zwei Urkräfte Yin und Yang klarer widerspiegelt. Diese Methode ist jedoch kompliziert und kann bis zu einer Stunde dauern. Vor einiger Zeit wurde eine neue Methode erfunden, die die Qualitäten der beiden traditionellen Methoden in sich vereint. Sie ist so einfach und direkt wie die Münzmethode, bietet aber die gleiche mathematische Genauigkeit wie das Auszählen der Schafgarbenstengel. Sie benötigen dazu einen kleinen Korb oder eine Schale und insgesamt sechzehn Murmeln in vier verschiedenen Farben: eine Murmel einer bestimmten Farbe, drei einer zweiten Farbe, fünf einer dritten Farbe und sieben einer vierten Farbe. (Sie können auch sechzehn identische Stöckchen oder Steine mit vier verschiedenen Markierungen verwenden.)

Jede Farbe repräsentiert eine Kategorie von Hexagrammlinien. Als erstes müssen Sie also festlegen und aufschreiben, welche Farbe welche Art von Linie repräsentieren soll. Legen Sie dann eine Murmel der ersten Farbe in den Korb. Diese repräsentiert die seltenste Linie: eine Yin-Linie, die sich zu einer Yang-Linie wandelt (eine von sechzehn Möglichkeiten). Legen Sie dann drei Murmeln der zweiten Farbe in den Korb. Diese repräsentieren Yang-Linien, die sich zu Yin-Linien wandeln (drei von sechzehn Möglichkeiten). Danach legen Sie fünf Murmeln der dritten Farbe in den Korb; sie repräsentieren stabile Yang-Linien (fünf von sechzehn Möglichkeiten). Als letztes legen Sie die sieben Murmeln der vierten Farbe, die die stabilen Yin-Linien repräsentieren (sieben von sechzehn Möglichkeiten), in den Korb. Diese Mengenverhältnisse zeigen, daß die Yin-Energie lieber bleibt, wo sie ist, während die Yang-Energie sich bewegen will.

Schütteln Sie jetzt das Gefäß, um die Murmeln zu mischen, und nehmen Sie dann mit geschlossenen Augen eine aus dem Korb. Zeichnen Sie nun die Linie, die von dieser

Farbe repräsentiert wird, als Grundlinie Ihres Hexagrammes auf. Legen Sie die Murmel zurück in den Korb, schütteln Sie ihn wieder, und nehmen Sie mit geschlossenen Augen eine zweite Murmel heraus. Sie steht für die zweite Linie des Hexagramms. Legen Sie auch diese Murmel wieder in den Korb zurück, schütteln Sie ihn abermals, und wählen Sie zum dritten Mal mit geschlossenen Augen eine Murmel aus. Diese entspricht der dritten Linie des Hexagramms. Jetzt haben Sie das untere oder innere Trigramm vollendet. Das obere oder äußere Trigramm erstellen Sie auf die gleiche Weise. Falls sich in diesem ersten Hexagramm Linien der Wandlung befinden, entsteht daraus ein zweites Hexagramm, das sogenannte Wandlungshexagramm. Sie erhalten es, indem Sie die markierten Linien in ihr Gegenteil (geschlossene Linien in offene und umgekehrt) vewandeln. Alle anderen Linien bleiben gleich. Sie können folgende Form zur Aufzeichnung Ihrer Ergebnisse verwenden.

```
6 ( )  Äußeres        ( )
5 ( )  Trigramm       ( )
4 ( )                 ( )

3 ( )  Inneres        ( )
2 ( )  Trigramm       ( )
1 ( )                 ( )
```

Grundhexagramm ändert sich in **Wandlungshexagramm**
Nr. _____   Nr. _____
Name _____   Name _____

Aufzeichnen der Hexagramme

Schlagen Sie nun den Abschnitt »Hexagrammschlüssel« auf den Seiten 46/47 auf. Schauen Sie sich Ihr Hexagramm noch einmal an, und suchen Sie dann das innere oder untere Trigramm in der linken Spalte der Tabelle. Das äußere oder obere Trigramm finden Sie in der Kopfzeile. Falls sich aus Ihrem Grundhexagramm ein Wandlungshexagramm ergeben hat, finden Sie dieses auf die gleiche Weise. Schlagen Sie nun Seite 48/49 auf. Dort finden Sie die Ihrem Hexagramm zugeordnete Zahl. Lesen Sie zuerst den Text des Grundhexagramms und die entsprechenden Texte der Wandlungslinien. Danach lesen Sie den ersten Textteil des Wandlungshexagramms (hier bleiben die Linien der Wandlung unberücksichtigt).

Die Bedeutung der Hexagramme

Unsere Bezeichnung »Hexagramme« für die vierundsechzig »Kapitel« des I Ging ist ein wenig irreführend, denn der ursprüngliche Begriff bezieht sich auf das Symbol der Weissagung als Ganzes: Name, Text und Zahl. Genaugenommen ist nur die sechs Linien umfassende Graphik ein »Hexagramm«. Die vierundsechzig Symbole der Weissagung bilden ein ganzes »System« aus Worten, Vorstellungen, Bildern und Linien. Zusammengenommen zeigen sie uns die aktuelle Zeitqualität, die hinter einem Problem stehende treibende Kraft. Diese vierundsechzig Symbole der Weissagung werden im vorliegenden Buch auf besondere Art und Weise präsentiert: Alle nehmen direkt auf *Sie* Bezug, auf die Person also, die mit den Ereignissen konfrontiert wird und handeln muß. Sie wollen Ihnen helfen, Ihre Situation zu durchschauen und die effektivste und kreativste Lösung zu erkennen.

Den Texten sind jeweils das aus sechs Linien bestehende Hexagramm, die Zahl und der Name des Orakels, beispielsweise »59 Die Auflösung«, vorangestellt, wobei der Name das Grundthema des jeweiligen Textes repräsentiert.

Dieser enthält wiederum bestimmte Schlüsselworte, die das Thema zum Leben erwecken und Sie auf die grundsätzliche Strategie oder Richtung hinweisen: *Räumen Sie alles aus dem Weg, was den Fluß der schöpferischen Energie blockiert.* Der erste Teil des Textes, der Ihnen grundsätzliche Ratschläge vermittelt, entstammt den ältesten Teilen des Originaltextes. Er enthält die »Orakelsprüche«, die den Fragenden darauf hinweisen, was die »Geister« erfreut und welche Aktivitäten in Einklang mit dem Zeitgeist stehen. Hier erhalten Sie Hinweise darauf, was zu tun ist und wie sich eine von Ihnen beabsichtigte Handlung auswirken würde. Es folgt als Beispiel der erste Teil des Orakels, »Die Auflösung«:

Diese Situation bietet die Chance, Mißverständnisse aufzuklären und Illusionen und Blockaden aufzulösen. Die richtige Art und Weise, damit umzugehen, besteht darin, alles aus dem Weg zu räumen, was Klarheit und Verständnis behindert. Zerstreuen Sie die Wolken, lassen Sie das Eis schmelzen, vertreiben Sie Ängste und Sorgen, lösen Sie Illusionen auf, klären Sie Mißverständnisse und räumen Sie Verdächtigungen aus. Sorgen Sie dafür, daß der Nebel sich verzieht, so daß die Sonne durchscheinen kann.

Das erfreut die Geistwesen, die Sie dafür mit Erfolg und Durchsetzungskraft belohnen und Sie befähigen, die Situation zu einem guten Ende zu bringen. Seien Sie wie ein König, der einen Tempel voller Bilder visualisiert und mit seinen Visionen die Menschen eint und mit höheren Zielen verbindet. Dies ist die richtige Zeit, um ein wichtiges Projekt in Angriff zu nehmen oder sich mit einem Ziel vor Augen in den Strom des Lebens zu wagen. Prüfen Sie, ob Ihre Ideen umsetzbar sind. Das bringt Einsicht und Gewinn.

Es folgt nun eine Aufzählung aller mit diesem Hexagramm verknüpften Assoziationen. So können Sie spüren, in welchem Energiefeld Sie sich gerade bewegen, und werden zu angemessenem Handeln inspiriert. Die Aufzählung verbindet die einzelnen Elemente der Situation oft auf überraschende Weise und schließt gewöhnlich mit einer kurzen Beschreibung der chinesischen Schriftzeichen, die das gesamte Wort, das Ideogramm, bilden.

Auflösen, Huan: Wolken zerstreuen, Hindernisse durchbrechen; Illusionen und Ängste auflösen, Verdächtigungen ausräumen; Dinge klären, Widerstände auflösen; lösen, trennen; alles Starre und Festgefahrene in Bewegung bringen und verändern; schmelzendes Eis, fließendes Wasser, sich lichtender Nebel. Das Ideogramm stellt Wasser dar und enthält das Zeichen für »ausdehnen«. Es weist auf die Veränderung von Formen durch Auflösung oder Zerstreuung hin.

Im nächsten Abschnitt finden Sie die Kommentare. Sie enthalten eine Beschreibung der Hexagrammgraphik, weitere vom sogenannten Grundhexagramm abgeleitete Ratschläge, Erklärungen, Assoziationen, philosophische Anmerkungen sowie eine Analyse der beiden in dieser Situation wirksamen Grundenergien. All das soll Ihnen helfen, die von ihrem Symbol der Weissagung ausgedrückte Zeitqualität zu verstehen. Hier können Sie nun auswählen, was Ihnen weiterhilft:

Das Hexagramm zeigt eine sanft fließende, alles durchdringende Bewegung. Der Wind bewegt sich über dem Wasser. Verinnerlichen Sie die Situation und sorgen Sie für alles Notwendige. Wenn etwas ausgedrückt wird, lösen sich Blockaden auf und Klarheit entsteht. Das ist hier mit »Auflösung« gemeint. Auflösung bedeutet, daß das Licht durchscheinen kann. In früheren Zeiten nutzten die Könige diese Zeit, um Tempel zu errichten und den höheren

Mächten Opfer darzubringen. Die Auflösung erfreut die Geistwesen. Sie werden Sie mit Erfolg und Durchsetzungskraft belohnen und Sie befähigen, die Situation zu einem guten Ende zu führen. Das Feste und Starke dauert an, ohne sich zu erschöpfen. Das Anpassungsfähige und Flexible bestimmt die äußere Situation und verbindet sich mit dem darüberliegenden Starken. Seien Sie wie der König, der sich einen Tempel voller Bilder vorstellt, die ihn und sein Volk mit höheren Mächten vereinen. Dies ist der richtige Zeitpunkt, um wichtige Unternehmungen zu beginnen und sich mit einem Ziel vor Augen in den Strom des Lebens zu wagen. Machen Sie Ihr Boot klar, das Sie zu neuen Ufern tragen wird, und machen Sie sich daran, etwas Solides aufzubauen.

Nun folgen die Linien der Wandlung, wobei traditionell einer sich wandelnden Yang-Linie die Ziffer 9 und einer sich wandelnden Yin-Linie die Ziffer 6 zugeordnet ist. Diese Linien der Wandlung verbinden die ältesten Textteile mit den neueren Kommentaren. Sie sind die »Brennpunkte«, die Ihnen zeigen, auf welche Weise und wohin sich die Dinge entwickeln, und Ihnen ganz spezifische Handlungsstrategien vorschlagen. Lesen Sie diese Texte nur dann, wenn in Ihrem Grundhexagramm eine Wandlungslinie auftaucht. Enthält es keine solche Linie, so weist dies darauf hin, daß in der Problematik, über die Sie eine Frage stellten, noch keine Veränderung erkennbar ist. Enthält Ihr Grundhexagramm dagegen mehrere Wandlungslinien, so kann das bedeuten, daß widerstreitende Kräfte Sie in verschiedene Richtungen ziehen, daß die Situation sich weiterentwickelt oder daß Ihnen verschiedene Wahlmöglichkeiten offenstehen. Diese werden widersprüchlich sein, wenn die auf Sie einwirkenden Kräfte widersprüchlich sind. Der Text jeder Wandlungslinie schließt mit einem Hinweis, *Richtung* genannt, der Ihnen bei der Analyse des zugeordneten Hexagramms als Wegweiser dienen soll und Sie auf mögliche Entwicklungstendenzen aufmerksam macht. So können Sie aus den Texten der Wandlungslinien die Essenz herausfiltern. Im folgenden ein Beispiel aus dem Hexagramm »Die Auflösung«. Haben Sie hier eine Linie der Wandlung auf der zweiten Position, so lesen Sie:

Neun auf der zweiten: Lösen Sie Blockaden auf, indem Sie loslassen, auf was Sie sich bisher stützten. Lassen Sie Ihre gewohnten »Krücken« los. Das hilft Ihnen zu bekommen, was Sie sich wünschen. *Richtung*: Ziehen Sie alle Aspekte der Angelegenheit in Betracht und versuchen Sie, das Wesentliche der Situation zu erfassen. Lösen Sie sich von alten Vorstellungen und öffnen Sie sich für neue. Sorgen Sie für alles Notwendige.

Hier bekommen Sie den Rat, gewohnte Abhängigkeiten aufzugeben, um Klarheit in Ihre Situation zu bringen. Auch sollten Sie altgewohnte Sichtweisen in bezug auf das betreffende Problem aufgeben und alle Aspekte und Elemente der Situation genau betrachten. So können Sie ihre tiefste Bedeutung ergründen und bekommen, was Sie sich wünschen. Ändert sich in Ihrem Grundhexagramm nur diese eine Linie, so wandelt es sich in diesem Fall zum Hexagramm Nummer 20: »Die Betrachtung«. Der Titel des Wandlungshexagramms vermittelt Ihnen einen übergeordneten Eindruck der Antwort.

In dieser Situation geht es darum, die Dinge zu betrachten ohne zu handeln, um die richtige Perspektive oder Einstellung zu finden. Der Schlüssel zu angemessenem Handeln liegt hier in der Fähigkeit, alles ins Blickfeld kommen zu lassen und die zentrale Bedeutung zu erspüren. Schauen Sie sich insbesondere jene Dinge an, über die Sie nicht gerne nachdenken und die Sie gewöhnlich nicht sehen wollen.

Dieses Hexagramm symbolisiert jenen Augenblick während einer religiösen Zeremonie, in dem die Reinigung bereits vollzogen ist und das Trankopfer kurz bevorsteht. Haben Sie Vertrauen. Die sorgfältige Betrachtung der Dinge wird Ihnen die nötige Einsicht bringen. Wenn Sie die Vorbereitungen getroffen haben, werden die geistigen Helfer kommen und Sie führen.

Dies zeigt Ihnen, aus welcher Perspektive Sie das Problem betrachten sollten. Vielleicht erhalten Sie auch eine Warnung, einen Hinweis auf den möglichen Ausgang der Angelegenheit oder auf Ihre Wünsche und Ziele, je nachdem, wie Sie Ihre Frage formulierten. Im vorliegenden Fall wird der Rat gegeben, das Problem auf der Vorstellungsebene anzugehen. Das Betrachten der Situation aus einer neuen und tieferen Perspektive wird die Antwort von selbst hervorbringen.
Die Hexagrammtexte geben viele Anregungen: Die Orakelsprüche und Ratschläge sollen Ihnen einen Eindruck vom allgemeinen Energiefluß vermitteln und Sie vor Fehlern und Fallen warnen. Lassen Sie alles auf sich wirken, lassen Sie Gefühle, Vorstellungen und Einsichten hochkommen. Das I wird immer versuchen, Bewegung in Ihre Situation zu bringen und sie auf die fruchtbarste und interessanteste Weise zu beeinflussen. Es will Sie schützen und gleichzeitig dazu auffordern, mit Ihren geistigen Helfern in Verbindung zu treten.

Das Prinzip von Yin und Yang

Wie alle wichtigen Bücher, regt auch das I Ging seit Jahrtausenden Menschen zum Nachdenken an. Sie können von ihm lernen, solange Sie möchten. Es ist faszinierend, die Fragen und Antworten über einen längeren Zeitraum hinweg aufzuzeichnen und daraus ein Netzwerk von Assoziationen, Ihre persönliche *I-Ging-Kollage* herzustellen. Doch das Wichtigste ist natürlich, daß das I Ging Ihnen rät, was Sie in einer ganz bestimmten Situation tun können, um mit dem Tao, dem großen Geist oder dem kreativen Energiefluß in Verbindung zu bleiben.

Yin und Yang spielen dabei eine sehr wichtige Rolle, denn sie sind das Fundament des östlichen Weltbildes, das inzwischen auch in unsere Kultur Eingang gefunden hat. Stellen Sie sie sich als zwei Urenergieformen vor, welche sich verbinden, um gemeinsam die Welt, wie wir sie kennen, zu erschaffen. Die Yin-Energie verleiht den Dingen Gestalt; sie manifestiert Dinge, läßt sie im Hier und Jetzt konkret werden. Die Yang-Energie ist dynamisch und vorantreibend, sie bringt Dinge ins Rollen, transformiert und verändert sie. Yin ist die empfangende, Yang die treibende Kraft. Vergessen Sie aber nicht, daß alles nur durch ein ständiges Wechselspiel dieser beiden Kräfte existieren kann – und das gilt auch für Frauen und Männer. Frau und Mann sind Symbole für Yin und Yang, doch Yin und Yang sind nicht Symbole für Männer und Frauen. Jeder von uns trägt beide Energien in sich, und Ihr Verhältnis zueinander verändert sich ständig: Haben wir zuviel Yin-Energie, kommt alles zum Stillstand, während ein Übermaß an Yang-Energie alles verbrennt. Es geht letztendlich darum, sich ständig um einen Ausgleich zwischen diesen beiden Kräften zu bemühen. Die Begriffe Yin und Yang sind nicht so alt wie das I Ging; sie tauchten erst viel später auf, nämlich zu dem Zeitpunkt, als aus dieser alten magischen Kunst ein wissenschaftliches System gemacht wurde. Zuerst existierten nur die beiden Linien – offene und geschlossene – und zwei Handlungsweisen, die als nachgiebig und fest oder klein und groß bezeichnet wurden. Wenn das Orakel feststellt, daß in Ihrer Situation »Yin« erforderlich ist, wird es Ihnen raten, sich bescheiden und nachgiebig zu verhalten: flexibel und weich zu sein, alles zu nehmen, wie es kommt, und sich anzupassen. Erfordert Ihre Situation hingegen »Yang-Energie«, werden Sie den Rat bekommen, in Ihrem Handeln stark und fest zu sein: beharrlich, kraftvoll, zielgerichtet, willensstark. Diese Eigenschaften sind nicht von Ihrem Geschlecht abhängig und werden auch nicht moralisch beurteilt. Keine von ihnen ist richtig oder falsch – richtig ist allein, sie im Einklang mit Ihrem höheren Bewußtsein und dem Zeitgeist zu leben.

Mit dem Tao leben

Nichts und niemand kann Ihnen genau sagen, was Ihnen widerfahren wird, denn Zeit und Schicksal sind kreativ, das heißt, in ständigem Werden begriffen. Allerdings kann das Orakel Ihnen eine Vorstellung davon geben, welche Kräfte oder geistigen Energien in Ihrer Situation wirksam sind, und es kann Ihnen helfen, so mit ihnen umzugehen, wie jemand, der mit dem Tao in Einklang leben möchte. Das ist die Information, die Sie nutzen können. Sie zeigt Ihnen, in welche Richtung die Dinge sich bewegen, und eröffnet den Dialog mit den verborgenen geistigen Kräften. Tragen Sie diese inneren Bilder mit sich herum, und lassen Sie sich von ihnen inspirieren. Auf diese Weise verdichten sich die geistigen Energien. Sie können das wahrnehmen: Plötzlich spüren Sie, daß Sie nicht länger wie ein Blatt im Wind treiben, sondern mit einer *Kraft* verbunden sind. Sie bemerken eine reale, hinter dem vom I Ging gegebenen Rat stehende »Präsenz«. Diese Präsenz kann Ihre eigenen tieferen Bewußtseinsschichten aktivieren und Ihnen so helfen, Ihren Weg in der Welt zu finden. Nichts anderes tut ein Orakel, und um nichts anderes geht es in diesem Buch.

Sich auf die eigene spirituelle Entwicklung einlassen

Die meisten I Ging-Bücher übermitteln eine ganz bestimmte moralische und philosophische Interpretation der Symbole der Weissagung. Das war sogar schon im alten China (seit Beginn des Neokonfuzianismus) der Fall. Um den wahren Geist des I Ging wiederzufinden, müssen wir jedoch aus den Traditionen der herrschenden Klassen herausspringen. Dieses Buch basiert auf der ersten im Westen verfügbaren Übersetzung, die die Macht der ursprünglichen Bilder anerkennt und nutzt. Es vermittelt Ihnen jene Art von Information, mit Hilfe derer Ihnen auch ein Wahrsager oder in der Kunst des Weissagens Bewanderter Einblick in Ihre Situation verschaffen würde. Obwohl das I Ging bestimmte Dinge als wichtig und bedeutsam anerkennt, zwingt es Ihnen keinen bestimmten Moralkodex auf. Das ist sowohl in der Kunst der Magie, der Weissagung und der Psychologie als auch im täglichen Leben wichtig. Der Wahrsager sagt nicht: »Ich weiß schon alles« oder »Ich stehe über dir« oder »Es gibt nur eine Möglichkeit, mit der Situation umzugehen« oder »Ich kenne den Weg zum spirirituellen Heil.« Statt dessen weist er Sie darauf hin, daß es so aussieht, als seien in Ihrer Situation diese oder jene Kräfte am Werk, und daß es diese oder jene Möglichkeiten gibt, mit ihnen umzugehen. Das I Ging gibt Ihnen ein Werkzeug, ein Instrument in die Hand, bietet Hilfestellung, läßt Sie eine Verbindung spüren und vermittelt Einsichten, die Sie vor groben Fehlern bewahren sollen. Darüber hinaus gibt es Ihnen das Gefühl, an Ihrer spirituellen Entwicklung beteiligt zu sein.

Der nächste Schritt

Nachdem Sie Ihre Frage gestellt und ein Hexagramm gebildet haben, wenden Sie sich den Texten zu. Hier finden Sie die Information und Ansprache, die Sie auch beim Besuch eines traditionellen Wahrsagers oder »Seelenarztes« erhalten würden. Wahrscheinlich wird es Sie schockieren, wie direkt manche Texte auf Ihre persönliche Situation Bezug nehmen. Andere Textpassagen mögen Ihnen dagegen zunächst unverständlich erscheinen und ihre Bedeutung erst nach einiger Zeit enthüllen. Lesen Sie die Antwort, denken Sie darüber nach, genießen Sie sie, tragen Sie sie mit sich herum, schlüpfen Sie hinein wie in ein Kostüm oder eine Rolle, und schauen Sie, was geschieht. Das Orakel will nicht Ihre Seele retten, sondern Ihnen helfen, mit ihr in Verbindung zu treten.

Die acht Trigramme

Die acht Trigramme umfassen alle der möglichen Kombinationen dreier offener und geschlossener Linien. Die beiden Linienarten und die Hexagrammzeichnungen waren schon lange bekannt, als man begann, mit Trigrammen zu arbeiten. Diese Einteilung entsprang dem Wunsch nach einem System, der charakteristisch für die Han-Dynastie ist. In dieser etwa 200 vor Christus beginnenden Periode wurde das I zum »Klassiker«. Die mit vielen Assoziationen verknüpften Trigramme wurden später von chinesischen Denkern dazu benutzt, die verschiedenen Ansätze, das Leben und die Welt zu analysieren, miteinander zu verbinden. Darüber hinaus symbolisieren (und beschwören) die Trigramme verschiedene Arten von Geistwesen. Jedes der vierundsechzig Hexagramme wurde als Verbindung zweier Trigramme und der von diesen repräsentierten geistigen Energien betrachtet, wobei eines über die innere, das andere über die äußere Welt herrscht. Das Orakel wird Ihnen Hinweise darauf geben, in welcher Beziehung diese Geistwesen in Ihrer Situation miteinander stehen, so daß Sie die im Augenblick vorhandenen Spannungen oder gegebenen Möglichkeiten erkennen können.

Die acht Trigramme und ihre Eigenschaften

Trigramm	Bild	Eigenschaft	Symbol
☰	Die Kraft CH'IEN	beharrlich	Himmel
☷	Das Feld K'UN	empfangend	Erde
☳	Das Erregende CHEN	bewegend	Donner
☵	Der Schlund K'AN	wagemutig fallend	Wasser
☶	Das Begrenzende KEN	einschränkend	Berg
☴	Der Grund SUN	eindringend	Holz Wind
☲	Das Strahlende LI	haftend	Feuer Helligkeit
☱	Das Offene TUI	anregend	Marsch

Zuordnungen nach Fu Hsi

Die Kraft/ Das Feld	Das Erregende/ Der Grund	Der Schlund/ Das Strahlende	Das Gebundene/ Das Offene
☰ ☷	☳ ☴	☵ ☲	☶ ☱

☰ **Die Kraft**, CH'IEN: »Die Kraft« steht für den Drachen, eine kreative geistige Energie, die im Wasser und im Himmel zu Hause ist. Dieses Geistwesen ist dynamisch und wandlungsfähig. Es kann Ihnen kreative Kraft und Durchhaltevermögen verleihen. Das Trigramm »Kraft« wird mit einer gewissen kämpferischen Qualität assoziiert, denn es geht hier um ein Ringen mit den Urkräften. Dieser Kampf spiegelt sich auch im Ringen jener widerstreitenden Kräfte, die zusammen die Grundlage der uns umgebenden Welt bilden. Das Trigramm wurde traditionell mit dem Himmel, dem Herrscher und dem Vater assoziiert und besteht nur aus geschlossenen Linien.

☷ **Das Feld**, K'UN: »Das Feld« steht für den alles gebärenden Mutterleib. Dieses Geistwesen nährt alle Dinge, und ohne es könnte nichts existieren. Es kann Sie befähigen, Dinge zu gestalten, ihnen Form zu geben, Gedanken und Bilder zu manifestieren. Diese Qualität spiegelt sich in der Bereitschaft der Erde, zu empfangen und zu dienen. Sie empfängt einen Impuls, um eine Ernte hervorzubringen. Das Trigramm »Feld« steht in Verbindung mit Arbeit, auch gemeinsamer Arbeit, wie beim Säen und Ernten. Es wurde traditionell mit der Erde (unterhalb des Himmels), der Mutter und dem Dienenden oder Höfling assoziiert und besteht nur aus offenen Linien.

☳ **Das Erregende**, CHEN: »Das Erregende« steht für den erschreckenden und gleichzeitig inspirierenden Donnergeist, der aus der Erde hervorbricht, um Dinge in Aufruhr und Bewegung zu bringen. Dieser Geist wühlt Dinge auf, läßt sie aus dem Verborgenen hervorbrechen, so wie Pflanzen im Frühling aus der Erde hervorbrechen. Er kann Ihre schlafenden Energien durch einen Schock wachrütteln und Ihnen die Kraft verleihen, schwierige Unternehmungen anzugehen und zu bewältigen. »Das Erregende« steht für den Geist des Kriegers, für eine dynamische und schützende Kraft. Sie wurde traditionell mit dem erstgeborenen Sohn (mit dem eine neue Generation begann und der für seine Eltern und Großeltern sorgte) assoziiert. Im Trigramm wird diese Kraft von der aufrüttelnden geschlossenen Linie, die unterhalb zweier schlummernder offener Linien auftaucht, symbolisiert.

☴ **Der Grund**, SUN: »Der Grund« steht für den sanft durchdringenden und nährenden Geist von Wald und Wind. Es ist ein subtiles, schönes und sanftes Geistwesen, das die Dinge mit seiner Energie durchdringt und reifen läßt. Es herrscht über die Ehe, die Vereinigung der Geschlechter, über Kreativität und das Aussäen neuer Samen. Die Energie dieses Geistwesens spiegelt sich im Wachstum der Bäume, wenn es sanft und allmählich den sie umgebenden Luftraum und das Erdreich durchdringt. Auch für die Menschen schafft es durch Luftbewegungen eine »Atmosphäre«, die ihr Denken und Fühlen beeinflußt. Diese Energie kann Sie befähigen, etwas aufzubauen und zu nähren. Sie wurde traditionell mit der ältesten Tochter assoziiert, die verheiratet wird und dann im neuen Haus regiert. Im Trigramm nährt sie als offene Linie die beiden darüberliegenden geschlossenen Linien, indem sie diese sanft durchdringt und beeinflußt.

☵ **Der Schlund**, K'AN: »Der Schlund« steht für den ungestümen, abenteuerlustigen Geist des Wassers, der sich in Bächen und Flüssen tummelt. Wie herabstürzendes Wasser scheut er keine Risiken, füllt auf seinem Weg alle Mulden und Spalten aus und fließt weiter. Dieses Geistwesen wird mit schwieriger, aber lohnender Arbeit assoziiert; es löst Dinge, trägt sie weiter und ist nicht aufzuhalten. Es kann Ihnen die Kraft verleihen, Risiken einzugehen, Ihre Energien an einem kritischen Punkt zu bündeln und Hindernisse zu überwinden. Traditionell wurde es dem mutigen, abenteuerlustigen mittleren Sohn zugeordnet, der das Haus verlassen, Risiken eingehen und sich etwas Neues aufbauen muß. Im Trigramm wird es von der geschlossenen Mittellinie repräsentiert, die sich ohne zu zögern gegen die beiden offenen begrenzenden Linien durchsetzt und sich weiterbewegt.

☲ **Das Strahlende**, LI: »Das Strahlende« steht für den Geist des Feuers, des Lichtes und der Wärme. Es repräsentiert das Herdfeuer und die magische Kraft geistiger Erleuchtung. Dieser Geist verbreitet sein Licht in alle Richtungen, wärmt und erhellt. Er ist wie ein schillernder Vogel, der seine Form verändert und sich hier und dort niederläßt. »Das Strahlen« verbindet sich mit dem, was es erleuchtet, wärmt es und macht es sichtbar. Es kann Sie befähigen, Dinge zu erkennen und zu verstehen, Ideen und Ziele zu artikulieren. Traditionell wurde es mit der mittleren, reifen, unterstützenden und verläßlichen Tochter assoziiert. Im Trigramm zeigt sich diese Energie in Form der mittleren offenen Linie, die zwei geschlossene Linien zusammenhält, sie eint und erhellt.

☶ **Das Begrenzende**, KEN: »Das Begrenzende« repräsentiert den Berggeist, welcher Grenzen festlegt und Dinge zum Abschluß bringt. Es umschließt und markiert Dinge und steht für das Ende, aus dem ein neuer Anfang entspringt. Dieses Geistwesen weist auf das Reich der Unsterblichen, auf die ewig gültigen, archaischen Bilder hin, mit denen alles beginnt und endet. Es kann Ihnen die Fähigkeit verleihen, zu artikulieren, was Sie durchlebt und erreicht haben. Traditionell wurde es mit dem jüngsten Sohn, dem letzten Glied in der Familienlinie, assoziiert. Im Trigramm zeigt es sich als die geschlossene obere Linie, die die beiden darunterliegenden offenen Linien begrenzt.

☱ **Das Offene**, TUI: »Das Offene« steht für den Geist sich sammelnden und verdunstenden Wassers, des über Seen, Teichen und Sümpfen aufsteigenden, stimulierenden, Feuchtigkeit spendenden Wasserdampfes. Dieses freundlichste und freudevollste aller Geistwesen schafft eine einladende Atmosphäre, in der man gerne zusammenkommt. Es fördert anregende Unterhaltung, gewinnbringenden Austausch, freie, liebevolle und ungezwungene Kommunikation. Es ist verbunden mit jenem Gefühl, welches sich einstellt, wenn die Ernte eingefahren ist und man voller Zuversicht und innerer Sicherheit dem Winter entgegenblicken kann. »Das Offene« kann Sie befähigen, andere mit Worten zu begeistern und zu überzeugen, Dinge ins Rollen zu bringen und gute Stimmung zu verbreiten. Darüber hinaus ist es förderlich für alles, was mit Magie und der Beschwörung hilfreicher Geister zu tun hat. Traditionell wurde es mit der fröhlichen, zauberhaften, magischen aber auch launischen jüngsten Tochter assoziiert. Im Trigramm zeigt es sich als die offene obere Linie, die die beiden darunterliegenden geschlossenen Linien anführt.

Münzen und Schafgarbenstengel

Es gibt zwei traditionelle Methoden, das I Ging zu befragen. Für die eine benötigt man drei gleiche Münzen, für die andere 50 Schafgarbenstengel (*achillea millefolium*), und bei beiden erhält man sechsmal eine von vier Zahlen (6, 7, 8 oder 9). Diese sechs Zahlen bilden zusammen die sechs Linien des Hexagramms.

Das Münzorakel wurde während der Sung-Periode (1127–1279) populär und war über Jahrhunderte hinweg die Methode der Wahl. Es führt zwar schnell zum Ergebnis, ist aber nicht ganz so akkurat wie das Schafgarbenorakel, weil das Verhältnis von Yin und Yang hier symmetrisch ist und eine binäre Wahl provoziert. Das Schafgarbenorakel mit seiner asymmetrischen Relation zwischen den beiden Urkräften dringt dagegen tiefer in die Problematik der betreffenden Situation ein.

Für das Münzorakel benötigen Sie drei gleiche Münzen, wobei »Kopf« dem Wert 3, »Zahl« dem Wert 2 entspricht. Werfen Sie die Münzen sechsmal hintereinander und addieren Sie bei jedem Wurf die Werte. Schreiben Sie die betreffende Summe jeweils nieder und zeichnen Sie die ihr entsprechende Hexagrammlinie auf (6 = sich wandelnde Yin-Linie; 7 = stabile Yang-Linie; 8 = stabile Yin-Linie; 9 = sich wandelnde Yang-Linie). Bilden Sie das Hexagramm von unten nach oben und suchen Sie dann im »Hexagrammschlüssel« auf Seite 46/47 die Nummer Ihres Hexagramms heraus.

Für das ältere, traditionellere Schafgarbenorakel benötigen Sie fünfzig etwa 30 bis 35 cm lange, dünne Schafgarbenstengel. Bei dieser Methode wird das Bündel der Stengel sechsmal geteilt und ausgezählt. Dabei erhalten Sie jedesmal eine bestimmte Zahl und somit eine Hexagrammlinie.

Legen Sie alle 50 Schafgarbenstengel vor sich auf den Tisch. Nehmen Sie einen Stengel heraus und legen Sie ihn beiseite. Das ist der unbeteiligte Zeuge oder Beobachter, der nicht in den Vorgang einbezogen wird.

Teilen Sie das restliche Bündel in zwei beliebig große Portionen.

Nehmen Sie einen Stengel aus der linken Portion heraus und stecken Sie ihn zwischen den vierten und fünften Finger Ihrer linken Hand.

Nehmen Sie nun das rechte Bündel in die linke Hand und zählen Sie es mit der rechten Hand in Viererportionen aus. Legen Sie diese klar voneinander getrennt vor sich auf den Tisch. Zählen Sie die Stengel solange aus, bis vier, drei, zwei oder einer übrig bleiben. Sie müssen einen Rest übrig haben!

Stecken Sie den oder die übriggebliebenen Stengel zwischen den dritten und vierten Finger Ihrer linken Hand.

Zählen Sie nun das andere Bündel in Viererportionen aus, bis vier, drei, zwei oder ein Stengel übrig bleiben und legen Sie auch diese Viererportionen klar voneinander getrennt auf den Tisch. Stecken Sie den oder die übriggebliebenen Stengel zwischen den zweiten und dritten Finger Ihrer linken Hand.

Legen Sie nun alle zwischen den Fingern Ihrer linken Hand steckenden Stengel beiseite. Sie sind für diese Runde aus dem Rennen.

Bündeln Sie alle anderen Stengel, wiederholen Sie die Prozedur und legen Sie auch diesmal am Ende des Vorgangs alle zwischen den Fingern Ihrer linken Hand steckenden Stengel beiseite.

Wiederholen Sie die Prozedur ein drittes Mal und zählen Sie diesmal die vor Ihnen auf dem Tisch liegenden restlichen Viererportionen. Sie sollten die Zahl 6, 7, 8, oder 9 erhalten. Diese Zahl steht für die erste oder Grundlinie Ihres Hexagramms.

Um das Hexagramm zu bilden, müssen Sie die gesamte Prozedur noch fünfmal wiederholen. Die Linien werden von unten nach oben aufgezeichnet. Packen Sie zum Schluß die Schafgarbenstengel wieder ein und suchen Sie die Nummer Ihres Hexagramms im »Hexagrammschlüssel« auf Seite 46/47 heraus.

Hexagrammschlüssel

obere Trigramme

		Die Kraft	Das Feld	Das Erregende	Der Schlund
untere Trigramme	Die Kraft	1	11	34	5
	Das Feld	12	2	16	8
	Das Erregende	25	24	51	3
	Der Schlund	6	7	40	29
	Das Begrenzende	33	15	62	39
	Der Grund	44	46	32	48
	Das Strahlende	13	36	55	63
	Das Offene	10	19	54	60

Um das Hexagramm, welches das Orakel Ihnen als Antwort auf Ihre Frage gegeben hat, zu identifizieren, müssen Sie das untere Trigramm auf der linken Seite und das obere Trigramm in der Kopfzeile der Tabelle heraussuchen. Schlagen Sie dann den der betreffenden Nummer zugeordneten Orakeltext auf.

obere Trigramme

Das Begrenzende	Der Grund	Das Strahlende	Das Offene	
26	9	14	43	Die Kraft
23	20	35	45	Das Feld
27	42	21	17	Das Erregende
4	59	64	47	Der Schlund
52	53	56	31	Das Begrenzende
18	57	50	28	Der Grund
22	37	30	49	Das Strahlende
41	61	38	58	Das Offene

untere Trigramme

Nummern und Namen der Hexagramme

1. Die Schöpferkraft/Das Beharrliche
2. Das Empfangende
3. Das Keimen
4. Das Verhüllende
5. Das Warten/Die Aufwartung
6. Der Streit
7. Die Vereinte Kraft/Das Heer
8. Die Einheit/Das Zusammenhalten
9. Das Ansammeln des Kleinen
10. Das Auftreten
11. Die Durchdringung/Das Gedeihen
12. Die Blockade/Das Hindernis
13. Die Gemeinschaft
14. Der Besitz von Großem
15. Die Bescheidenheit
16. Die Vorbereitung/Die Begeisterung
17. Die Anpassung/Die Nachfolge
18. Die Arbeit am Verdorbenen/Die Wiederherstellung
19. Die Annäherung/Die Förderung
20. Die Betrachtung/Die Besinnung
21. Das Durchbeißen
22. Die Anmut
23. Das Abstreifen
24. Die Wiederkehr/Die Wendezeit
25. Frei von Verstrickung/Die Unschuld
26. Potentielle Energie/Ansammeln des Großen
27. Die Ernährung
28. Des Großen Übergewicht/Kritische Masse
29. Das Abgründige/Wiederholte Gefahr

30 Das Strahlende/Das Zusammenwirken
31 Die Anziehung/Die Einwirkung
32 Die Beharrlichkeit/Die Beständigkeit
33 Der Rückzug
34 Große Kraft/Des Großen Macht
35 Das Gedeihen/Der Fortschritt
36 Die Verfinsterung des Lichts
37 Die Familie/Die Sippe
38 Der Widerspruch/Der Gegensatz
39 Hinken/Das Hindernis
40 Die Befreiung/Die Lösung
41 Die Minderung/Das Abnehmen
42 Die Mehrung/Der Nutzen
43 Der Entschluß/Der Scheideweg
44 Der Empfang/Die Paarung
45 Die Sammlung
46 Der Aufstieg
47 Die Bedrängnis/Die Unterdrückung
48 Der Quell/Der Brunnen
49 Die Häutung/Die Umwälzung
50 Der Kessel/Das Halten
51 Die Erschütterung/Das Erregende
52 Das Stillhalten/Die Festigung
53 Allmähliches Durchdringen/Allmählicher Fortschritt
54 Das heiratende Mädchen/ Die Unterordnung
55 Die Fülle/Der Höhepunkt
56 Das Reisen/Die Suche
57 Das Eindringliche/Die Grundlage
58 Die Öffnung/Der Ausdruck
59 Die Auflösung
60 Die Regulierung/Die Beschränkung
61 Das innere Zentrum/Der Einklang
62 Des Kleinen Übergewicht
63 Bereits in der Furt
64 Noch nicht in der Furt

Die vierundsechzig Symbole der Weissagung

1 Die Schöpferkraft/das Beharrliche CH'IEN

Schlüsselworte: Kreieren und beharrlich bleiben; sich ausdauernd bemühen.

Diese Situation wird von den geistigen Urkräften der Schöpfung und Zerstörung bestimmt. Ihre Symbole sind die inspirierenden Energien des Himmels, das alle Wesen nährende Sonnenlicht, der lebensspendende Regen und die Grenzen durchbrechende, kreative Energie des Drachens. Sie werden mit vielen Hindernissen konfrontiert. Die richtige Art und Weise, mit ihnen umzugehen, besteht darin, beharrlich zu bleiben, denn Sie sind mit einer ursprünglichen, kreativen Energie in Kontakt. Werden Sie aktiv. Seien Sie unermüdlich, dynamisch, stark, zäh und ausdauernd in Ihrem Bemühen. Bleiben Sie auf Ihrem Weg, und verzagen Sie nicht. Reiten Sie den Drachen, bringen Sie den lebensspendenden Regen. In Ihrer Situation steckt ein großes kreatives Potential, das einen völlig neuen Lebensabschnitt einleiten kann.

Schöpferkraft/Beharrlichkeit, CH'IEN: Geisteskraft, kreative Energie; Vorwärtsbewegung; dynamisch, ausdauernd; fest, stabil; aktivieren, inspirieren; der Himmel, das Männliche, der Herrscher; erschöpfen, zerstören, austrocknen, reinigen; *auch:* stark, robust, zäh, unermüdlich.

Das Ideogramm stellt Energie in Bewegung, die Sonne und wachsende Pflanzen dar.

Das Hexagramm zeigt kreative Energie in Aktion. Die himmlischen Kräfte sind in Bewegung und bleiben beharrlich. Diese geistige Energie steht Ihnen jetzt zur Verfügung. Nutzen Sie sie als Kraftquelle, um unermüdlich auf Ihrem Weg fortzuschreiten. Diese große Kraft symbolisiert einen Anfang. Indem sich die Wolken ausbreiten und der Regen fällt, fließt alles in seine richtige Form. Es zeigt Ihnen das Ende, aus welchem ein neuer Anfang hervorgeht, die Art und Weise, wie sich Energie in der Welt bewegt, und den richtigen Zeitpunkt für erfolgreiches Handeln. Wenn Sie sich der Bewegungsrichtung dieser Energie bewußt werden, können Sie auf ihren sechs verschiedenen Formen wie auf sechs Drachen reiten. Schöpferkraft verändert und transformiert. Sie manifestiert die jedem Wesen innewohnenden geistigen Kräfte. Dadurch wird die Harmonie der Welt aufrechterhalten. Nutzen Sie diese kreative Energie, um Ideen zu entwickeln, die auch andere inspirieren und ihnen Wege der Transformation aufzeigen. Bringen Sie zusammen, was zusammengehört. Was Sie kreieren, kann zur Basis für einen tiefen, regenerierenden inneren Frieden werden.

Linien der Wandlung
Neun auf der ersten Position: Ihr Drachen, Ihre kreative Kraft ist noch im Wasser untergetaucht. Sie beginnt schon zu wirken, wenn auch im verborgenen. Versuchen Sie noch nicht, sie einzusetzen. *Richtung:* Zweifeln Sie nicht. Sie sind mit einer kreativen Kraft verbunden.

Neun auf der zweiten: Der Drachen, Ihre kreative Kraft, taucht in einem Aktivitätsbereich auf. Ihre Fähigkeit, Dinge zu erkennen, wächst. Konsultieren Sie wichtige Menschen, die Ihnen helfen können. Durchdringen Sie die

Dinge mit Ihrer Vision. So geschieht alles zum rechten Zeitpunkt. *Richtung:* Bringen Sie Menschen zusammen. Geben Sie ihnen ein Ziel. Sie sind mit einer kreativen Kraft verbunden.

Neun auf der dritten: Wenn Sie mit dem Tao in Verbindung bleiben wollen, müssen Sie unermüdlich aktiv sein. Die kreative Energie ist erhöht. Sie sind von morgens bis abends aktiv, doch wenn die Nacht anbricht, werden Sie ängstlich und vorsichtig. Eine große Veränderung ist im Gange. Sie erscheint gefährlich, so als begegneten Sie einem zornigen alten Geist. Sie machen keinen Fehler. Kehren Sie dem Alten und Gewohnten den Rücken. Es mag scheinen, als stünde Ihre Welt kopf, doch in Wirklichkeit kehrt nur das Tao in Ihr Leben zurück. *Richtung:* Gehen Sie Ihren eigenen Weg Schritt für Schritt. Suchen Sie Unterstützung in einer Gruppe, und bleiben Sie in ihrer Mitte. Sammeln Sie Kraft für einen entscheidenden neuen Schritt.

Neun auf der vierten: Es ist kein Fehler, zu spielen. Tanzen Sie mit Leichtigkeit in tiefen Gewässern. Ihre spielerische Art kann die Schwerfälligen anregen. Lassen Sie sich nicht festnageln. Ihre kreative Energie nimmt auf jeden Fall zu. *Richtung:* Sammeln Sie kleine Dinge an, um etwas Großes zu schaffen. Wandeln Sie potentielle Konflikte in kreative Spannung um. Die Situation verändert sich bereits.

Neun auf der fünften: Ihr Drachen fliegt gen Himmel. Breiten Sie Ihre Flügel aus. Ihre kreative Energie hat ein konkretes Betätigungsfeld gefunden. Konsultieren Sie wichtige Menschen, die Ihnen helfen können. Lassen Sie Ihre zentrale Vision alles durchdringen und beeinflussen. Erschaffen Sie etwas, bauen Sie etwas auf, kreieren und errichten Sie etwas. *Richtung:* Dies ist der Beginn einer bereichernden, fruchtbaren, Wärme und Licht bringenden Zeit. Gehen Sie entschlossen vor. Sie sind mit einer kreativen Kraft verbunden.

Neun auf der obersten: Es besteht ein Unterschied zwischen kreativer Kraft und Überheblichkeit. Vermeiden Sie anderen gegenüber arrogantes, verächtliches oder geringschätzendes Verhalten. Wenn Sie versuchen, Ihre Autorität durch Machtdemonstrationen zu festigen, werden Sie dies mit Sicherheit zu bereuen haben. Das ist zuviel. Es kann nicht andauern. *Richtung:* Beschließen Sie, es besser zu machen.

Neun auf allen Positionen: Eine Gruppe von Drachen ohne Anführer, deren kreative Energien zusammenwirken. Versuchen Sie nicht, eine Richtung zu erzwingen. Halten Sie sich bescheiden im Hintergrund. Das verspricht Heil und gutes Gelingen durch die Freisetzung transformierender Energien. Der Zeitgeist steht dem Emporkommen eines Führers entgegen. Akzeptieren Sie das, und ändern Sie Ihre Vorstellungen. *Richtung:* Versuchen Sie nicht, die Führung zu übernehmen. Bleiben Sie offen für Neues. Tun Sie alles Nötige.

2 Das Empfangende
K'UN

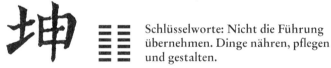

Schlüsselworte: Nicht die Führung übernehmen. Dinge nähren, pflegen und gestalten.

Diese Situation wird von der ursprünglichen Kraft, Dinge zu gestalten und zu nähren, bestimmt. Ihre Symbole sind die Erde, der Mond, die Mutter, die hingebungsvoll Dienende, die Stute. Sie werden mit vielen widerstreitenden Kräften konfrontiert. Die richtige Art und Weise, mit ihnen umzugehen, besteht darin, empfänglich zu sein, jedes einzelne Ding zu nähren und alles zu seinem Wachstum Nötige bereitzustellen. Sie sind mit der ursprünglichen

Kraft der Gestaltung in Kontakt. Das wird Ergebnisse zeitigen und einen völlig neuen Lebensabschnitt einleiten. Anfangs wird Sie die Vielfalt und Vielschichtigkeit der Situation verwirren. Behalten Sie Ihr Ziel im Auge. Tun Sie, was die Situation erfordert, ohne es zu bewerten. Dies bringt Einsicht und Gewinn. Sie können das Gewünschte erreichen und Meisterschaft erlangen. Schließen Sie sich mit anderen in konkreten Projekten zusammen, ohne jedoch Ihre eigene Verantwortung abzugeben. Überprüfen Sie die Realisierbarkeit Ihrer Ideen. Bleiben Sie ruhig und zuversichtlich. Streben Sie nicht die Führung an. Das verspricht Heil und gutes Gelingen durch die Freisetzung transformierender Energien.

Das Empfangende, K'UN: Die manifestierte Welt, die konkrete Existenz, das Sichtbare, die ursprüngliche Kraft der Gestaltung; Erde, Mond, Mutter, Ehefrau, Bedienstete, Gehilfen; flexible Kraft, Empfänglichkeit; willkommen heißen, einwilligen, auf eine Bitte reagieren; *auch:* hervorbringen, gebären, Frucht tragen; zustimmen, folgen, gehorchen; nähren, bereitstellen, dienen, arbeiten für, arbeiten mit. Das Ideogramm stellt die Erdgeister dar.

Das Hexagramm weist auf eine beständige, empfängliche und dienende Kraft hin: die Kraft der Erde. Lassen Sie Ihre Kraft, Dinge zu verwirklichen, so stark werden, daß alles, was auf Sie zukommt, davon getragen wird. Das Empfangende gebiert. Es empfängt und bringt hervor. Seine Kraft, Dinge anzunehmen und zu gestalten, ist unbegrenzt. Spiegeln Sie diese Qualität durch Ihre überfließende Großzügigkeit wider. Nehmen Sie die Dinge an, und lassen Sie sie wachsen, damit ihre urspüngliche Qualität sichtbar wird. Identifizieren Sie sich mit der Erde. Seien Sie wie diese fruchtbar und unermüdlich. Bewegen Sie sich weiter, ohne Grenzen zu ziehen. Bleiben Sie mit Hilfe des Orakels mit dem Tao in Kontakt. Anfangs werden Sie verwirrt sein und vom Weg abkommen. Machen Sie sich darüber keine Sorgen. Wenn Sie alles, was auf Sie zukommt, aufrichtig annehmen, werden Sie zu einer neuen Ordnung finden. Schließen Sie sich mit anderen in konkreten Projekten zusammen. So können Sie zu innerer Klarheit finden. Trennen Sie sich von Ihren Partnern, wenn Sie bereit sind, die Dinge zu vollenden. Das wird Ihnen reiche Belohnung einbringen. Überprüfen Sie die Realisierbarkeit Ihrer Ideen. Bleiben Sie ruhig und gelassen. Akzeptieren Sie verborgene Energien und Prozesse. Versuchen Sie nicht, die Dinge zu definieren, indem Sie Grenzen ziehen.

Linien der Wandlung
Sechs auf der ersten Position: Wenn Sie über das Eis gehen, wird es sich noch mehr verfestigen. Handeln Sie bedächtig und vorsichtig, bleiben Sie beharrlich, um sich eine dauerhafte Basis zu schaffen. *Richtung:* Etwas Bedeutsames kehrt zurück. Seien Sie offen dafür. Übernehmen Sie nicht die Führung. Sorgen Sie für alles Notwendige.

Sechs auf der zweiten: Es fällt Ihnen jetzt sehr leicht, etwas Solides aufzubauen. Gehen Sie bei der Planung ehrlich und direkt zu Werke. Verändern, klären und korrigieren Sie alles Unklare und Verbogene. Konzentrieren Sie sich auf eine einzige, zentrale Idee. Es ist nicht nötig, Dinge zu wiederholen. Steuern Sie direkt auf den wesentlichen Punkt zu. Bringen Sie die Dinge in Bewegung. Das wird am Ende für alle gut sein. Hier zeigt sich die Kraft der Erde. *Richtung:* Sammeln Sie Ihre Kräfte. Etwas Bedeutsames kehrt in Ihr Leben zurück. Seien Sie offen dafür. Sorgen Sie für alles Notwendige.

Sechs auf der dritten: Handeln Sie mit der Absicht, zu bewahren und zu verdecken. Hier gedeiht das Gute im Verborgenen. Vielleicht sind Sie mit ernsten Angelegenheiten konfrontiert. Tragen Sie Ihren Teil dazu bei, ohne sich zeigen zu müssen. Strecken Sie Ihre Fühler in neue Richtungen aus. Das kann Ihnen große Klarheit bringen. *Richtung:* Ihre Worte sollten klar und an den Tatsachen orientiert sein. Setzen Sie gebundene Energien frei. Die Situation verändert sich bereits.

Sechs auf der vierten: Wie ein Bündel verschnürt, verpackt und verhüllt. Diese Idee birgt viele Möglichkeiten. Es gibt nichts zu preisen und nichts zu beklagen. Das Gewünschte ist bereits da. Sorgfältiges Abwägen kann auf keinen Fall schaden. *Richtung:* Bauen Sie Kraftreserven für die Zukunft auf. Überdenken Sie die Situation. Sammeln Sie Ihre Kräfte für einen entscheidenden neuen Schritt.

Sechs auf der fünften: Ein gelbes Zeremoniengewand bedeckt Ihren Unterkörper. Akzeptieren Sie im Verborgenen wirkende Energien. Der Lauf der Dinge mag Sie zunächst verwirren, doch werden Ihnen dadurch schließlich großes Glück und wichtige Ereignisse beschert. Haben Sie Geduld. Akzeptieren Sie verborgene Prozesse. Alles, was gerade geschieht, wird Sie tiefgreifend und positiv beeinflussen. *Richtung:* Suchen Sie sich neue Freunde. Geben Sie Ihre alten Vorstellungen auf und öffnen Sie sich für neue. Sorgen Sie für alles Notwendige.

Sechs auf der obersten: Die Drachen – himmlische und irdische Mächte – bekämpfen einander. Draußen vor der Stadt können Sie ihr Blutvergießen beobachten. Sie erschöpfen sich in einem sinnlosen Kampf um die Vorherrschaft. Falls Sie dafür verantwortlich sind, sollten Sie nachgeben, einlenken und den Frieden wiederherstellen. Falls nicht, halten Sie sich am besten im Hintergrund und gehen ihnen aus dem Weg. *Richtung:* Geben Sie Ihre alten Vorstellungen auf und öffnen Sie sich für neue. Sorgen Sie für alles Notwendige.

Sechs auf allen Positionen: Hier geht es um ein langfristiges Engagement, das sich sehr segensreich auswirken wird. Machen Sie sich das Orakel und seine transformative

Kraft in dieser Situation häufig zunutze, um die Dinge in Bewegung zu halten. Konzentrieren Sie sich auf eine einzige, zentrale Idee, um die Dinge zur Vollendung zu bringen. *Richtung:* Werden Sie aktiv, handeln Sie.

3 Das Keimen
CHUN

Schlüsselworte: Tragen Sie dazu bei, daß alles den richtigen Platz für sein Gedeihen findet.

Diese Situation weist auf beginnendes Wachstum hin. Sammeln Sie Kraft für eine schwierige, aber auch sehr anregende Aufgabe. Wie beim Wachstum junger Pflanzenschößlinge, die durch die Erdoberfläche stoßen, beginnt nun ein völlig neuer Lebenszyklus. Versuchen Sie nicht, die Dinge in eine bestimmte Richtung zu lenken. Viele neue Möglichkeiten tun sich auf. Machen Sie sich das zunutze, indem Sie sich Helfer suchen und Verantwortung delegieren. Stecken Sie Ihr Territorium ab, errichten Sie Operationsbasen, sammeln Sie Ihre Truppen, halten Sie zusammen, was Ihnen gehört. Das bringt Einsicht und Gewinn.

Keimen, CHUN: Zu wachsen anfangen oder zum Wachsen bringen; sammeln, anhäufen, horten; eine Operationsbasis errichten, Truppen an den Grenzen aufstellen; schwierig, schmerzhaft, mühsam; die Schwierigkeiten zu Beginn einer Unternehmung. Das Ideogramm stellt einen durch die Erdkruste stoßenden Pflanzensproß dar.

Das Hexagramm zeigt aufkeimende, neue Energie, die mit dem Unbekannten konfrontiert wird. Wolken und Donner. Machen Sie sich von alten Vorstellungen frei. Eine Welt voller neuer Möglichkeiten tut sich auf. Bleiben Sie, wo Sie sind, und betrachten Sie die Situation von allen Seiten. Errichten Sie verbindende Strukturen. Es ist eine verwirrende Zeit, die viele neue Möglichkeiten birgt. Vor Ihnen liegt viel Arbeit. Es herrscht eine Atmosphäre wie kurz vor Tagesanbruch. Von allen Seiten kommt etwas auf Sie zu. Versuchen Sie nicht, den Aufruhr zu besänftigen. Suchen Sie sich Helfer, und geben Sie allen Dingen ihren Platz. Dieser chaotische Überfluß steht in Einklang mit dem Zeitgeist. Es ist der Beginn einer neuen Welt.

Linien der Wandlung
Neun auf der ersten Position: Ein großer Felsblock und ein tief verankerter Pfosten. Errichten Sie ein solides, auf der Vergangenheit beruhendes Fundament. Fahren Sie in Ihrem Bemühen fort, und geben Sie anderen Menschen die Erlaubnis, Ihnen dabei zu helfen. Sie sind auf dem richtigen Weg. Schauen Sie sich Dinge an, auf die Sie normalerweise herabschauen. So werden Sie ein noch nicht entwickeltes Potential entdecken, das Sie in Ihren Bemühungen sehr unterstützen kann. *Richtung:* Suchen Sie sich neue Freunde. Werfen Sie alte Vorstellungen über Bord. Streben Sie nicht danach, die Führung zu übernehmen. Sorgen Sie für alles Notwendige.

Sechs auf der zweiten: Jedesmal, wenn Sie etwas in Angriff nehmen wollen, stoßen Sie auf Hindernisse, die Ihre Aktivitäten blockieren. Sie sitzen in voller Pracht auf Ihrem Pferd und kommen doch nicht vorwärts. Verlieren Sie nicht den Mut. Was Sie gegenwärtig frustriert, wird Ihnen langfristig nicht schaden, wie schlimm es im Augenblick auch aussehen mag. Versuchen Sie nicht, mit Gewalt etwas zu erreichen. Es ist von Vorteil, ein Bündnis einzugehen, selbst wenn es lange dauern sollte, bis eine solche Verbindung Früchte trägt. Bleiben Sie auf Ihrem Weg, auch wenn er zur Zeit beschwerlich ist. Auf lange Sicht wird sich die

Situation umkehren. Im Augenblick sind aktive Kräfte am Werk, die Sie nicht kontrollieren können. *Richtung:* Artikulieren Sie Ihre Bedürfnisse und Wünsche. Gehen Sie nach innen. Sorgen Sie für alles Notwendige.

Sechs auf der dritten: Sie wissen nicht wirklich, was Sie tun. Halten Sie inne. Wenn Sie auf diesem Weg weitergehen, werden Sie sich im unwegsamen Wald verirren, und alle Dinge, denen Sie nachjagen, werden sich in Luft auflösen. Wer das Orakel benutzt, um in Verbindung mit dem Tao zu bleiben, hält beim ersten Anzeichen inne. Ersparen Sie sich Beschämung, Kummer und Erschöpfung. Nehmen Sie diesen Rat an. *Richtung:* Die Situation verändert sich bereits.

Sechs auf der vierten: Sie sitzen in voller Pracht auf Ihrem Pferd und kommen doch nicht vorwärts. Versuchen Sie nicht, die frustrierenden Hindernisse mit Gewalt zu überwinden. Suchen Sie Verbündete, gehen Sie Verbindungen ein. Das wird sich schließlich auf die gesamte Entwicklung vorteilhaft auswirken. Verfolgen Sie weiterhin aktiv Ihre Ziele. Das verspricht Heil und gutes Gelingen durch die Freisetzung transformierender Energien. Sie können sich einen guten Ruf schaffen und neue Erkenntnisse gewinnen. *Richtung:* Überlassen Sie sich dem natürlichen Fluß der Dinge. Gehen Sie Schritt für Schritt vor. Sammeln Sie Kraft für einen entscheidenden neuen Schritt.

Neun auf der fünften: Sie haben den lebenspendenden Nektar, die Quelle des Reichtums gefunden. Sie wird Ihnen Glück bringen, wenn Sie sie den jeweiligen Erfordernissen anpassen können. Wenn Sie darauf bestehen, Ihre eigenen Vorstellungen durchzusetzen, schneiden Sie sich von den geistigen Helfern ab und geraten in Gefahr. Geben Sie jedem, was er braucht. Die Situation ist noch nicht klar genug. *Richtung:* Etwas Bedeutsames kehrt in Ihr Leben zurück. Seien Sie offen dafür. Übernehmen Sie nicht die Führung, und sorgen Sie für alles Notwendige.

Sechs auf der obersten Position: Sie sitzen in voller Pracht auf Ihrem Pferd und kommen doch nicht vorwärts. In dieser Situation bluten Sie völlig aus. Warum sollten Sie das weiterhin zulassen? *Richtung:* Es kommen bessere Zeiten. Werfen Sie alte Vorstellungen über Bord und öffnen Sie sich für neue. Sorgen Sie für alles Notwendige.

4 Das Verhüllende
MENG

Schlüsselworte: Handeln Sie nicht! Sie sind unbewußt. Schützen Sie das verborgene Wachstum.

In dieser Situation geht es darum, sich bedeckt zu halten. Sie sind unreif und nehmen das Problem nur verschwommen wahr. Die richtige Art und Weise damit umzugehen, ist zu akzeptieren, daß man verborgen bleiben muß, damit die Bewußtheit wachsen kann. Ziehen Sie die Decke darüber, schließen Sie den Deckel. Vieles ist Ihrem Blick entzogen. Sie wissen nicht wirklich, was Sie tun, doch die Anfänge sind bereits da, auch wenn Sie das vielleicht noch gar nicht sehen können. Sie haben dieses Problem nicht gesucht, es hat Sie gesucht, und es hat etwas mit Ihnen zu tun. Wenn Sie das Orakel in dieser Angelegenheit das erste Mal befragen, wird es Sie informieren und beraten. Fragen Sie aber immer wieder, so trüben Sie das Wasser. Ihre Bewußtheit muß wachsen und Ihre Wahrnehmung sich verändern. Überprüfen Sie die Realisierbarkeit Ihrer Ideen. Das bringt Einsicht und Gewinn. Arbeiten Sie an Ihrem Problem. Es wird Sie etwas lehren.

Verhüllen, MENG: Bedecken, verbergen, verhüllen; abschließen, zudecken; stumpf, unbewußt, unwissend, ungebildet; jung, unentwickelt, zerbrechlich; unsichtbare Anfänge; *auch:* eine Schmarotzerpflanze, eine Zauberpflanze. Das Ideogramm zeigt eine Pflanze und eine bedeckende Hülle und weist auf verborgenes Wachstum hin.

Das Hexagramm stellt ein äußeres Hindernis dar, welches eine innere Quelle schützt. Unter dem Berg entspringt eine Quelle. Dort unten kehrt die Energie zurück. Drehen Sie sich um, um sich wieder mit ihr zu verbinden. Die Antwort existiert bereits, aber sie ist noch nicht ausgereift und muß deshalb noch geschützt werden. Das Verhüllende steht für Unreife. Geben Sie nicht vor, die Antwort bereits zu wissen. Akzeptieren Sie Ihre offensichtliche Verwirrung. Arbeiten Sie sich langsam und geduldig voran, wie eine Pflanze, die zuerst Blüten und dann Früchte herausbildet. Aggressives Handeln wird blockiert, denn dies ist eine Zeit für inneres Wachstum. Das Orakel bestätigt dies. Stellen Sie nicht immer wieder die gleiche Frage. Lassen Sie zu, daß Ihre Verwirrung Ihren Wunsch nach vorzeitigem, unreifem Handeln überdeckt. Was Sie als Hindernis betrachten, hilft Ihnen in Wirklichkeit, bewußter zu werden und Ihre einseitige Sichtweise zu korrigieren. Wenn Sie das wirklich annehmen und verstehen können, werden Sie mit Sicherheit weiser werden.

Linien der Wandlung
Sechs auf der ersten Position: Korrigieren Sie Ihre Art und Weise, mit dem Verhüllenden umzugehen. Es ist zwar von Vorteil, echte Übeltäter in Schach zu halten, doch Sie sind vom richtigen Weg abgekommen: Sie unterdrücken etwas, das Sie statt dessen fördern und freisetzen sollten. Stellen Sie das Gleichgewicht wieder her. Sie müssen die Energie, die Sie für Ihr Vorwärtskommen benötigen, freisetzen und neu ausrichten. *Richtung:* Reduzieren Sie Ihre gegenwärtigen Aktivitäten. Etwas Bedeutsames kehrt in

Ihr Leben zurück. Streben Sie nicht danach, die Führung zu übernehmen. Sorgen Sie für alles Notwendige.

Neun auf der zweiten: Wandeln Sie das Verhüllende in Fürsorge und Verantwortlichkeit um. Das verspricht Heil und gutes Gelingen durch die Freisetzung transformierender Energien. Heiraten Sie, sorgen Sie für eine Familie. Klären Sie die häuslichen Beziehungen. *Richtung:* Werfen Sie Ihre alten Vorstellungen über Bord, und öffnen Sie sich für das Neue. Sorgen Sie für alles Notwendige.

Sechs auf der dritten: Versuchen Sie nicht, an sich zu reißen, was Sie haben möchten. Handeln Sie nicht aufgrund falscher Vorstellungen von Macht und Befriedigung, sonst verlieren Sie Ihre Unabhängikeit und die Kraft zum Selbstausdruck. Solches Handeln wird Ihnen nichts Lohnendes einbringen. *Richtung:* Eine verzwickte, üble Situation. Wenn Sie sich aus ihr herausführen lassen, werden Sie ein verborgenes Potential entdecken. Die Situation verändert sich bereits.

Sechs auf der vierten: Das Verhüllende ist zur Begrenzung geworden. Ihre Einsamkeit und Isolation entfernt Sie zunehmend vom wahren Kern der Dinge. Ändern Sie Ihre Sichtweise, und kehren Sie zum Tao zurück. *Richtung:* Sammeln Sie Kraft für einen entscheidenden neuen Schritt.

Sechs auf der fünften: Sie sind noch jung, Ihre Wahrnehmung ist noch nicht ausgereift. Akzeptieren Sie dies. Das verspricht Heil und gutes Gelingen durch die Freisetzung transformierender Energien. Passen Sie sich an die Situation an, und dringen Sie vorsichtig bis zu ihrem Kern vor. *Richtung:* Versuchen Sie, alles auszuräumen, was Sie am Verstehen der Situation hindert. Gehen Sie nach innen. Versuchen Sie nicht, die Führung zu übernehmen. Öffnen Sie sich für das Neue.

Neun auf der obersten: Dieses Problem haben Sie selbst kreiert. Sie kämpfen gegen das Verhüllende, deshalb wendet es sich gegen Sie. Widerstehen Sie der Versuchung, Regeln zu übertreten oder gewaltsam vorzugehen. Indem Sie sich an die Situation anpassen und mit ihr kooperieren, können Sie das Höhere und das Niedere miteinander verbinden. *Richtung:* Arrangieren Sie sich. Etwas Bedeutsames kehrt zurück. Seien Sie offen dafür. Übernehmen Sie nicht die Führung. Sorgen Sie für alles Notwendige.

5 Das Warten/die Aufwartung
HSÜ

Schlüsselworte: Auf den richtigen Zeitpunkt warten. Für das Notwendige sorgen.

In dieser Situation geht es darum, auf etwas zu warten und einer Sache zu dienen. Angemessenes Handeln besteht in diesem Fall darin, zu versuchen herauszufinden, was die Situation erfordert, und achtsam auf den richtigen Zeitpunkt zu warten. Die an der Situation beteiligten Elemente unterliegen nicht Ihrer direkten Kontrolle, aber wenn der richtige Zeitpunkt gekommen ist, können Sie dafür sorgen, daß alles Notwendige geschieht. Bleiben Sie zuversichtlich und bewahren Sie sich Ihr Selbstvertrauen. Sie sind mit den geistigen Helfern verbunden und werden von ihnen geführt. Am Ende wird der lebenspendende Regen kommen. Kümmern Sie sich um die Dinge. Machen Sie sich Gedanken darüber, was die Situation erfordert. Bemühen Sie sich immer wieder darum, Licht und Klarheit in die Angelegenheit zu bringen. Das erfreut die Geistwesen, die Ihnen so Erfolg und Durchsetzungskraft bescheren und Sie befähigen, die Situation zu einem guten Ende zu führen. Überprüfen Sie die Realisierbarkeit Ihrer Ideen. Das verspricht Heil und gutes Gelingen durch die Freisetzung transformierender Energien. Dies ist die richtige Zeit, um sich mit einem Ziel vor Augen in den Strom des Lebens zu begeben oder wichtige Dinge in Angriff zu nehmen. Das bringt Einsicht und Gewinn.

Warten, aufwarten, HSÜ: Sich um etwas kümmern, nach etwas Ausschau halten, dienen; notwendig, benötigen, erfordern; für alles Notwendige sorgen; warten auf, zögern, zweifeln; vom Regen gehindert werden; warten können, Geduld und Konzentration aufbringen.

Das Ideogramm symbolisiert Regen und enthält ein Zeichen, das sowohl »Innehalten« als auch »Quelle« bedeutet. Es weist auf eine Kraft, die einen zum Warten zwingt, und auf die Fähigkeit, Regen zu bringen, hin.

Das Hexagramm zeigt eine innere Kraft, die mit äußerer Gefahr konfrontiert wird. Wolken türmen sich über dem Himmel auf. Wandeln Sie potentielle Konflikte in kreative Spannung um. Widmen Sie sich mit ungeteilter Aufmerksamkeit den Erfordernissen des Augenblicks. Ihrer Situation wohnt etwas Unreifes inne, das zur Reife gebracht werden muß. Es ist kein Fehler, zusammenzukommen und gemeinsam zu essen und zu trinken. Das steht in Einklang mit dem Tao, weil es auch die geistigen Helfer nährt. Dies ist keine Zeit, um hohe Ziele anzustreben, einen Prozeß durchzufechten oder einen Berg zu ersteigen. Verbreiten Sie eine Stimmung heiterer Gelassenheit und Freude. Tragen Sie dazu bei, daß die Situation von Leichtigkeit, Frieden und Harmonie durchdrungen ist. Haben Sie Geduld. Kümmern Sie sich sorgfältig um das Vorrangige, und bleiben Sie beharrlich. Betrachten Sie diese Zeit des Wartens und des achtsamen sich Kümmerns nicht als eine lästige Pflicht oder Bürde, sondern als den Schlüssel zu angemessenem Handeln in der gegenwärtigen Situation, welches Sie mit der geistigen Welt verbinden kann. Es wird Ihnen Erfolg und Anerkennung einbringen.

Linien der Wandlung
Sechs auf der ersten Position: Das Warten an der Grenze zwischen Stadt und Land. Eine schwierige Zeit. Halten Sie durch. Leisten Sie dem Fluß der Dinge keinen Widerstand. Das bringt Einsicht und Gewinn. Sie sind Ihren grundlegenden Prinzipien treu geblieben. *Richtung:* Bleiben Sie mit Ihren Wertvorstellungen in Kontakt. Wandeln Sie potentielle Konflikte in kreative Spannung um. Die Situation verändert sich bereits.

Neun auf der zweiten: Das Warten auf dem vom sich zurückziehenden Meer bloßgelegten Sand. Sie sind umgeben von unbedeutenden Menschen und »small-talk«. Passen Sie sich an. Die Quelle all dessen liegt im Zentrum – dort, wo Sie hingelangen möchten. Das Ausführen Ihrer Pläne verspricht Heil und gutes Gelingen durch die Freisetzung transformierender Energien. *Richtung:* Die Situation verändert sich bereits.

Neun auf der dritten: Sie steuern geradewegs auf einen Sumpf zu, der Sie hinunterziehen und bewegungsunfähig machen wird. Diese Sache wird in einer Katastrophe enden. Denken Sie darüber nach. Das Unheil hat Sie noch nicht erreicht. Wenn Sie nicht von Ausgestoßenen umgeben sein wollen, sollten Sie Ihre Lage sehr ernsthaft und sorgfältig überdenken. Vielleicht können Sie das Debakel vermeiden, wenn Sie durchschauen, was Sie selbst zum Entstehen dieser Situation beigetragen haben. *Richtung:* Setzen Sie Grenzen. Gehen Sie nach innen. Öffnen Sie sich für neue Ideen.

Sechs auf der vierten: Worauf Sie Ihrer Meinung nach auch warten mögen: Es wird Sie nur ins Verderben führen. Sie stecken in einem Graben fest, der für Sie zum Grab werden könnte. Wachen Sie auf, bewegen Sie sich! Sie können gerettet werden, wenn Sie bereit sind zu hören. *Richtung:* Zeigen Sie Entschlossenheit! Werden Sie aktiv! Handeln Sie! Sie sind mit einer krativen Kraft verbunden.

Neun auf der fünften: Sorgen Sie dafür, geistige Energien aufzunehmen. Kommen Sie mit anderen zusammen, um zu essen, zu trinken und geistige Nahrung aufzunehmen. Das kompensiert Einseitigkeit und Isolation. Legen Sie Ihre Ideen auf den Prüfstand. Das verspricht Heil und gutes Gelingen durch die Freisetzung transformierender Energien. Dieses Geistwesen trennt das Wertvolle vom Wertlosen. *Richtung:* Eine fruchtbare, glückliche Zeit bricht an. Wenn Sie sich führen lassen, können Sie ein verborgenes Potential entdecken. Die Situation verändert sich bereits.

Sechs auf der obersten: Begeben Sie sich in die Höhle, den umschlossenen Raum. Sie werden bald Besuch bekommen, obwohl Sie nicht einmal darum gebeten haben. Drei Leute sind auf dem Weg zu Ihnen. Behandeln Sie sie mit Respekt, denn sie werden Ihnen aus einer unangemessenen Situation heraushelfen. So können Sie etwas sehr Wichtiges gewinnen. *Richtung:* Sammeln Sie kleine Dinge an, um etwas Großes zu erreichen. Wandeln Sie potentielle Konflikte in kreative Spannung um. Die Situation verändert sich bereits.

6 Der Streit
SUNG

  Schlüsselworte: Machen Sie Ihren Standpunkt klar. Versuchen Sie aber nicht, Einfluß zu nehmen.

Streit und kontroverse Meinungen bestimmen die Situation. Die richtige Art und Weise damit umzugehen, besteht darin, den eigenen Standpunkt klar zu machen und aktiv auszudrücken, ohne den Konflikt eskalieren zu lassen. Tun Sie dies voller Selbstvertrauen. Sie sind mit den geistigen

Helfern verbunden, die Sie führen werden. Diskutieren Sie die Angelegenheit. Stellen Sie Ihren Fall dar, sagen Sie vor Gericht aus, fordern Sie Gerechtigkeit. Seien Sie weder ängstlich noch schüchtern. Überwinden Sie Ihre Angst vor Autoritäten. Geben Sie nicht nach, aber übertreiben Sie auch nicht und lassen Sie sich nicht auf kleinliches Gezänk ein. Bleiben Sie in Ihrer Mitte. Das verspricht Heil und gutes Gelingen durch die Freisetzung transformierender Energien. Es ist vorteilhaft, wichtige Personen aufzusuchen, die Ihnen raten können. Versuchen Sie, das wahre Motiv hinter Ihrem Verlangen zu ergründen. Das bringt Einsicht und Gewinn. Versuchen Sie nicht, Ihre Pläne durchzuführen. Das würde Sie von den geistigen Helfern abschneiden und Sie gefährden. Dies ist nicht der richtige Zeitpunkt, um ein wichtiges Projekt in Angriff zu nehmen oder ein bestimmtes Ziel zu verfolgen.

Streiten, SUNG: Disputieren, seine Angelegenheiten vortragen, Gerechtigkeit fordern, sich mit einem Richter oder einer anderen Autorität auseinandersetzen; eine Beschwerde einreichen, einen Prozeß anstrengen; Zank, Hader, Kontroversen; zurechtweisen, tadeln, ein Urteil fällen, einen Konflikt lösen. Das Ideogramm stellt Worte dar und enthält das Zeichen für eine Amtsperson. Es weist auf Auseinandersetzungen vor Gericht oder anderen öffentlichen Institutionen hin.

Das Hexagramm deutet auf einen Kampf hin, der einer soliden Handlungsgrundlage entbehrt. Die Verbindung von Himmel und Wasser wirkt der natürlichen Bewegung entgegen. Etwas Neues entsteht. Bleiben Sie in Ihrer eigenen Gruppe. Wenn viele Menschen zusammen essen und trinken, wird Streit ausbrechen. Es ist eine disharmonische Zeit. Überall stoßen Sie auf miteinander im Widerstreit liegende Menschen und Ideen. Versuchen Sie nicht, helfend einzugreifen, um all diese Gegensätze miteinander zu versöhnen. Nutzen Sie diese widersprüchlichen Energien, um Dinge in Bewegung zu bringen und neue Aktivitäten zu planen. Führen Sie die Auseinandersetzungen fort und beobachten Sie, was dabei ans Licht kommt. Sie sind mit geistigen Helfern verbunden, die Sie führen werden. Haben Sie keine Angst! Indem Sie in Ihrer Mitte bleiben, begegnen Sie dem Starken und Soliden. Versuchen Sie jetzt nicht, Ihre Pläne zu Ende zu führen. Die Zeit ist ungünstig. Es ist von Vorteil, wichtige Menschen zu konsultieren. Das bringt Einsicht und Gewinn und hilft Ihnen, sich über Ihre eigenen Vorstellungen klar zu werden. Versuchen Sie nicht, konkrete Ergebnisse zu erzielen. In diesen Zeiten ein wichtiges Projekt zu beginnen hieße, in einen Abgrund zu springen. Der große Strom des Lebens würde zu einem unberechenbaren Strudel, in dem Sie ertrinken könnten.

Linien der Wandlung

Sechs auf der untersten Position: Ziehen Sie sich aus dieser Sache heraus. Sagen Sie, was Sie zu sagen haben, schließen Sie die Angelegenheit ab und machen Sie sich frei davon. Diese Klarheit kann Ihnen einen langen, bitteren Kampf ersparen. *Richtung:* Gehen Sie achtsam und vorsichtig vor. Suchen Sie sich eine unterstützende Gruppe und bleiben Sie in ihrer Mitte. Sammeln Sie Kraft für einen entscheidenden neuen Schritt.

Neun auf der zweiten: Versuchen Sie nicht, diese Situation durch Argumentieren unter Kontrolle zu bringen. Ändern Sie Ihre Vorstellungen und Ziele, und steigen Sie jetzt aus der Sache aus. Gehen Sie dorthin zurück, wo Ihnen die Türen offenstehen, selbst wenn Sie sich davonschleichen müssen. Das ist kein Fehler. Halten Sie sich in bezug auf Ihre Absichten bedeckt, während der Kampf um Sie herum tobt. Wenn die Wogen sich geglättet haben, können Sie die Früchte Ihres klugen, rechtzeitigen Rückzugs ernten. *Richtung:* Die Kommunikation ist blockiert. Sie sind mit den falschen Menschen verbunden. Gehen Sie Schritt für Schritt vor, und sammeln Sie Kraft für einen entscheidenden neuen Schritt.

Sechs auf der dritten: Gehen Sie nach innen, um zu erkennen, was noch von Ihren Altvorderen stammt. Sie sind mit einer gefährlichen Situation konfrontiert. Ein zorniger alter Geist ist zurückgekehrt, um sich für frühere Mißachtung zu rächen. Stellen Sie sich der schwierigen Situation. Führen Sie Ihre Pläne durch. Das verspricht Heil und gutes Gelingen durch die Freisetzung transformierender Energien. Wenn Sie einen Auftrag von einem Höherstehenden oder Vorgesetzten erhalten haben, werden Sie ihn nicht durchführen können. Halten Sie an dem fest, was Ihrer Meinung nach wichtig ist. *Richtung:* Dies ist eine schicksalhafte Begegnung, die Sie mit einer kreativen Kraft in Verbindung bringt.

Neun auf der vierten: Versuchen Sie nicht, die Situation durch Argumentieren unter Kontrolle zu bringen. Kehren Sie der Angelegenheit still und unauffällig den Rücken. Dies ist eine Anweisung des Schicksals! Etwas Bedeutsames kehrt in Ihr Leben zurück. Öffnen Sie sich dafür. Das verspricht Heil und gutes Gelingen durch die Freisetzung transformierender Energien. Verpassen Sie diese Gelegenheit nicht! *Richtung:* Räumen Sie die Mißverständnisse, die Sie zurückhalten, aus. Gehen Sie nach innen. Übernehmen Sie nicht die Führung. Öffnen Sie sich für neue Ideen. Sorgen Sie für alles Notwendige.

Neun auf der fünften: Stellen Sie sich selbst und Ihren Fall vertrauensvoll dar. Sie können positive Ergebnisse erwarten. Dies ist der Beginn einer außerordentlich glücklichen Zeit voller bedeutsamer Ereignisse. Machen Sie es zu Ihrem Hauptanliegen, die Situation in Ordnung zu bringen. *Richtung:* Sammeln Sie Kraft für einen entscheidenden neuen Schritt.

Neun auf der obersten: Vielleicht meinen Sie, durch Kampf und Auseinandersetzungen Geld und Status erringen zu können. Denken Sie noch einmal darüber nach. Bevor der Morgen um ist, wird Ihnen das Gewünschte schon dreimal vorenthalten worden sein. Sie glauben, Ihre Argumente so einsetzen zu können, daß andere sich Ihnen unterwerfen. Denken Sie noch einmal darüber nach. Ein solches Verhalten ist Ihrer nicht würdig und wird Ihnen keinerlei Respekt einbringen. *Richtung:* Befreien Sie sich aus Ihrer Isolation. Suchen Sie sich eine unterstützende Gruppe und bleiben Sie in ihrer Mitte. Sammeln Sie Kraft für einen entscheidenden neuen Schritt.

7 Die vereinte Kraft / Das Heer
SHIH

Schlüsselworte: Entwirren Sie die Situation und übernehmen Sie dann die Führung.

In dieser Situation geht es darum, ein großes Durcheinander zu entwirren und die Dinge in funktionale Einheiten zu gliedern, um effektives Handeln zu ermöglichen. Der Schlüssel zu angemessenem Handeln liegt hier im Ausrichten der eigenen Energien. Entwickeln Sie Ihre Führungsqualitäten. Beobachten Sie die Menschen, zu denen Sie aufschauen und nehmen Sie sich ein Beispiel an ihnen. Finden Sie heraus, wen und was Sie brauchen. Das verspricht Heil und gutes Gelingen durch die Freisetzung transformierender Energien. Das Ideal dieses Heeres ist nicht das Kämpfen an sich. Es schafft Ordnung und schützt die Menschen, die sich allein nicht schützen können. Es gründet Städte und verteidigt alles, was die Menschen zum Leben brauchen. Es ist kein Fehler, Kraft auf diese Weise einzusetzen.

Die vereinte Kraft/Das Heer, SHIH: Truppen, eine Armee; Führer, Meister der Kriegskunst, Meister in einer Disziplin; organisieren, funktionstüchtig machen, mobilisieren, disziplinieren; zum Vorbild nehmen, nachahmen. Das Ideogramm stellt Menschen dar, die sich um ein Zentrum herum bewegen.

Das Hexagramm weist auf die Fähigkeit hin, zu dienen, indem man Risiken eingeht. In der Mitte der Erde fließt der Strom. Etwas Bedeutsames kehrt zurück. Seien Sie offen dafür. Sie sind von einem großen Durcheinander umgeben, alles liegt mit allem im Widerstreit. Das ist keine angenehme Situation. Es wird viel Sorgfalt und Einsatz nötig sein, um sie in Ordnung zu bringen. Versuchen Sie, jedem Ding einen angemessenen Platz zu geben. Fördern Sie, was unter- oder außerhalb Ihres normalen Wertesystems liegt. Es birgt ein großes unentwickeltes Potential, welches Sie nähren und stärken können. Finden Sie, was Sie brauchen, indem Sie Risiken eingehen und sich Hindernissen mit dem Wunsch zu dienen nähern. Versuchen Sie nicht, anderen Ihren Willen aufzuzwingen. So wird ein wichtiges Führungsprinzip aktiviert, dem sich andere Menschen spontan anvertrauen werden. Das verspricht Heil und gutes Gelingen durch die Freisetzung transformierender Energien und ist genau das, was die momentane Situation erfordert. Wie könnte das ein Fehler sein?

Linien der Wandlung
Sechs auf der untersten Position: Das Heer marschiert weiter und hält sich an Regeln und Gebote. Achten Sie darauf, daß diese Gesetze nicht lebenswichtige Energien blockieren. Wenn man Regeln übertritt, schneidet man sich von den geistigen Helfern ab, aber man tut es ebenso, wenn man die Regeln über die wahren Erfordernisse des Augenblicks stellt. *Richtung:* Eine anregende Begegnung steht

bevor. Etwas Wichtiges kehrt in Ihr Leben zurück. Öffnen Sie sich dafür. Sorgen Sie für alles Notwendige.

Neun auf der zweiten: Suchen Sie das Zentrum des Heeres auf und bleiben Sie dort. Das ist der richtige Platz für den handlungsfähigen Führer: inmitten seiner Truppen. Das verspricht Heil und gutes Gelingen durch die Freisetzung transformierender Energien. Die höheren Mächte haben Ihnen einen Auftrag erteilt. Sie empfangen Anweisungen, die Ihr Leben verändern können. *Richtung:* Öffnen Sie sich für neue Ideen. Sorgen Sie für alles Notwendige.

Sechs auf der dritten: Vielleicht sammeln die von Ihnen aufgestellten Truppen nur Leichen ein. Ganz gleich, ob es sich dabei um alte Erinnerungen, nutzlose Ideen oder falsche Vorstellungen bezüglich Ihres Tuns handelt – machen Sie sich frei davon. Andernfalls schneiden diese Energien Sie von den geistigen Helfern ab und gefährden Sie. *Richtung:* Nehmen Sie die Mühe auf sich. Wenn Sie sich führen lassen, können Sie ein verborgenes Potential entdecken. Die Situation verändert sich bereits.

Sechs auf der vierten: Das Heer wählt den Weg des Friedens. Das ist kein Fehler. Sie haben sich an die Regeln gehalten. *Richtung:* Setzen Sie gebundene Energien frei. Die Situation verändert sich bereits.

Sechs auf der fünften: Die Felder sind voller Dinge, die Sie ergreifen möchten. Geben Sie acht auf Ihre Worte, und darauf, wie und wann Sie etwas sagen. Führen Sie das Heer so, als seien Sie der älteste Sohn, dem sich die anderen unterordnen. Lösen Sie sich von alten Mustern und falschen Vorstellungen. Verhalten Sie sich nicht wie der jüngere Sohn, den man damit beauftragte, die Leichen einzusammeln, sonst verlieren Sie Ihre Verbindung zu den geistigen Helfern und sind ohne Schutz. In dieser Situation sollten Sie weder für andere handeln, noch andere bitten, Ihre Arbeit für Sie zu tun. *Richtung:* Trauen Sie sich! Gehen Sie

Risiken ein. Sorgen Sie für alles Notwendige. Seien Sie offen für neue Ideen.

Sechs auf der obersten: Ein großer Führer hat einen Auftrag von oben bekommen. Es ist eine Zeit, in der Sie Ihre Vorstellungen erfolgreich durchsetzen können. Gründen Sie Städte, wo Menschen zusammenkommen und weisen Sie jedem seinen Platz zu. Es ist nicht angebracht, nachgiebig zu sein oder sich anzupassen. Sie sind in der richtigen Position und können Beachtliches erreichen. Das wird natürlich zu einer Verschiebung von Machtpositionen und Verantwortlichkeiten und folglich zu gewissen Turbulenzen führen. Machen Sie sich keine Sorgen darüber. Tun Sie, was Sie zu tun haben. *Richtung:* Die Situation birgt Möglichkeiten, derer Sie sich noch nicht bewußt sind. Etwas Bedeutsames kehrt zurück. Sorgen Sie für alles Notwendige.

8 Die Einheit / Das Zusammenhalten
PI

Schlüsselworte: Suchen Sie andere Kreise auf und finden Sie andere Wege, Dinge zusammenzubringen.

In dieser Situation geht es um die Menschen und Dinge, mit denen Sie geistig verbunden sind. Der Schlüssel zu angemessenem Handeln liegt hier darin, sich genau anzuschauen, mit wem man sich zusammentut und auf welche Weise man Dinge in seiner Vorstellung einordnet. Ihre Art und Weise, Dinge und Menschen zusammenzubringen, verändert sich. Halten Sie inne und schauen Sie sich um. Versuchen Sie, wesentliche Eigenschaften und Qualitäten wahrzunehmen, um zum Kern der Angelegenheit vorzudringen. Vergleichen Sie, wählen Sie aus. Finden Sie heraus, wo Sie hingehören. Sie können Ihre Frage auf viele verschiedene Arten stellen. Das Orakel wird Ihnen helfen. Das ist kein Fehler, sondern verspricht Heil und gutes Gelingen durch die Freisetzung transformierender Energien. Dies ist keine ruhige, beschauliche Zeit. Die Dinge kommen von allen Seiten auf Sie zu und erfordern genaue Betrachtung. Kümmern Sie sich jetzt darum! Wenn Sie es aufschieben und versuchen, es später zu bewältigen, schneiden Sie sich von den geistigen Helfern ab und sind ohne Schutz.

Verbinden, PI: Sich zusammenschließen, verbünden; ein neues Zentrum finden; Dinge in Kategorien einordnen, vergleichen und auswählen; herausfinden, zu wem man gehört; harmonisieren, vereinen; Nachbarn; gleich, identisch; zusammenarbeiten, auf etwas hinarbeiten. Das Ideogramm zeigt eine Person, die auf ihrem Weg innehält und sich umschaut, um die Dinge genau zu betrachten.

Das Hexagramm weist auf sich auflösende Beziehungen hin. Der Strom fließt über der Erde. Lassen Sie Ihre alten Vorstellungen los. Sie sind mit einer Menge verschiedener Dinge konfrontiert und müssen neue Wege finden, sie einzuordnen. Das muß nicht schmerzhaft sein. Sie können diesen Prozeß auch genießen. Behalten Sie dabei die Schlüsselworte »Harmonie«, »Vergnügen« und »Eleganz« im Kopf. Früher nutzten die Könige diese Zeit, um Städte zu errichten, in denen die Menschen sich in Gruppen zusammenschlossen und definierten. Geben Sie jedem Ding einen Platz, wo es sich aktiv und freudig mit seinesgleichen verbinden kann. Achten Sie auf das, was Sie von unten unterstützt. Versuchen Sie, Ihre Ideale und Ziele mit einem unterstützenden Fundament zu verbinden. Nutzen Sie die Tatsache, daß zur Zeit Dinge im Überfluß auf Sie zukommen, und gehen Sie *jetzt* neue Wege. Wenn Sie es auf später verschieben, schneiden Sie sich von den geistigen Helfern ab und sind ohne Schutz.

Linien der Wandlung
Sechs auf der untersten Position: Vertrauen Sie darauf, daß Sie auf die richtige Weise mit den richtigen Menschen verbunden sind. Sie sind mit geistigen Helfern in Kontakt, die Sie führen werden. Das ist kein Fehler. Es ist von Vorteil, noch mehr Energie hineinzugeben, sich noch mehr zu bemühen. Lassen Sie das Gefäß überfließen. Die kommenden Ereignisse bringen noch größeres Heil durch die Freisetzung transformierender Energien. *Richtung:* Geben Sie jedem Ding einen Platz zum Wachsen. Lassen Sie alte Vorstellungen los und öffnen Sie sich für neue. Übernehmen Sie nicht die Führung. Sorgen Sie für alles Nötige.

Sechs auf der zweiten: Sie befinden sich innerhalb der Gruppe, nahe beim Zentrum. Lassen Sie sich davon bewegen und passen Sie auf, daß diese Verbindung Ihnen nicht durch die Finger gleitet. Prüfen Sie, ob Ihre Ideen umsetzbar sind. Das verspricht Heil und gutes Gelingen durch die Freisetzung transformierender Energien. *Richtung:* Engagieren Sie sich! Gehen Sie Risiken ein! Öffnen Sie sich für neue Ideen. Übrnehmen Sie nicht die Führung und sorgen Sie für alles Notwendige.

Sechs auf der dritten: Das ist nicht die richtige Gruppe für Sie. Sie tun sich mit den falschen Leuten zusammen. Seien Sie vorsichtig. Betrachten Sie die Situation von einer unpersönlichen Ebene aus. Versuchen Sie, an einen Ort zu gelangen, wo Sie Demütigung und Verletzung vermeiden können. *Richtung:* Überdenken Sie die Situation. Sammeln Sie Kraft für einen entsscheidenden neuen Schritt.

Sechs auf der vierten: Sie stehen außerhalb der Gruppe. Nutzen Sie Ihre Position zu Ihrem eigenen Vorteil. Versuchen Sie, Ihre Ideen umzusetzen. Das verspricht Heil und gutes Gelingen durch die Freisetzung transformierender Energien. Sie sind aufgrund Ihrer moralischen Integrität und intellektuellen Kapazität in dieser Position. Bleiben Sie Ihrer Arbeit und Ihren Werten treu. *Richtung:* Tragen Sie zusammen, was Sie für ein großes Projekt benötigen. Gehen Sie Schritt für Schritt vor. Sammeln Sie Kraft für einen entscheidenden neuen Schritt.

Neun auf der fünften: Wenn Sie Ihre Wünsche durchsetzen wollen, sollten Sie sich wie ein König auf der Jagd verhalten. Schneiden Sie nicht alle Fluchtwege ab. So hat das Wild eine Chance zu entkommen, und was Sie fangen, hat sich dafür entschieden, bei Ihnen zu sein. Es ist nicht angebracht andere zurechtzuweisen oder zu versuchen, sie sich gefügig zu machen. Geben Sie Ihre »Wildwest-Manieren« auf. Lassen Sie sie einfach davonfliegen. Sie müssen sich nicht durch Opposition hervortun oder behaupten. Der Erfolg liegt im Nachgeben und Dienen. Ihr Vorhaben ist ausgewogen und mit den Höheren Mächten verbunden. *Richtung:* Nehmen Sie an, was auch immer auf Sie zukommt. Übernehmen Sie nicht die Führung. Sorgen Sie für alles Notwendige.

Sechs auf der obersten: Dies ist eine Gruppe ohne Führer oder inspirierende Vision. Sie bietet Ihnen keinen Rahmen zur Verwirklichung Ihrer Pläne. Verlassen Sie sie jetzt, oder Sie rennen ins Unglück. *Richtung:* Betrachten Sie sich die Sache genauer. Lassen Sie alte Vorstellungen los und öffnen Sie sich für neue. Sorgen Sie für alles Notwendige.

9 Das Ansammeln des Kleinen
HSIAO CH'U

Schlüsselworte: Sammeln Sie kleine Dinge an, um etwas Großes zu erreichen.

In dieser Situation werden Sie mit vielen verschiedenen Dingen konfrontiert, die nichts miteinander zu tun zu haben scheinen. Die richtige Art und Weise damit umzugehen, besteht darin, sich an jedes Ding, das Ihren Weg kreuzt, anzupassen, um etwas Großes zu erreichen. Setzen Sie sich langfristige Ziele. Sammeln und speichern Sie all die kleinen Dinge, die zunächst unwichtig scheinen. Stellen Sie sich vor, Sie würden kleine Kinder erziehen oder Tiere oder Pflanzen hegen. Seien Sie flexibel und anpassungsfähig. Nähren und pflegen Sie die Dinge. Der Regen ist noch nicht da, aber die dichten Wolken, die ihn mit sich bringen, ziehen von Westen her auf. Ihre Bemühungen werden bald von Erfolg gekrönt sein.

Klein, HSIAO: Klein, gewöhnlich, unbedeutend; sich an alles anpassen, was einem begegnet; hineinnehmen, kleiner machen; verringern, beschränken; klein, dünn, schmal; Yin-Energie.

Ansammeln, CH'U: Sammeln, ansammeln, hineinnehmen, horten, speichern, bewahren; kontrollieren, beschränken; sich kümmern um, unterstützen, tolerieren; Tiere zähmen oder abrichten; aufziehen, domestizieren; von etwas gezähmt oder kontrolliert werden. Das Ideogramm symbolisiert die fruchtbare, schwarze Erde eines Flußdeltas.

Das Hexagramm weist auf eine beständige Kraft hin, die durch sanftes Durchdringen aufgebaut wurde. Der Wind weht über dem Himmel. Wandeln Sie potentielle Konflikte in kreative Spannung um. Sie brauchen einen Ort, an dem Sie Dinge ansammeln können, denn im Augenblick haben Sie nur wenige. Konzentrieren Sie sich auf die jedem Ding innewohnende Schönheit, um sein Potential zu erkennen. Seien Sie vor allem flexibel und anpassungsfähig. Bleiben Sie hartnäckig und doch sanft in Ihrem Bemühen, wie der Windhauch, der alles durchdringt. So können Sie sich eine solide Ausgangsbasis schaffen. Der Regen ist noch nicht da. Danken Sie für alles, was Sie jetzt haben, und lassen Sie es los, damit der Prozeß sich fortsetzen kann. Die Wolken ziehen noch herauf. Die Zeit zum Handeln ist noch nicht gekommen.

Linien der Wandlung
Neun auf der untersten Position: Kehren Sie zur Quelle zurück. Gehen Sie Ihren eigenen Weg. Wie könnte das ein Fehler sein? Es verspricht Heil und gutes Gelingen durch die Freisetzung transformierender Energien. *Richtung:* Dringen Sie sanft zum Kern des Problems vor. Wandeln Sie potentielle Konflikte in kreative Spannung um. Die Situation verändert sich bereits.

Neun auf der zweiten: Etwas Bedeutsames kehrt in Ihr Leben zurück, und Sie werden zu ihm hingezogen, wie ein Hund an der Leine. Das verspricht Heil und gutes Gelingen durch die Freisetzung transformierender Energien. Bleiben Sie in der Mitte. Verlieren Sie nicht den Kontakt zu dieser Quelle. *Richtung:* Suchen Sie sich eine unterstützende Gruppe. Das ist der Rahmen, in dem andere sich Ihnen anschließen können. Sammeln Sie Kraft für einen entscheidenden neuen Schritt.

Neun auf der dritten: Der Karren kommt durch defekte Speichen zum Stillstand. Der Versuch, eine zu große Last zu befördern, hat zu einem Familienstreit geführt. Mann und Frau sind außer sich, verdrehen die Augen und blicken in verschiedene Richtungen. So können Sie Ihre häuslichen Angelegenheiten nicht in Ordnung bringen. *Richtung:* Versuchen Sie, in Ihre eigene Mitte zu kommen, bevor Sie weitermachen. Gehen Sie nach innen. Sorgen Sie für alles Notwendige. Öffnen Sie sich für neue Ideen.

Sechs auf der vierten: Haben Sie Vertrauen. Sie sind mit geistigen Helfern verbunden, die Sie führen werden. Wenn Sie handeln, können Sie Blutvergießen und Verluste vermeiden. Sie machen keinen Fehler. Ihr Ziel verbindet Sie mit denen, die über Ihnen stehen. *Richtung:* Handeln Sie! Sie sind mit einer kreativen Kraft verbunden.

Neun auf der fünften: Haben Sie Vertrauen. Sie sind mit geistigen Helfern verbunden, die Sie führen werden. Wenn Sie jetzt handeln, stellen Sie dadurch eine Verbindung mit anderen her. Ergreifen Sie die Dinge. Ihre Nachbarn sind für Sie eine Quelle des Reichtums, die Sie nutzen können. Versuchen Sie nicht, im Alleingang Dinge anzuhäufen. *Richtung:* Werden Sie aktiv. Entwickeln Sie eine Idee, die Menschen zusammenbringt. Wandeln Sie potentielle Konflikte in kreative Spannung um. Die Situation verändert sich bereits.

Neun auf der obersten: Der Regen ist da. Bleiben Sie im Augenblick, wo Sie sind. Sie werden geachtet und haben die Kraft und die Fähigkeit, Dinge zu verwirklichen. Wenn Sie sich wie eine Hausfrau verhalten, die auf ihre häuslichen Pflichten beschränkt ist, werden Sie Schwierigkeiten bekommen. Ein zorniger Geist will sich für frühere Mißachtung rächen. Behalten Sie das Bild des fast vollen Mondes im Kopf. Wählen Sie bei allem, was Sie tun, den Mittelweg. Es ist weder angebracht, andere zu disziplinieren, noch sie zu bestrafen, wie lauter Ihre Motive auch sein mögen. Die treibende Kraft hinter der Situation baut sich noch weiter auf, um Sie vorwärts zu bringen. Wenn Sie versuchen, die Kontrolle zu übernehmen und die Dinge fein säuberlich einzuordnen, schneiden Sie sich von den geistigen Helfern ab und sind ohne Schutz. Der Situation haftet noch etwas Undurchsichtiges, Unsicheres an. *Richtung:* Warten Sie auf den richtigen Augenblick, um den nächsten Schritt zu tun. Wandeln Sie potentielle Konflikte in kreative Spannung um. Die Situation verändert sich bereits.

10 Das Auftreten
LÜ

Schlüsselworte: **Suchen Sie Ihren Weg Schritt für Schritt. Vertrauen Sie auf einen guten Ausgang.**

In dieser Situation geht es darum, wie man seinen Weg findet und geht. Der Schlüssel zu angemessenem Handeln liegt hier im schrittweisen Vorgehen. Der Weg ist da. Üben Sie. Denken Sie über die richtige Art zu handeln und Ihren Lebensunterhalt zu verdienen nach. Sie wandeln auf den Spuren des Tigers, einer mächtigen und gefährlichen Kreatur. Wenn Sie vorsichtig zu Werke gehen, wird dieses Wesen Sie mit allem versorgen, was Sie zum Leben brauchen, und alles verjagen, was Ihnen schaden könnte. Sprechen Sie mit ihm, damit es Sie an seiner Kraft und Intelligenz teilhaben läßt. Vermeiden Sie alles, was dazu führen könnte, daß es Sie beißt, und schnappen Sie auch Ihrerseits nicht nach anderen. Sie können es sich nicht leisten, andere zu verspotten oder zu tadeln. Wenn Sie das unterlassen, freuen sich die Geistwesen und schenken Ihnen Erfolg, Durchsetzungskraft und die Fähigkeit, die Situation zu einem guten Ende zu bringen.

Auftreten, LÜ: Schreiten, gehen; Pfad, Weg, Spur; Schuhe; weitergehen, auf jemandes Spuren wandeln, einem Weg folgen; handeln, üben, erreichen; sich benehmen, verhalten; Lohn oder Gehalt, Lebensunterhalt; Glück; die Bahnen der Sterne und Planeten. Das Ideogramm stellt die Füße eines Gehenden dar.

Das Hexagramm weist auf einen äußeren Kampf hin, dem mit heiterem Selbstausdruck begegnet wird. Oben ist der Himmel, unten der Nebel. Suchen Sie sich Menschen, die

Sie unterstützen können. Jeder Mensch muß genug ansammeln, um existieren zu können, und Sie müssen den richtigen Weg finden, das zu tun. Verharren Sie nicht, wo Sie sind. Gehen Sie weiter, und finden Sie dabei Ihren Weg. Das ist die Voraussetzung für die Verwirklichung des Tao. So entwickeln Sie Ihre Fähigkeit, in Einklang mit dem Weg vorwärts zu gehen. Unterscheiden Sie sorgfältig zwischen dem, was über Ihnen ist und dem, was unter Ihnen ist. Setzen Sie sich die richtigen Ziele. Werden Sie sich darüber klar, wie Sie zu den allgemein üblichen Wünschen und Zielen stehen. Der innere Drang, sich fortzubewegen, den Sie jetzt verspüren, kann Sie mit einer starken, kreativen Kraft verbinden. Es ist, als würden Sie auf den Schwanz eines Tigers treten. Wenn Sie vermeiden wollen, daß der Tiger Sie beißt, müssen Sie Ihrerseits vermeiden, nach anderen zu schnappen. Ihre innersten Wünsche sind rechtschaffen und haben ein solides Fundament. Sie bewegen sich im Einklang mit der Höchsten Macht. Lassen Sie sich nicht entmutigen. Wenn Sie sich weiterhin bemühen, Licht in die Situation zu bringen, wird sich Ihre Wahrnehmung völlig ändern, und Sie werden zu einem völlig neuen Verständnis gelangen.

Linien der Wandlung
Neun auf der untersten Position: Gehen Sie Ihren Weg in Einfachheit und Schlichtheit. Seien Sie lauter in Ihren Absichten. Kein Makel! Sie bewegen sich im Einklang mit Ihrem Ziel. *Richtung:* Machen Sie Ihren Standpunkt klar, aber handeln Sie noch nicht. Suchen Sie sich eine unterstützende Gruppe, und bleiben Sie in ihrer Mitte. Sammeln Sie Kraft für einen entscheidenden neuen Schritt.

Neun auf der zweiten: Sie folgen dem Weg des Tao. Bemühen Sie sich unablässig darum, die Dinge zu ebnen und zu glätten. Falls Sie im Hintergrund stehen oder an einem geheimen Projekt arbeiten, sollten Sie versuchen,

Ihre Ideen umzusetzen. Das verspricht Heil und gutes Gelingen durch die Freisetzung transformierender Energien. Akzeptieren Sie die Geheimhaltung. Ihre Ziele sind angemessen. Sie entspringen nicht dem Zustand innerer Verwirrung oder dem Wunsch, Probleme zu schaffen. *Richtung:* Bleiben Sie losgelöst, verstricken Sie sich nicht. Überdenken Sie Ihre Probleme. Sammeln Sie Kraft für einen entscheidenden neuen Schritt.

Sechs auf der dritten: Wenn Sie durch ein Auge blinzeln, können Sie immer noch sehen, und wenn Sie humpeln, können Sie immer noch vorwärtskommen, aber Ihre Möglichkeiten sind so eingeschränkt, daß Sie nicht klar sehen oder agieren können. In diesem Fall wäre es ein Fehler, auf den Schwanz des Tigers zu treten; es würde Sie von den geistigen Helfern abschneiden und in Gefahr bringen. Der Tiger wird Sie beißen. Sie werden von unangenehmen, kritischen Menschen umgeben sein. Sie sind wie ein einfacher Soldat, der versucht, ein großer Feldherr zu sein. In Ihrer Position haben Sie weder genügend Klarheit, noch Bewegungsfreiheit. Handeln Sie nur dann entschlossen und zielgerichtet, wenn Sie von jemandem, den Sie wirklich respektieren, strikte Anweisungen erhalten haben. *Richtung:* Sie müssen sich mit einer mächtigen und gefährlichen Kraft auseinandersetzen.

Neun auf der vierten: Sie treten auf den Schwanz des Tigers. Er hört auf Sie und hilft Ihnen. Vertreten Sie Ihre Angelegenheit leidenschaftlich und mit vollem Einsatz. Die Verwirklichung Ihrer Ideen verspricht Heil und gutes Gelingen durch die Freisetzung transformierender Energien. Sie kommen Ihrem Ziel wirklich näher. *Richtung:* Schaffen Sie eine Verbindung zwischen Ihrer inneren und äußeren Welt. Gehen Sie nach innen. Öffnen Sie sich für neue Ideen. Sorgen Sie für alles Notwendige.

Neun auf der fünften: Schreiten Sie entschlossen auf Ihrem Weg voran, selbst wenn Sie etwas hinter sich zurücklassen müssen. Sie sind mit Schwierigkeiten konfrontiert. Ein zorniger alter Geist ist zurückgekehrt, um sich für frühere Mißachtung zu rächen. Handeln Sie! Bringen Sie Ihre Situation in Ordnung. *Richtung:* Wandeln Sie potentielle Konflikte in kreative Spannung um. Die Situation verändert sich bereits.

Neun auf der obersten: Schauen Sie sich den Weg, den Sie beschritten haben, genau an. Es gibt Omen auf diesem Weg. Ihre Ahnen begleiten Sie mit ihrem Segen. Nehmen Sie mit ihnen Kontakt auf. Dieser Weg taucht immer wieder vor Ihnen auf. Wenn Sie ihm folgen, warten großes Glück und bedeutsame Ereignisse auf Sie. Hier dringen Sie bis zum Ursprung der Dinge vor. Ihre Ziele und Ideen bringen Ihnen großen Lohn ein. *Richtung:* Schließen Sie sich mit anderen zusammen und drücken Sie sich aus. Suchen Sie sich eine unterstützende Gruppe, und bleiben Sie in ihrer Mitte. Sammeln Sie Kraft für einen entscheidenden neuen Schritt.

11 Die Durchdringung / Das Gedeihen
T'AI

Schlüsselworte: Ausdehnen, kommunizieren, verbinden, genießen.

Diese Situation wird von einem Einströmen geistiger Energien bestimmt, welche alles aufblühen und gedeihen lassen. Die richtige Art und Weise damit umzugehen, besteht darin, den Wohlstand und das gute Gefühl mit anderen zu teilen. Sie sind mit dem Energiefluß verbunden. Seien Sie großzügig, überströmend und fruchtbar. Das Unwichtige tritt in den Hintergrund und mit ihm die Notwendigkeit, sich zu bescheiden und an alles, was einem begegnet, anzupassen. Die vor Ihnen liegende Zeit bietet Ihnen die Möglichkeit, Ihre wichtigsten Ideen zu entwickeln. Das verspricht Heil und gutes Gelingen durch die Freisetzung transformierender Energien. Es erfreut die Geistwesen, die Ihnen dafür Erfolg und Durchsetzungskraft schenken und Sie befähigen, die Situation zu einem guten Ende zu führen.

Durchdringen, T'AI: Groß, hervorragend; überströmend, blühend, friedvoll, fruchtbar; überall hingelangen, durchdringen, diffundieren, kommunizieren; glatt, schlüpfrig; extrem, extravagant, gewaltig. Auf dem Berg T'AI wurden feierliche Opferriten abgehalten, um die Energien von Himmel und Erde zu vereinen. Das Ideogramm zeigt eine Person im Wasser, die mit dem Fluß des Tao verbunden ist.

Das Hexagramm weist auf eine kreative Kraft hin, welche die Erde durchdringt. Himmel und Erde treffen sich. Dies ist eine Zeit des Überflusses. Lassen Sie sich führen, damit Sie Ihr verborgenes Potential entdecken können. Still und abgeklärt können Sie später sein. Ergreifen und durchdringen Sie die Dinge. Versuchen Sie, Zusammenhänge zu erspüren. Ändern Sie Ihr Selbstbild radikal und tun Sie sich mit anderen Menschen zusammen als bisher. Stellen Sie Ihr Potential in den Dienst des Zeitgeistes. Unterstützen und ermutigen Sie andere. Frieden und Fülle sind jetzt die Schlüsselworte, die Ihnen helfen, Ordnung ins Leben zu bringen. In dieser Zeit vereinigen sich die Höheren Mächte mit den Menschen und alle Wesen verbinden sich. Das Höhere und das Niedere treffen sich, und Ihr Ziel steht im Einklang mit dieser Verbindung. Bleiben Sie innerlich fest und zielgerichtet und äußerlich anpassungsfähig. Konsultieren Sie das Orakel, um in Verbindung mit dem Tao zu bleiben. Sie sind von Leuten umgeben, die sich fortwährend opportunistisch an alles anpassen, was ihnen Vorteile bringt. Die Methoden dieser Menschen haben sich nun überlebt. Ihr eigener Weg wird dagegen zu dauerhaftem Erfolg führen.

Linien der Wandlung
Neun auf der untersten Position: Reißen Sie alles, was Sie stört oder belastet, mit Stumpf und Stiel aus. Es ist verworren und verflochten und hindert Sie am Vorwärtskommen. Ändern Sie Ihr Selbstbild und suchen Sie sich neue Freunde. Es ist von Vorteil, die Dinge in Ordnung zu bringen und sich auf eine Expedition zu begeben. Das verspricht Heil und gutes Gelingen durch die Freisetzung transformierender Energien. Lokalisieren Sie Ihr Ziel im Äußeren. Lassen Sie sich von ihm in die Welt hinausführen. *Richtung:* Machen Sie sich die Mühe. Wandeln Sie potentielle Konflikte in kreative Spannung um. Die Situation verändert sich bereits.

Neun auf der zweiten: Sie befinden sich in einer Einöde. Vor Ihnen liegt ein Fluß. Überqueren Sie ihn allein. Zögern Sie nicht, gegenwärtige Beziehungen aufzulösen, die Sie am Fortschreiten hindern. Sie werden auf diese Weise Ehre erringen, denn das Zentrum der Dinge ist in Bewegung. *Richtung:* Akzeptieren Sie die auf Sie zukommenden Mühen oder Unbequemlichkeiten. Am Ende wird Ihr Licht durchscheinen. Setzen Sie gebundene Energien frei. Die Situation verändert sich bereits.

Neun auf der dritten: Auf leichte, friedliche Zeiten folgen schwierige. Die Dinge fallen auseinander, und Sie müssen den vor Ihnen ansteigenden Berg erklimmen. Doch wenn Sie das, was Sie festhalten, nicht loslassen, kann es niemals zurückkehren. Sie stehen vor einer schwierigen Aufgabe, während andere zur Zeit anscheinend das Leben genießen können. Das ist kein Fehler. Machen Sie sich darüber keine Sorgen. Gehen Sie Ihren Weg voller Vertrauen. Sie sind mit geistigen Helfern verbunden, die Sie führen werden. Nehmen Sie das auf Sie Zukommende in sich auf.

Es bringt Ihnen Segen und Wohlwollen. *Richtung:* Eine wichtige Verbindung kündigt sich an. Es ist die Rückkehr von etwas Bedeutsamem. Übernehmen Sie nicht die Führung. Öffnen Sie sich für neue Ideen. Sorgen Sie für alles Notwendige.

Sechs auf der vierten: Sie schlagen mit den Flügeln wie ein kleiner Vogel, der versucht, das Nest zu verlassen. Wenn Sie nicht über die Mittel verfügen, um Ihre Ziele zu verwirklichen, sollten Sie Ihre Angehörigen, Nachbarn oder Freunde um Hilfe bitten. Es gibt keinen Grund, zurückhaltend zu sein. Verfolgen Sie Ihr Ziel vertrauensvoll. Sie sind mit geistigen Helfern verbunden, die Sie führen werden. Geben Sie Ihren Wunsch nach sofortigem Gewinn auf. Konzentrieren Sie sich auf den Ruf Ihres Herzens, und festigen Sie diese Vorstellung. *Richtung:* Diese Ideen oder Pläne sind lebendig und kraftvoll. Bleiben Sie standhaft und entschlossen. Sie sind mit einer kreativen Kraft verbunden.

Sechs auf der fünften: Der große Ahnherr verheiratet ein Mädchen. Das ist ein Omen für künftiges Glück. Es leitet die knospentreibende Phase des beginnenden Frühlings ein. In dieser Zeit können Wünsche erfüllt, Bedürfnisse befriedigt und Ziele realisiert werden. Sie ist die Quelle großen Glücks und bedeutsamer Ereignisse. Sie können diese neue Verbindung nutzen, um an der Realisierung Ihrer Ideen und Wünsche zu arbeiten, aber es wird Zeit brauchen. *Richtung:* Warten Sie auf den richtigen Zeitpunkt zum Handeln. Wandeln Sie potentielle Konflikte in kreative Spannung um. Die Situation verändert sich bereits.

Sechs auf der obersten: Die Mauern stürzen in den Burggraben. Die blühende Stadt fällt. Es hat keinen Sinn, die Streitkräfte zu mobilisieren, um zu versuchen, dies zu verhindern. Benachrichtigen Sie Ihre eigenen Leute. Hier ist das Schicksal am Werk. Der Versuch, Ihre Ideen zu verwirklichen oder Ihre Vorstellungen durchzusetzen, würde nur zu Schande und Demütigung führen. Sie sind vom Weg abgekommen. *Richtung:* Suchen Sie sich ein neues Ziel, eine neue Vision, in die Sie Ihre Energie stecken können. Wandeln Sie potentielle Konflikte in kreative Spannung um. Die Situation verändert sich bereits.

12 Die Blockade / Das Hindernis
PI

Schlüsselworte: Halt! Hüten Sie sich! Die Kommunikation ist blockiert.

Diese Situation wird von blockierter oder gestörter Kommunikation bestimmt. Die richtige Art und Weise damit umzugehen, besteht darin, Ihre gegenwärtigen Aktivitäten einzustellen und das Hindernis zu akzeptieren. Die Verbindung ist unterbrochen. Sie sind mit den falschen Menschen verbunden. Sollten Sie dennoch versuchen zu handeln, werden Sie scheitern. Ihre Vorschläge werden abgelehnt, und Sie werden persönlich diskreditiert. Niemand, der mit dem Tao in Verbindung bleiben will, kann aus dieser Situation Nutzen ziehen. Das Wichtige zieht sich zurück, und damit schwindet auch Ihre Chance, Ihre Pläne zu verwirklichen. Die vor Ihnen liegende Zeit ist unbedeutend und mittelmäßig. Sie werden sich daran anpassen müssen. Versuchen Sie nicht, Ihre Vorstellungen mit Gewalt durchzusetzen. Ziehen Sie sich zurück und üben Sie sich in Geduld.

Blockieren, PI: Verschlossen, verstopft, den Weg versperrend; Hindernis; unfähig, weiterzugehen oder erfolgreich zu sein; verleugnen, zurückweisen, mißbilligen, verwerfen;

schlecht, übel, unglücklich, boshaft. Das Ideogramm stellt einen Mund dar und enthält das Zeichen für »nicht«. Es symbolisiert blockierte Kommunikation.

Das Hexagramm weist auf einen äußeren Kampf hin, der es unmöglich macht, sich auszudrücken. Himmel und Erde kommen nicht zusammen. Gehen Sie Schritt für Schritt vor. Sie können nicht immer Teil einer Gruppe sein. Ändern Sie Ihr Selbstbild und tun Sie sich mit anderen Menschen zusammen als bisher. Geben Sie acht, worauf oder mit wem Sie sich einlassen. Vermeiden Sie es, schwierige Aufgaben oder große Verantwortung zu übernehmen. Wenn Sie nicht nach Anerkennung streben und sich nicht exponieren, können Sie sogar von dieser Situation noch profitieren. Sie tragen keine Schuld an der gegenwärtigen Entwicklung. Betrachten Sie sie von einer unpersönlichen Ebene aus. Es ist eine Zeit der Getrenntheit und Isolation, in der Sie kein lohnendes Betätigunsfeld finden. Seien Sie bescheiden und bleiben Sie innerlich flexibel, ziehen Sie aber im Äußeren klare Grenzen. Das Gute und Wertvolle wird von den Zentren der Macht ausgeschlossen, denn diese werden von Menschen kontrolliert, die nur Ihren eigenen Vorteil im Auge haben. Diese Menschen haben mit ihren Methoden zur Zeit Erfolg, während der Weg jener, die das Orakel konsultieren, um in Kontakt mit dem Tao zu bleiben, sich auflöst. Nehmen Sie diesen Rat an, und verringern Sie Ihre Aktivitäten. Sie bringen Ihnen augenblicklich keinerlei Vorteile.

Linien der Wandlung
Sechs auf der untersten Position: Reißen Sie alles, was Sie belastet oder stört, mit Stumpf und Stiel aus. Es ist verwickelt und verworren und hält Sie in der gegenwärtigen Situation gefangen. Ändern Sie Ihr Selbstbild und suchen Sie sich neue Freunde. Versuchen Sie, Ihre Ideen zu verwirkli-

chen. Das verspricht Heil und gutes Gelingen durch die Freisetzung transformierender Energien. Handeln Sie nach Ihren Überzeugungen. *Richtung:* Verstricken Sie sich nicht. Gehen Sie Schritt für Schritt vor. Sammeln Sie Kraft für einen entscheidenden neuen Schritt.

Sechs auf der zweiten: Verhüllen Sie, was Sie empfangen. Verbergen Sie es, und nähren Sie es wie ein Kind im Mutterleib. Passen Sie sich an alles an, was auf Sie zukommt. Seien Sie höflich zu den Menschen in Ihrer Umgebung. Das verspricht Heil und gutes Gelingen durch die Freisetzung transformierender Energien. Ihre Ideen und die Möglichkeiten, sie umzusetzen, sind blockiert, aber sie entwickeln sich. Bringen Sie den Geistwesen ein Opfer dar. Sie können Ihnen Erfolg und Kraft schenken und Sie befähigen, die Situation zu einem guten Ende zu bringen. Vermeiden Sie es, die Menschen in Ihrer Umgebung nervös zu machen. *Richtung:* Machen Sie Ihren Standpunkt klar, aber handeln Sie nicht. Suchen Sie sich eine unterstützende Gruppe und bleiben Sie in ihrer Mitte. Sammeln Sie Kraft für einen entscheidenden neuen Schritt.

Sechs auf der dritten: Übernehmen Sie keine Verantwortung; das würde Sie nur in Verlegenheit bringen. Das mag daher rühren, daß Sie sich eines inneren Mangels bewußt sind oder die Situation einfach nicht angemessen ist. Wie dem auch sei – lassen Sie die Finger davon. *Richtung:* Ziehen Sie sich zurück. Dadurch verbinden Sie sich mit einer kreativen Kraft.

Neun auf der vierten: Sie haben einen Auftrag vom Schicksal bekommen. Lassen Sie sich weder von Hindernissen noch von Einsamkeitsgefühlen beeinflussen. Machen Sie weiter! Auf Sie wartet großes Glück. Sie werden Licht und Bewußtheit verbreiten. Kein Makel! Ihr Ziel rückt näher. *Richtung:* Meditieren Sie über die ganze Angelegenheit. Lassen Sie alte Vorstellungen los und öffnen Sie sich für neue. Sorgen Sie für alles Notwendige.

Neun auf der fünften: Lösen Sie sich von den Hindernissen. Machen Sie eine Pause. Das verspricht Heil und gutes Gelingen durch die Freisetzung transformierender Energien. Konzentrieren Sie sich auf Ihre ursprüngliche Idee. Die schwere Zeit ist vorbei und kehrt nicht zurück. Sehen Sie sich selbst auf einem friedlichen und prächtigen ländlichen Anwesen. Das ist der richtige Platz für Sie. Dort kommt die ganze Situation ins Lot. Entspannen Sie sich, genießen Sie das Leben. *Richtung:* Langsam aber sicher gelangen Sie ans Licht. Überdenken Sie die Situation. Sammeln Sie Kraft für einen entscheidenden neuen Schritt.

Neun auf der obersten: Das Hindernis hat sich ins Gegenteil verkehrt. Was zunächst als Blockade in Erscheinung trat, ist nun zu einer Quelle der Freude geworden. Die Zeit der Stockung ist vorbei. Lassen Sie sie hinter sich. Weshalb sollten Sie weiterhin Vergangenes bedauern? *Richtung:* Bringen Sie Menschen und Mittel für ein großes neues Projekt zusammen. Gehen Sie Schritt für Schritt vor. Sammeln Sie Kraft für einen entscheidenden neuen Schritt.

13 Die Gemeinschaft
T'UNG JEN

Schlüsselworte: Zusammenkommen, kooperieren, sich für ein gemeinsames Ziel zusammenschließen.

In dieser Situation geht es darum, etwas mit anderen zu teilen. Hier liegt der Schlüssel zu angemessenem Handeln darin, Wege zu finden, die beteiligten Personen zu vereinen. Diese Aufgabe kann am besten gemeinsam gelöst werden und bringt am Ende Vorteile für alle. Schauen Sie, wo Sie miteinander übereinstimmen und auf welche gemeinsamen Ziele Sie sich einigen können. Entwickeln Sie einen

»Gruppengeist« und ein Band gegenseitigen Vertrauens. Das erfreut die Geistwesen, die Ihnen dafür Erfolg und Kraft schenken und Sie befähigen, die Situation zu einem guten Ende zu führen. Dies ist der richtige Zeitpunkt, um ein bedeutendes Projekt in Angriff zu nehmen oder sich mit einem Ziel in den Fluß des Lebens zu wagen. Konsultieren Sie das Orakel, und versuchen Sie, Ihre Ideen umzusetzen.

Übereinkommen, T'UNG: Harmonisieren, zusammenbringen, vereinen; Übereinstimmung, Harmonie; angleichen, versammeln, teilen, zustimmen; zusammen, gemeinsam; am selben Ort und zur selben Zeit. Das Ideogramm stellt einen Mund dar und enthält das Zeichen für »Bedeckung«. Es weist auf stilles Einverständnis und auf Dinge, die zusammenpassen, hin.

Leute, JEN: Menschen, Individuen; die Menschheit. Das Ideogramm zeigt einen Menschen, der sich zum Gebet oder in einer Geste der Demut niedergekniet hat.

Das Hexagramm symbolisiert die Qualitäten von Wärme und Verständnis, die den Menschen Ihren Lebenskampf erleichtern. Der Himmel vereint sich mit dem Feuer. Sie sind mit einer kreativen Kraft verbunden. Die Menschen sollten jetzt nicht voneinander getrennt bleiben. Überlegen Sie, auf welche Weise Sie sie zusammenbringen können. Stellen Sie Plätze für Zusammenkünfte bereit. Suchen Sie nach Übereinstimmungen, indem Sie nach gemeinsamen Ahnen forschen. In dieser Situation verhelfen Ihnen Flexibilität und Anpassungsfähigkeit zum Erfolg. Diese Eigenschaften lassen Sie zum Zentrum der Dinge vordringen und bringen Sie mit der dort aktiven, kreativen Kraft in Kontakt. Sagen wir es so: Es ist von Vorteil, Menschen zusammenzubringen, weil die Situation von einer kreativen Kraft bewegt wird. Weisen Sie immer wieder auf die den Dingen innewohnende Schönheit hin. Achten Sie darauf, Extreme zu vermeiden. Konsultieren Sie das Orakel, um mit dem Tao in Verbindung zu bleiben. Das hilft Ihnen, in Kontakt mit den tieferen Zielen der Menschheit zu kommen.

Linien der Wandlung

Neun auf der untersten Position: Die Leute versammeln sich am Tor. Sie selbst sind im Begriff, über die Schwelle zu treten. Das ist kein Fehler. Handeln Sie! Gehen Sie durch die Tür hinaus. Wie könnte das falsch sein? *Richtung:* Verlassen Sie diese Situation. Das bringt Sie mit einer kreativen Kraft in Kontakt.

Sechs auf der zweiten: Die Menschen versammeln sich vor ihren Ahnen in Gegenwart dessen, zu dem sie aufschauen. Sie empfinden Scham und Verwirrung darüber, daß Sie vom Weg abgekommen sind. Dieses Gefühl ist vollkommen berechtigt. Lassen Sie sich davon zum Nachdenken anregen und dazu, Ihre Sichtweise in bezug auf die Situation zu ändern. *Richtung:* Werden Sie aktiv. Sie sind mit einer kreativen Kraft verbunden.

Neun auf der dritten: Verbergen Sie Ihre Waffen im dichten Unterholz. Steigen Sie den Hügel zu den Gräbern Ihrer Ahnen hinauf, wo Sie über alles nachdenken und Hilfe finden können. Sie sind mit einem sehr starken Gegner konfrontiert und werden längere Zeit nicht in der Lage sein zu handeln. *Richtung:* Verstricken Sie sich nicht. Gehen Sie Schritt für Schritt vor. Sammeln Sie Kraft für einen entscheidenden neuen Schritt.

Neun auf der vierten: Verlassen Sie sich auf Ihren Schutzwall, die schützende Mauer, die Sie aufgebaut haben. Kein Angreifer kann Sie bezwingen. Handeln Sie voller Entschlossenheit. Bringen Sie die Dinge mit vitaler Kraft und Leidenschaft in Bewegung. Das verspricht Heil und gutes Gelingen durch die Freisetzung transformierender

Energien. So wird sich die scheinbar einschränkende Situation ins Gegenteil verkehren. *Richtung:* Bleiben Sie innerhalb Ihrer Gruppe. Sammeln Sie Kraft für einen entscheidenden neuen Schritt.

Neun auf der fünften: Die Menschen, die zusammenkommen, werden zunächst vielleicht jammern und klagen, doch bald werden sie lachen und jubeln. Ein gemeinsames Ziel läßt sie zu einer harmonischen Einheit zusammenwachsen, die nun effektiv handeln kann. Äußern Sie sich direkt. Sprechen Sie klar und ehrlich. Korrigieren Sie Extreme. Die richtigen Worte können diese Gruppe einen und ihr Kraft geben. *Richtung:* Schaffen Sie eine Atmosphäre von Wärme und Achtsamkeit. Scheuen Sie sich nicht, allein zu handeln. Sie sind mit einer kreativen Kraft verbunden.

Neun auf der obersten: Die Menschen versammeln sich in den Randbezirken der Stadt. Es gibt keinen Grund zu klagen. Diese Gruppe hat noch kein Ziel. *Richtung:* Wenn Sie wollen, daß überhaupt etwas in Bewegung kommt, müssen Sie zuerst die alten Krusten entfernen. Handeln Sie! Sie sind mit einer kreativen Kraft verbunden.

14 Der Besitz von Großem
TA YU

Schlüsselworte: Eine Zeit, um Großes zu tun. Konzentrieren Sie sich, seien Sie produktiv und teilen Sie die Früchte mit anderen.

In dieser Situation geht es darum, durch das Entwickeln einer zentralen Idee großen Wohlstand zu erwerben. Hier liegt der Schlüssel zu angemessenem Handeln in der Fähigkeit, alle Energien auf ein Ziel zu richten und die Früchte der eigenen Bemühungen mit anderen zu teilen. Konzentrieren Sie sich auf eine einzige Idee und steuern Sie die Entwicklung. Gehen Sie großzügig mit den Gewinnen um. Dies kann zu einer beständigen Quelle des Reichtums und der Schönheit werden. Solches Handeln erfreut die Geistwesen, die Ihnen dafür Erfolg und Durchsetzungskraft schenken und Sie befähigen, die Situation zu einem guten Ende zu führen. Bringen Sie ein Opfer dar und teilen Sie mit anderen.

Groß, TA: Imposant, stattlich; fähig, andere zu beschützen; den Willen auf ein selbstgesetztes Ziel konzentrieren; die Fähigkeit, das eigene Leben zu steuern; Yang-Energie.

Besitzen, YU: Da sein, existieren, sein; haben, sein eigen nennen; Besitztümer, Güter; über etwas verfügen; in Erscheinung treten, auftauchen, Ereignisse. Das Ideogramm zeigt eine offene Hand, die eine Opfergabe darbietet. Es weist auf die Fähigkeit hin, mit anderen Menschen und mit den Geistwesen zu teilen.

Das Hexagramm steht für eine innere, Licht und Wärme verbreitende Kraft. Feuer über dem Himmel. Dies ist eine Zeit kreativer Fülle. Handeln Sie mit Entschlossenheit. Sie können sich mit anderen zusammentun und sie von Ihren Ideen überzeugen. Sie können viele Menschen um sich scharen. Halten Sie negative Emotionen in Schach, damit sich das Gute und Nützliche entfalten kann. Vertrauen Sie sich den höheren geistigen Kräften an, arbeiten Sie in Einklang mit diesen Kräften und lassen Sie Ihre persönlichen Begrenzungen los. Das Flexible und Anpassungsfähige hat die Fähigkeit erworben, die Dinge zu veredeln. Das wird Ihre Idee in den Mittelpunkt des Interesses rücken. Das Höhere und das Niedere reagieren darauf. Das nennt man »den Besitz von Großem«. Durch entschlossene Beharrlichkeit können Sie das Tao verwirklichen. Lassen Sie die innere Schönheit der Dinge mehr und mehr ans Licht kommen. Das verbindet Sie mit den himmlischen Mächten und gibt Ihnen ein Gefühl für den richtigen Zeitpunkt. Solches Handeln erfreut die Geistwesen, die Ihnen dafür Erfolg und Duchsetzungskraft schenken und Sie befähigen, die Dinge zu einem guten Ende zu bringen.

Linien der Wandlung

Neun auf der untersten Position: Dieses Projekt birgt keine Gefahren für Sie oder andere Beteiligte. Sie begehen auf keinen Fall einen Fehler. Auch die damit verbundene harte Arbeit ist nicht von Nachteil. Es ist der Beginn einer großen Unternehmung. *Richtung:* Sie können die Welt mit neuen Augen sehen und etwas Dauerhaftes aufbauen. Handeln Sie mit Entschlossenheit. Sie sind mit einer kreativen Kraft verbunden.

Neun auf der zweiten: Große Ideen benötigen ein großes Vehikel. Entwickeln Sie die Fähigkeit, Ihre Pläne durchzuführen. Steuern Sie die Dinge. Arbeiten Sie auf ein Ziel hin. Das ist kein Fehler. Sammeln Sie Kraft im Zentrum an. Das wird niemandem schaden und auch nicht zu einer Niederlage führen. *Richtung:* Schaffen Sie eine Atmosphäre von Wärme und Achtsamkeit. Scheuen Sie sich nicht, allein zu handeln. Sie sind mit einer kreativen Kraft verbunden.

Neun auf der dritten: Konzentrieren Sie sich auf das, woran Sie arbeiten. Bringen Sie Ihre Ernte ein und bieten Sie sie dem Höchsten Prinzip dar, wie ein Edelmann, der dem Sohn des Himmels ein Geschenk überreicht. Das schafft eine dauerhafte Verbindung. Es ist nicht von Vorteil, flexibel und anpassungsfähig zu sein. Lassen Sie nicht zu, daß andere Ihre Ideen und Vorstellungen kontrollieren. Das würde Ihnen zur Zeit schaden. *Richtung:* Wandeln Sie potentielle Konflikte in kreative Spannung um. Die Situation verändert sich bereits.

Neun auf der vierten: Dies ist nicht der richtige Zeitpunkt für forsches oder dominantes Auftreten. Es wird Ihnen nicht gelingen, anderen Ihre Vorstellungen aufzuzwingen. Das sollten Sie sich unbedingt klarmachen. Teilen Sie mit anderen. Lassen Sie auch andere glänzen. Das ist kein Fehler. *Richtung:* Sammeln Sie Kraft für ein großes Projekt. Wenn Sie sich führen lassen, können Sie ein verborgenes Potential entdecken. Die Situation verändert sich bereits.

Sechs auf der fünften: Die Geistwesen sind ganz sicher auf Ihrer Seite! Sie beeindrucken alle, denen Sie begegnen, mit Ihren kraftvollen, ehrlichen Ideen. Handeln Sie voller Vertrauen. Die geistigen Helfer werden Sie führen. Das verspricht Heil und gutes Gelingen durch die Freisetzung transformierender Energien. Bleiben Sie Ihren Vorstellungen treu und erweitern Sie Ihr Ziel. Ihre Fähigkeit, andere zu beeindrucken, ist wirklich bedeutsam und wird Ihnen weiterhin Glück bringen. Bleiben Sie anpassungsfähig und offen und versuchen Sie nicht, alles vorsorglich zu regeln. *Richtung:* Sie stehen in direktem Kontakt mit einer kreativen Kraft.

Neun auf der obersten: Diese Idee wurde im Himmel geboren! Der Große Geist wird Sie und Ihr Vorhaben beschützen. Es wird sich letztendlich zum Wohle aller auswirken. Heil und gutes Gelingen durch die Freisetzung transformierender Energien! Ihre Idee ist tatsächlich von größter Bedeutung. Die geistigen Mächte werden ihre Hände schützend und segnend darüber halten. *Richtung:* Sammeln Sie Kraft. Handeln Sie mit Entschlossenheit. Sie sind mit einer kreativen Kraft verbunden.

15 Die Bescheidenheit
CH'IEN

  Schlüsselworte: Üben Sie sich sowohl im Denken als auch im Reden in Bescheidenheit, um Ihre Ziele zu erreichen.

In dieser Situation geht es darum, Eitelkeit sowie den Hang, Dinge zu verkomplizieren, hinter sich zu lassen. Der Schlüssel zu angemessenem Handeln liegt hier in der Fähigkeit, klar und einfach zu sprechen und zu denken und sich mit grundlegenden Werten zu verbinden. Denken und sprechen Sie bescheiden von sich selbst. Nehmen Sie die niedrigere Position ein. Indem Sie nachgeben, erwerben Sie die Fähigkeit, das Tao zu verwirklichen. Das erfreut die Geistwesen, die Ihnen dafür Erfolg und Kraft schenken und Sie befähigen, die Situation zu einem guten Ende zu bringen. Wenn Sie das Orakel konsultieren, um in Kontakt mit dem Tao zu bleiben, werden Sie in der Lage sein, Ihre Vorhaben durchzuführen. Ihr Handeln wird die Dinge nicht beenden, sondern neue Möglichkeiten eröffnen. Die Überwindung Ihres Stolzes und Ihres Dominanzstrebens setzt ein großes Potential in Ihnen frei.

Bescheiden, CH'IEN: Bescheiden von sich selbst sprechen und denken; anderen freiwillig den Vortritt lassen; höflich, maßvoll, schlicht, ergeben; nachgiebig, fügsam, ehrerbietig. Das Ideogramm symbolisiert gesprochene Worte und enthält das Zeichen für »vereinen«.

Das Hexagramm weist auf eine innere Begrenzung hin, die Sie mit der der Erde innewohnenden Kraft verbindet. In der Mitte der Erde befindet sich der Berg. Diese Energie befreit Sie von Zwängen und führt zu einem schöpferischen Gleichgewicht. Vermeiden Sie Extreme. Seien Sie wachsam und wendig. Bescheidenheit gibt Ihnen den Schlüssel zum Erkennen Ihrer wahren Bestimmung in die Hand. Diese Tugend läutert und adelt die Dinge, indem sie klare und einfache Regeln schafft. Begrenzen Sie die Vielfalt, um weniges zu fördern. Wägen Sie den Wert der Dinge sorgfältig ab, um den Energiefluß auszugleichen. Dies ist eine Zeit, in der sich die geistigen Kräfte vereinen. Der Himmel strebt nach unten, um Licht und Klarheit zu bringen, und die Mäßigkeit der Erde wirkt im Höheren. Der Himmel begrenzt das Übertriebene und fördert das Bescheidene, die Erde transformiert den Überfluß und verbreitet das Schlichte. Die Seelen und Geistwesen, die die Welt regieren, dämpfen das Übermaß und segnen das Mäßige. Die Menschen hassen das Üppige und lieben das Einfache. Bescheidenheit adelt und bringt die Dinge zum Leuchten. Sie wirkt mäßigend und vereitelt den Versuch, über das Vorhandene hinauszugehen. Mit dieser Tugend können Sie Ihre Pläne zur Vollendung bringen.

Linien der Wandlung
Sechs auf der untersten Position: Halten Sie sich zurück. Sie sollten sehr bescheiden sein und alles zweimal überdenken. Konsultieren Sie das Orakel, um in Verbindung mit dem Tao zu bleiben. Gehen Sie mit dieser Einstellung an Ihr neues Projekt heran. Wagen Sie sich mit einem Ziel vor Augen in den Fluß des Lebens. Das verspricht Heil und gutes Gelingen durch die Freisetzung transformierender Energien. Bleiben Sie unter dem gewohnten Pegel. *Richtung:* Akzeptieren Sie die schwierige Zeit. Sie wird Sie von Ihren Problemen befreien. Die Situation verändert sich bereits.

Sechs auf der zweiten: Lassen Sie Ihre Kraft durch Ihre bescheidenen Worte sprechen. Sie wird andere anziehen, so wie ein Vogel durch sein Lied Artgenossen anzieht. Versuchen Sie, Ihre Ideen umzusetzen. Das verspricht Heil und gutes Gelingen durch die Freisetzung transformierender Energien. Lassen Sie Ihre Worte aus tiefstem Herzen kommen, und Sie werden erhalten, wonach Sie sich sehnen. *Richtung:* Machen Sie sich die Mühe. Wenn Sie sich führen lassen, können Sie ein verborgenes Potential entdecken. Die Situation verändert sich bereits.

Neun auf der dritten: Fahren Sie bescheiden mit Ihrer Arbeit fort. Strengen Sie sich an, ohne Ihre Bemühungen an die große Glocke zu hängen. Konsultieren Sie das Orakel, um in Verbindung mit dem Tao zu bleiben. Führen Sie Ihre Pläne zu Ende. Das verspricht Heil und gutes Gelingen durch die Freisetzung transformierender Energien und aktiviert ein unentwickeltes Potential jenseits Ihrer üblichen Wertvorstellungen, das viele Menschen anziehen wird. *Richtung:* Übernehmen Sie nicht die Führung. Sorgen Sie für alles Notwendige.

Sechs auf der vierten: Dies wird sich letzten Endes vorteilhaft auf alle und alles auswirken. Es ist der Beginn einer sehr fruchtbaren Zeit. Stellen Sie Ihre Ideen und alles, was Sie erreicht haben, bescheiden und ohne innere Anhaftung dar. Es ist wichtig, sich nicht in Auseinandersetzungen zu verstricken. Versuchen Sie nicht, Ihren Willen durchzusetzen. *Richtung:* Gehen Sie zunächst vorsichtig zu Werke. Scheuen Sie sich nicht, allein zu handeln. Sie sind mit einer kreativen Kraft verbunden.

Sechs auf der fünften: Hier ist falsche Bescheidenheit fehl am Platz. Handeln Sie energisch! Falls Sie nicht selbst über die Mittel verfügen, um Ihre Pläne zu verwirklichen, bitten Sie Ihre Angehörigen, Nachbarn oder Freunde um Hilfe. Greifen Sie ein, machen Sie sich die Dinge mit allen Mitteln gefügig – offen oder im geheimen. Das bringt Einsicht und Gewinn. Es wird sich letzten Endes für alle Beteiligten vorteilhaft auswirken. Bringen Sie die Dinge in Ordnung, disziplinieren und strafen Sie, wenn nötig. Dies ist keine Zeit, um sich unterzuordnen. *Richtung:* Überdenken Sie die Situation. Sammeln Sie Kraft für einen entscheidenden neuen Schritt.

Sechs auf der obersten: Lassen Sie Ihre Kraft durch bescheidene Worte sprechen. Sie wird andere anziehen, so wie ein Vogel durch sein Lied Artgenossen anzieht. Mobilisieren Sie Ihre Streitkräfte und greifen Sie die Städte und Provinzen an. Sie haben noch nicht erreicht, was Sie sich vorgenommen haben. Mobilisieren Sie Ihre Kräfte und greifen Sie an. *Richtung:* Rücken Sie vor, bis Sie an eine natürliche Grenze stoßen. Setzen Sie gebundene Energien frei. Die Situation verändert sich bereits.

16 Die Vorbereitung / Die Begeisterung
YÜ

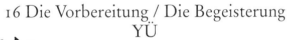

Schlüsselworte: Bereiten Sie sich jetzt vor. Sie werden es später genießen.

In dieser Situation geht es darum zusammenzutragen, was nötig ist, um der Zukunft freudig begegnen zu können. Sie können Kraft sammeln und Hilfsmittel zusammentragen, um später, wenn die Zeit gekommen ist, spontan aus der Fülle heraus reagieren zu können. Bereiten Sie sich vor. Treffen Sie Vorkehrungen. Überdenken Sie die Dinge, damit Sie reibungslos mit dem Fluß der Ereignisse fließen können. Es ist, als ritten Sie auf einem Elefanten, den Sie zuvor gezähmt haben – einem außerordentlich mächtigen und doch anmutigen Tier. Verpflichten Sie Helfer, damit Sie Ihre Kräfte jederzeit mobilisieren und so auf jede Situation reagieren können. Das bringt Einsicht und Gewinn.

Sich vorbereiten/sich begeistern, YÜ: Bereit, vorbereitet; Vorkehrungen treffen, Dinge arrangieren, fertig machen;

glücklich, zufrieden, freudig, genießend; begeistert, außer sich vor Freude, spontan reagierend, kurz vor dem Platzen. Das Ideogramm stellt ein auf einem Elefanten reitendes Kind dar. Es weist darauf hin, daß wir spontan reagieren können, wenn wir gut vorbereitet sind.

Das Hexagramm symbolisiert angesammelte Energie, die spontan und kraftvoll auf das plötzliche Zeichen zu handeln reagiert. Das Erregende (Donner) hallt aus dem Empfänglichen (Erde) wider. Überdenken Sie die Situation. Tragen Sie still und bescheiden vieles zusammen, um sich auf das Kommende vorzubereiten. Dann brauchen Sie sich keine Sorgen zu machen. Verstärken Sie die Tore und stellen Sie eine Wache auf, um gegen gewalttätige Besucher gewappnet zu sein. So können Sie die Situation überblicken. Wenn der Donner aus der Erde widerhallte, waren die Herrscher früherer Zeiten gut vorbereitet. Sie ließen zum Tanz aufspielen, um so diese gewaltige Kraft zu ehren und das Tao zu verwirklichen. Sie priesen die Höchste Macht und wurden sehr weise. Sie sollten ein festes Ziel vor Augen haben und darauf hinarbeiten. Bleiben Sie flexibel und entwickeln Sie die Fähigkeit, spontan auf ein Zeichen oder eine Anregung zu reagieren. Es ist wichtig, Helfer zu haben, damit Sie Ihre Kräfte mobilisieren können. So wirken Himmel und Erde zusammen, so gestalten sie den Rhythmus der Jahreszeiten. Die alten Weisen handelten nach diesem Prinzip. Sie konnten unmittelbar auf ihr Kraftreservoir zurückgreifen und spontan reagieren, um zu ahnden, was offensichtlich falsch war. Dafür wurden Sie vom Volk geachtet. Dies ist eine großartige Zeit, um sich auf spontanes Handeln vorzubereiten.

Linien der Wandlung
Sechs auf der untersten Position: Rufen Sie nicht andere zu Hilfe, um das Notwendige aufzubauen. Sie würden sich

so von den geistigen Helfern abschneiden und wären verletzbar. Außerdem würden Sie Ihr Ziel aus den Augen verlieren. Warten Sie ab und reagieren Sie erst, wenn ein echter Impuls zu handeln Sie erreicht. *Richtung:* Ihnen steht ein heilsamer Schock bevor. Überdenken Sie die Situation. Sammeln Sie Kraft für einen entscheidenden neuen Schritt.

Sechs auf der zweiten: Die Grenzen, die Sie sich selbst gesetzt haben, lassen Sie versteinern. Sie sollten nicht einen einzigen Tag so weitermachen. Versuchen Sie, Ihre Ideen umzusetzen. Das verspricht Heil und gutes Gelingen durch die Freisetzung transformierender Energien. Bemühen Sie sich vor allem darum, Ihre Einstellung zu korrigieren. *Richtung:* Setzen Sie gebundene Energien frei. Die Situation verändert sich bereits.

Sechs auf der dritten: Zweifeln und zögern Sie nicht. Tun Sie, was Sie zu tun haben, sorgen Sie für alles Notwendige, oder Sie werden es bereuen. Diese Situation ist unangemessen. *Richtung:* Gehen Sie zunächst sehr vorsichtig vor. Scheuen Sie sich nicht, allein zu handeln. Sie sind mit einer kreativen Kraft verbunden.

Neun auf der vierten: Sie haben genügend Reserven, um der Herausforderung begegnen zu können. Sie werden bekommen, was Sie sich wünschen, und können deutlich machen, was für Sie wichtig ist. Sie werden Menschen vereinen wie Kaurimuscheln an einer Schnur oder wie eine Haarspange, die das Haar zusammenhält. Mit Ihren Zielen können Sie viel bewegen. *Richtung:* Übernehmen Sie nicht die Führung. Öffnen Sie sich für neue Ideen. Sorgen Sie für alles Notwendige.

Sechs auf der fünften: Sie werden mit Trauer, Krankheit, Chaos, Wut oder Haß konfrontiert. Machen Sie weiter. Es wird Sie nicht umbringen. Sie sind mit einer beständigen, starken Kraft verbunden. Ihr Zentrum ist intakt. *Richtung:* Bringen Sie Menschen und Dinge für ein großes neues Unternehmen zusammen. Gehen Sie Schritt für

Schritt vor. Sammeln Sie Kraft für einen entscheidenden neuen Schritt.

Sechs auf der obersten: Sie tappen im dunkeln und sind nicht ausreichend über die Situation informiert, die sich wahrscheinlich noch verschlechtern wird. Sie können hier nichts anderes tun, als falsche Behauptungen und falsche Verbindungen zurückzuweisen. Sie haben diese Situation nicht verursacht, aber sie untergräbt Ihre Werte. Warum sollten Sie das weiterhin zulassen? Klettern Sie aus dem Loch heraus. *Richtung:* Langsam aber sicher gelangen Sie ans Licht. Überdenken Sie die Situation. Sammeln Sie Kraft für einen entscheidenden neuen Schritt.

17 Die Anpassung / Die Nachfolge
SUI

  Schlüsselworte: Kämpfen Sie nicht gegen die Stömung. Gehen Sie mit dem Fluß.

In dieser Situation werden Sie vorwärtsgetrieben. Die richtige Art und Weise damit umzugehen, besteht darin, sich dem unvermeidlichen Lauf der Dinge anzupassen. Gehen Sie mit dem Fluß. Folgen Sie dem Weg, der sich vor Ihnen auftut. Lassen Sie sich von der Entwicklung der Dinge leiten. Sie haben es hier mit einer Reihe eng zusammenhängender Ereignisse zu tun. Kämpfen Sie nicht dagegen an, sondern überlassen Sie sich der Strömung. Es ist der Beginn eines völlig neuen Zeitabschnittes. Kein Makel! Die Situation kann Ihnen in keiner Weise schaden. Sie erfreut die Geistwesen, die Ihnen Erfolg und Durchsetzungkraft schenken und Sie befähigen, die Situation zu einem guten Ende zu führen.

Folgen, SUI: In einer unvermeidlichen Abfolge kommen oder gehen; mit etwas konform gehen, übereinstimmen, unmittelbar auf etwas folgen; im Stil von, gemäß der Vorstellungen von; sich in die gleiche Richtung bewegen; einem Weg, einer Richtung oder Religion folgen. Das Ideogramm stellt drei aufeinanderfolgende Fußstapfen dar.

Das Hexagramm zeigt einen äußeren Stimulus, der innere Energien in Bewegung bringt. Inmitten des Nebels erhebt sich der Donner. Gehen Sie Schritt für Schritt vor. Wenn Sie sich auf den Ruf vorbereitet haben, wird er kommen. Lassen Sie das Vergangene los: all die alten Streitigkeiten und Kümmernisse, die zu dieser Situation geführt haben. Zügeln Sie Ihre Bereitschaft, Dinge zu bewerten, damit alte mentale Muster sich auflösen können. Durch einen äußeren Stimulus angeregt, taucht ein festes neues Ziel auf. Diese großartige neue Idee erfreut die Geistwesen, die Ihnen dafür Erfolg und Durchsetzungskraft schenken und Sie befähigen, die Situation zu einem guten Ende zu führen. Kein Makel! Versuchen Sie, Ihre Idee umzusetzen. Alle Menschen und Völker müssen sich den Gezeiten und Rhythmen der Natur anpassen. Sie folgen einer richtigen, mit dem Zeitgeist im Einklang stehenden Idee.

Linien der Wandlung
Neun auf der untersten Position: Verzichten Sie auf die Arbeitsstelle oder Position, die Sie jetzt innehaben, und gehen Sie durch das Tor hinaus. Lassen Sie Ihre alten Überzeugungen und Glaubenssysteme hinter sich. Versuchen Sie, Ihre Ideen umzusetzen. Das verspricht Heil und gutes Gelingen durch die Freisetzung transformierender Energien. Wenn Sie sich mit anderen zusammentun, können Sie wirklich etwas vollbringen. *Richtung:* Bringen Sie Menschen und Dinge für ein großes neues Projekt zusammen.

Überdenken Sie die Situation. Sammeln Sie Kraft für einen entscheidenden neuen Schritt.

Sechs auf der zweiten: Sie haben sich innerlich mit dem kleinen Kind verbunden und den verantwortlichen Macher losgelassen. Sie stehen allein, ohne Verbündete da und müssen sich an alles anpassen, was auf Sie zukommt. *Richtung:* Bleiben Sie heiter und freundlich und drücken Sie sich aus. Suchen Sie sich eine unterstützende Gruppe und bleiben Sie in ihrer Mitte. Sammeln Sie Kraft für einen entscheidenden neuen Schritt.

Sechs auf der dritten: Sie haben sich innerlich mit dem verantwortlichen Macher verbunden und das kleine Kind losgelassen. Auf diese Weise können Sie auswählen und erreichen, was Sie möchten. Fahren Sie mit Ihren Aktivitäten fort. Sie bringen Ihnen Einsicht und Gewinn. Behalten Sie Ihr Ziel fest im Auge. *Richtung:* Stellen Sie sich anders dar als bisher. Dadurch verbinden Sie sich mit einer kreativen Kraft.

Neun auf der vierten: Sie verfolgen etwas, um es zu erreichen, doch auf diese Weise schneiden Sie sich von den geistigen Helfern ab und bleiben schutzlos zurück. Denken Sie darüber nach und ändern Sie Ihre Vorstellungen. Folgen Sie dem Tao und versuchen Sie, bewußter zu werden. Haben Sie Vertrauen. So verbinden Sie sich mit der geistigen Welt und werden geführt. Wie könnte das ein Fehler sein? Gerade Ihre Zielgerichtetheit bringt Sie von Weg ab. Versuchen Sie nicht so angestrengt, die Dinge zu kontrollieren. Hier besteht die richtige Einstellung darin, sich auf das Tao einzuschwingen und darauf zu vertrauen, daß es Ihnen schon geben wird, was Sie brauchen. Dann werden Sie die wahre Bedeutung von »erreichen« verstehen. *Richtung:* Dies ist ein bedeutsamer neuer Anfang. Lassen Sie Ihre alten Vorstellungen los und öffnen Sie sich für das Neue. Übernehmen Sie nicht die Führung. Sorgen Sie für alles Notwendige.

Neun auf der fünften: Sie sind mit geistigen Helfern verbunden, die Sie führen werden. Die Dinge entwickeln sich vortrefflich. Vertrauen Sie darauf. Seien Sie ehrlich und aufrichtig in Ihrem Handeln. Das verspricht Heil und gutes Gelingen durch die Freisetzung transformierender Energien. Die Situation ist ausgewogen. *Richtung:* Bringen Sie die Dinge in Bewegung und handeln Sie. Sammeln Sie Kraft für einen entscheidenden neuen Schritt.

Sechs auf der obersten: Sie sind fest mit Ihrem Ziel verbunden und halten dadurch auch alle anderen, die das gleiche Ziel verfolgen, zusammen. Sie sind in den Schrein der Ahnen aufgenommen und verbinden sich mit deren Geistern. Weiter können Sie nicht gehen. *Richtung:* Bleiben Sie losgelöst, verstricken Sie sich nicht. Überdenken Sie die Situation. Sammeln Sie Kraft für einen entscheidenden neuen Schritt.

18 Die Arbeit am Verdorbenen / Die Wiederherstellung
KU

Schlüsselworte: Sehen Sie sich vor! Lokalisieren Sie die Quelle des Verdorbenen.

In dieser Situation sind Sie mit etwas Vergiftendem, mit Fäulnis, schwarzer Magie und den Missetaten der Eltern, die sich in den Kindern manifestieren, konfrontiert. Der Schlüssel zu angemessenem Handeln liegt hier in der Bereitschaft, das Verrotten des Alten zu fördern, damit ein neuer Anfang gemacht werden kann. Sie müssen sich mit Dingen auseinandersetzen, die sich zu einem schleichenden Gift entwickelt haben. Spüren Sie die Ursachen auf, damit neues Wachstum möglich wird. Das erfreut die Geistwesen, die Ihnen dafür Erfolg und Durchsetzungskraft schenken und Sie befähigen, die Situation zu einem guten Ende zu führen. Dies ist der rechte Zeitpunkt, um ein Ziel zu haben oder ein wichtiges Projekt in Angriff zu nehmen. Das bringt Einsicht und Gewinn. Bereiten Sie sich auf den Augenblick vor, wo das neue Wachstum sichtbar wird, und wachen Sie sorgsam über die ersten Sprossen. Es wird drei Tage dauern – einen ganzen Aktivitätszyklus –, bis die Saat der neuen Energie aufgeht, und etwa noch einmal so lange, um sie hinterher zu stabilisieren.

Verderben/wiederherstellen, KU: Faulend, giftig; Eingeweidewürmer, giftige Insekten; schwarze Magie; verführen, pervertieren, schmeicheln, verhexen; Unordnung, Irrtümer; Geschäfte. Das Ideogramm stellt giftige Insekten in einem für magische Rituale benutzten Gefäß dar.

Das Hexagramm weist auf ein äußeres Hindernis hin, welches das innere Wachstum auf sich selbst zurückwirft. Der Wind bewegt sich unter dem Berg. Wenn Sie sich führen lassen, können Sie ein verborgenes Potential entdecken. Geschäftemacherei ist immer mit Korruption verbunden. Wenn Sie herausfinden, wo diese ihren Ursprung hat, können Sie die Situation stabilisieren. Aktivieren Sie das unentwickelte, jenseits Ihrer normalen Wertvorstellungen liegende Potential, um besser erkennen zu können, was zu tun ist. Ein massives Hindernis hemmt das neue Wachstum. Das weist auf Verderbnis und Fäulnis hin, doch dieser Verfallsprozeß kann einen neuen Frühling einleiten. Bemühen Sie sich! Das erfreut die Geistwesen, die Ihnen dafür Erfolg und Durchsetzungskraft schenken und Sie befähigen, die Situation zu einem guten Ende zu bringen. Sie können die Dinge in neue Bahnen lenken. Gehen Sie mit einem festen Ziel vor Augen ans Werk. Bald werden Sie genug zu tun haben. Es wird drei Tage dauern, bis die neue Saat aufgeht, und noch einmal drei Tage, bis sie sich stabilisiert hat. Wachen Sie sorgsam darüber. Sie können die Dinge zu einem Abschluß bringen, der zu einem neuen Anfang führt. Die geistigen Helfer sind in dieser Situation anwesend.

Linien der Wandlung

Sechs auf der untersten Position: Sie werden mit der Korruptheit eines Vaters konfrontiert, die mit Machtausübung zu tun hat. Akzeptieren Sie, daß Sie ein Sohn sind. Beraten Sie sich mit den alten weisen Männern. Das ist kein Fehler. Es kommt eine schwierige Zeit auf Sie zu. Ein zorniger Geist ist zurückgekehrt, um sich an den Lebenden zu rächen. Wenn Sie sich dieser Schwierigkeit stellen, setzen Sie transformierende Energien frei, die Heil und gutes Gelingen versprechen. Betrachten Sie sich die alten Muster genau. Schauen Sie sich an, auf welche Weise Geschenke und Befehle entgegengenommen und Anweisungen ausgeführt wurden. Wenn es Ihnen gelingt, sich aus der Korruption herauszuhalten, fällt kein schlechtes Licht auf Ihre Ahnen. Machen Sie dies zu Ihrem wichtigsten Anliegen. *Richtung:* Konzentrieren Sie sich, werden Sie aktiv! Wenn Sie sich führen lassen, können Sie ein verborgenes Potential entdecken. Die Situation verändert sich bereits.

Neun auf der zweiten: Sie werden mit der Korruptheit einer Mutter, ihrer Art und Weise, Kinder zu nähren, konfrontiert. Hier kann Ihnen die Kunst der Weissagung nicht weiterhelfen. Es hat auch keinen Sinn zu versuchen, Ihre Ideen oder Vorstellungen zu verwirklichen. Versuchen Sie statt dessen, zum Kern des Problems vorzudringen und überlassen Sie sich dem Tao. *Richtung:* Spüren Sie das Hindernis auf und benennen Sie es. Auf diese Weise setzen Sie gebundene Energien frei. Die Situation verändert sich bereits.

Neun auf der dritten: Sie werden mit der Korruptheit eines Vaters konfrontiert, die mit Machtausübung zu tun hat. Wenn Sie sich einfach an die Situation anpassen, werden Sie es später bereuen. Es wäre ein Fehler, keine eigenen Vorstellungen zu haben. Es ist von Vorteil, die Dinge zur Vollendung zu bringen. *Richtung:* In dieser Situation gibt es etwas, das Ihnen nicht bewußt ist. Übernehmen Sie nicht die Führung. Sorgen Sie für alles Notwendige. Seien Sie offen für neue Ideen.

Sechs auf der vierten: Sie tragen noch zur Verschlimmerung einer Situation bei, die bereits durch den Machtmißbrauch des Vaters verdorben wurde. Wenn Sie so weitermachen, werden Sie Beschämung und Demütigung erfahren. Sie haben noch nicht bekommen, was Sie brauchen. *Richtung:* Versuchen Sie, die Situation auf neue Weise wahrzunehmen. Entschlossenheit wird Sie mit einer kreativen Kraft verbinden.

Sechs auf der fünften: Sie werden mit der Korruptheit des Vaters konfrontiert, die mit Machtausübung zu tun hat. Um mit dieser Situation richtig umgehen zu können, sollten Sie nicht an Lob oder Bewunderung sparen. Auf diese Weise können Sie selbst Anerkennung erringen und die Fähigkeit erlangen, Ihre wahre Bestimmung zu erkennen. *Richtung:* Dringen Sie sanft zum Kern des Problems vor. Wandeln Sie potentielle Konflikte in kreative Spannung um. Die Situation verändert sich bereits.

Neun auf der obersten: Sie sind nicht dazu bestimmt, Vasall eines Königs zu sein. Halten Sie sich aus Geschäften und Politik heraus. Ihre Aufgabe ist es, das Vortreffliche, das Höhere aufzuspüren und zu würdigen. So werden Sie Ihrer wahren Bestimmung gerecht. Das ist der Auftrag jener, die in der Dunkelheit weiterarbeiten, um alles für ein künftiges Erwachen vorzubereiten. *Richtung:* Wenn Sie sich führen lassen, können Sie ein verborgenes Potential entdecken. Die Situation verändert sich bereits.

19 Die Annäherung / Die Förderung
LIN

Schlüsselworte: Die Ankunft von etwas Neuem. Heißen Sie es willkommen!

In dieser Situation kommt etwas auf Sie zu. Etwas Großes nähert sich etwas Kleinerem. Es ist der erste Kontakt dieser Art. Der Schlüssel zu angemessenem Handeln liegt hier in der Fähigkeit, auf das, was sich nähert, zuzugehen, ohne zu erwarten, daß man sofort erhält, was man sich wünscht. Seien Sie fürsorglich und wohlwollend. Heißen Sie andere willkommen, aber schrauben Sie Ihre Erwartungen nicht zu hoch. Dieser Kontakt leitet einen ganz neuen Zeitabschnitt ein und ist besonders förderlich für alles Wachsende. Seien Sie also vorsichtig. Wenn Sie versuchen, die Dinge zu früh zu vollenden und eine verfrühte Ernte einzufahren, schneiden Sie sich von den geistigen Helfern ab und gefährden Ihre Pläne.

Annähern, LIN: Sich nähern, etwas fürsorglich und wohlwollend betrachten; etwas auffordern, näher zu kommen; liebevoll auf etwas hinabschauen, etwas fördern und segnen; inspizieren; ankommen, der Zeitpunkt der Ankunft, Kontakt herstellen; jemanden mit seinem Besuch beehren oder von jemandem beehrt werden.

Das Hexagramm weist auf einen Wunsch nach Kontakt hin, der sich durch die Bereitschaft, zu dienen und zu arbeiten, ausdrückt. Über den Nebeln erhebt sich die Erde und schafft die Bedingung für die Annäherung. Die Rückkehr des Großen kündigt sich an. Laden Sie es ein, näher zu kommen. Es ist von Vorteil, die Dinge zusammenzubringen. Falls es Ihre Aufgabe ist zu lehren, sollten Sie sich dabei ständig vom Herzen leiten lassen. Tolerieren und schützen Sie Menschen und Dinge, die sich außerhalb Ihres normalen Wertesystems bewegen, ohne ihnen Einschränkungen aufzuerlegen. Sie vertrauen hier auf ein unentwikkeltes Potential, ohne es zu kennen. Das Starke und Feste nimmt allmählich zu. Arbeiten Sie an seinem Ausdruck. Bleiben Sie in Ihrer Mitte und halten Sie Verbindungen aufrecht. Wenn Sie hier etwas Großes erreichen wollen, müssen Sie unablässig an sich arbeiten. Das ist der Weg des Himmels. Bleiben Sie auf dem geraden Weg. Wenn Sie versuchen, die Dinge zu forcieren, um die Ernte schnell einzufahren, schneiden Sie sich von den geistigen Helfern ab und gefährden Ihre Pläne. Die ganze Situation wird sich auflösen.

Linien der Wandlung
Neun auf der untersten Position: Eine anregende und inspirierende Verbindung kommt auf Sie zu. Sie bringt zusammen, was zusammengehört. Versuchen Sie, Ihre Ideen umzusetzen. Das verspricht Heil und gutes Gelingen durch die Freisetzung transformierender Energien. Die Dinge sind in Bewegung und korrigieren sich selbst. *Richtung:* Organisieren Sie Ihre Kräfte. Etwas Bedeutsames kehrt in Ihr Leben zurück. Öffnen Sie sich für das Neue. Sorgen Sie für alles Notwendige.

Neun auf der zweiten: Eine anregende und inspirierende Verbindung kündigt sich an. Sie bringt zusammen, was zusammengehört. Das verspricht Heil und gutes Gelingen durch die Freisetzung transformierender Energien und wird sich letzten Endes vorteilhaft auf alle und alles auswirken. Sie sind sich zum jetzigen Zeitpunkt noch nicht aller damit verbundenen Konstellationen bewußt. *Richtung:* Etwas Bedeutsames kehrt zurück. Öffnen Sie sich dafür. Übernehmen Sie nicht die Führung. Sorgen Sie für alles Notwendige.

Sechs auf der dritten: Etwas Verlockendes kommt auf Sie zu. Wie anziehend es auch sein mag, es kann nichts Gutes dabei herauskommen. Die Situation ist einfach unpassend. Auch wenn Sie das bereits erkannt haben und traurig darüber sind, gibt es keinen Grund zur Sorge. Es wird kein bleibender Schaden entstehen. *Richtung:* Diese Änderung in Ihren Denkgewohnheiten leitet einen fruchtbaren neuen Lebensabschnitt ein. Wandeln Sie potentielle Konflikte in kreative Spannung um. Die Situation verändert sich bereits.

Sechs auf der vierten: Der Höhepunkt kündigt sich an. Das ist kein Fehler. Der richtige Zeitpunkt ist gekommen. Ergreifen Sie die Initiative. *Richtung:* Wandeln Sie potentielle Konflikte in kreative Spannung um. Die Situation verändert sich bereits.

Sechs auf der fünften: Wissen kommt auf Sie zu. Es wird Ihnen durch einen großen Führer vermittelt, der den Menschen durch eine großartige Vision helfen kann. Das verspricht Heil und gutes Gelingen durch die Freisetzung transformierender Energien und kann zu einer grundlegenden Änderung Ihres Selbstbildes sowie Ihrer Werte und Ziele führen. *Richtung:* Nehmen Sie das in sich auf und artikulieren Sie es. Finden Sie Ihre Stimme. Sorgen Sie für alles Notwendige.

Sechs auf der obersten: Wohlstand, Ehrlichkeit und Großzügigkeit kommen auf Sie zu. Durch diese Eigenschaften können Sie Ihren Wünschen und Zielen näher kommen. Das verspricht Heil und gutes Gelingen durch die Freisetzung transformierender Energien. Kein Makel! Halten Sie an Ihrer inneren Zielsetzung fest. *Richtung:* Reduzieren Sie Ihre gegenwärtigen Aktivitäten oder Verpflichtungen, um mehr Energien frei zu haben. Halten Sie Ihre Wut im Zaum. Etwas Bedeutsames kehrt zurück. Sorgen Sie für alles Notwendige. Öffnen Sie sich für neue Ideen.

20 Die Betrachtung / Die Besinnung
KUAN

  Schlüsselworte: Betrachten Sie alles sorgfältig, und erspüren Sie die Bedeutung.

In dieser Situation geht es darum, die Dinge zu betrachten ohne zu handeln, um die richtige Perspektive oder Einstellung zu finden. Der Schlüssel zu angemessenem Handeln liegt hier in der Fähigkeit, alles ins Blickfeld kommen zu lassen und die zentrale Bedeutung zu erspüren. Schauen Sie sich insbesondere jene Dinge an, über die Sie nicht gerne nachdenken und die Sie gewöhnlich nicht sehen wollen. Das Zeichen symbolisiert jenen Augenblick während einer religiösen Zeremonie, in dem die Reinigung bereits vollzogen ist und das Trankopfer kurz bevorsteht. Haben Sie Vertrauen. Die sorgfältige Betrachtung der Dinge wird Ihnen die nötige Einsicht bringen. Wenn Sie die Vorbereitungen getroffen haben, werden die geistigen Helfer kommen und Sie führen.

Betrachten, KUAN: Nachsinnen, etwas aus der Distanz betrachten; untersuchen, beurteilen, Vermutungen anstellen; Ahnung; Idee, Ansicht; instruieren, informieren, hinweisen auf, bekannt machen; *auch:* ein taoistisches Kloster, ein Observatorium, ein Turm. Das Ideogramm stellt einen Vogel dar und enthält das Zeichen für »sehen«.

Das Hexagramm steht für Bilder, die vor dem inneren Auge auftauchen. Der Wind bewegt sich über der Erde. Lassen Sie Ihre alten Vorstellungen los. Es geht hier um etwas sehr Wichtiges, und Sie können herausfinden, was es ist. Die Herrscher früherer Zeiten nutzten diese Phase, um die Grenzen ihrer Länder zu inspizieren. Sie machten sich

Gedanken über die Bedürfnisse des Volkes und fanden Wege, die Menschen zu belehren. Betrachten Sie die vorliegende Angelegenheit von einer höheren Warte aus. Nehmen Sie die Dinge an, und geben Sie ihnen Raum in Ihrem Inneren. Bleiben Sie in Ihrer Mitte, und Sie können die ganze Welt in Ihrem Blickfeld erscheinen lassen. Wenn Sie alles gut vorbereiten, wird die geistige Welt antworten und Sie führen. Dinge, die Sie zu beeinflussen suchen, werden sich spontan verändern. Indem Sie die Wege des Himmels erkennen und sehen, wie er durch die geistigen Energien wirkt, können Sie den richtigen Zeitpunkt für bestimmte Dinge erkennen. Wenn die alten Weisen die geistigen Gesetze anwandten, um etwas zu erschaffen und zu lehren, war die ganze Menschheit bereit, auf sie zu hören.

Linien der Wandlung
Sechs auf der untersten Position: Sie betrachten die Dinge wie ein junger Mensch. Das ist kein Fehler, wenn Sie flexibel sind und kein Ziel haben. Wollen Sie aber das Orakel nutzen, um in Kontakt mit dem Tao zu bleiben, bedeutet es, daß Sie vom Weg abgekommen sind. *Richtung:* Verstärken Sie Ihre Bemühungen. Lassen Sie alte Vorstellungen los und öffnen Sie sich für neue. Sorgen Sie für alles Notwendige.

Sechs auf der zweiten: Sie beobachten aus dem Hintergrund, lugen durch den Vorhang. Das ist die traditionelle Position der Frau, die die Dinge im geheimen betrachtet und beeinflußt. Wenn Sie das akzeptieren können, kann es Ihnen Einsicht und Gewinn bringen, selbst wenn Sie peinliche Dinge sehen. *Richtung:* Räumen Sie alles aus dem Weg, was Sie am Verstehen hindert. Verinnerlichen Sie die Dinge. Übernehmen Sie nicht die Führung. Sorgen Sie für alles Notwendige.

Sechs auf der dritten: Betrachten Sie Ihr Leben und das, was Sie in die Welt hinausgeben. Beobachten Sie das Steigen und Fallen des Flusses. Betrachten Sie Ihre Frage innerhalb dieses Kontextes und versuchen Sie zu erkennen, woher sie rührt. Entscheiden Sie dann, ob Sie handeln wollen oder nicht. Verlieren Sie nicht das Tao aus den Augen. *Richtung:* Gehen Sie Schritt für Schritt voran. Sammeln Sie Kraft für einen entscheidenden neuen Schritt.

Sechs auf der vierten: Sie sehen den Lichterglanz einer großen Stadt. Man hat Ihnen einen wichtigen Beraterposten angeboten, der Ihnen jedoch nicht wirklich Macht verleiht. Nutzen Sie Einladungen von Höherstehenden zu Ihrem Vorteil und erweisen Sie Ihren Gästen die gebührende Ehre. Das bringt Einsicht und Gewinn. *Richtung:* Die Kommunikation ist gestört. Hüten Sie sich vor kompromittierenden Situationen. Gehen Sie Schritt für Schritt vor. Sammeln Sie Kraft für einen entscheidenden neuen Schritt.

Neun auf der fünften: Betrachten Sie Ihr Leben und das, was Sie in die Welt setzen. Sehen Sie Ihre Frage innerhalb dieses Kontextes und versuchen Sie zu erkennen, woher Sie rührt. Holen Sie sich beim Orakel Rat und entscheiden Sie dann, ob es Zeit ist, zu handeln oder nicht. Das ist kein Fehler. *Richtung:* Trennen Sie sich von alten Vorstellungen und öffnen Sie sich für neue. Übernehmen Sie nicht die Führung. Sorgen Sie für alles Notwendige.

Neun auf der obersten: Betrachten Sie sich das Leben und die Herkunft der Menschen in Ihrer Umgebung. Sehen Sie sich selbst als einen der ihren. Betrachten Sie Ihre Frage innerhalb dieses Kontextes und versuchen Sie zu erkennen, woher sie rührt. Holen Sie sich beim Orakel Rat und entscheiden Sie dann, ob der Zeitpunkt zum Handeln gekommen ist oder nicht. Das ist kein Fehler. Ihr Ziel ist noch nicht klar. *Richtung:* Suchen Sie neue Kontakte und ändern Sie Ihre Sichtweise. Lassen Sie alte Vorstellungen los und öffnen Sie sich für neue. Sorgen Sie für alles Notwendige.

21 Das Durchbeißen
SHIH HO

Schlüsselworte: Stellen Sie sich dem Problem. Beißen Sie sich durch das Hindernis hindurch.

In dieser Situation werden Sie mit einem hartnäckigen Hindernis konfrontiert. Die richtige Art und Weise damit umzugehen, besteht darin, alles Unnötige oder Überflüssige wegzunagen und sich durch den Kern des Problems hindurchzubeißen. Irgend etwas hindert die Kiefer daran zusammenzukommen. Handeln Sie mit Entschlossenheit. Nagen Sie die Hindernisse weg, bis Sie zum verborgenen Kern vordringen, und beißen Sie dann das Trennende durch. Das erfreut die Geistwesen, die Ihnen dafür Erfolg und Durchsetzungskraft schenken und Sie befähigen, die Situation zu einem guten Ende zu führen. Bringen Sie Dinge vor Gericht. Das bringt Einsicht und Gewinn. Es ist der richtige Zeitpunkt, rechtliche Schritte zu unternehmen, Strafen zu verhängen und vor kriminellen Machenschaften zu warnen.

Nagen, SHIH: Wegbeißen, kauen, essen; knabbern, sich durchbeißen; irgendwo ankommen, ein Ziel erreichen; durch Entfernen alles Nebensächlichen zum Kern der Sache vordringen. Das Ideogramm stellt einen Mund dar und enthält das Zeichen für »aufspüren«. Es legt nahe, die Wahrheit durch Aufspüren des Verborgenen zu finden.

Beißen, HO: Vereinen, zusammenbringen; die Kiefer schließen, durchbeißen, zermalmen, kauen; der Klang von Stimmen. Das Ideogramm stellt einen Mund und ein Gefäß mit Deckel dar. Es deutet darauf hin, daß die Kiefer so exakt zusammenkommen müssen wie ein Deckel auf ein Gefäß paßt.

Das Hexagramm steht für innere Entschlossenheit, die Hindernisse durchbricht und Klarheit bringt. Donner und Blitz. Mobilisieren Sie Ihre Kräfte. Überdenken Sie die Situation. Sie haben lange genug darüber meditiert. Handeln Sie mit Entschlossenheit. Ihnen bietet sich die Gelegenheit, Dinge zusammenzubringen. Sorgen Sie für alles Notwendige. Es ist eine harte Zeit. Die Herrscher früherer Zeiten nutzten sie, um das Strafmaß für kriminelles Verhalten festzulegen und so Recht und Gesetz zu stabilisieren. Zwischen den Kiefern steckt ein Hindernis. Machen Sie es so: Nagen und beißen Sie sich hindurch! Das erfreut die Geistwesen, die Ihnen dafür Erfolg und Durchsetzungskraft schenken und Sie befähigen, die Situation zu einem guten Ende zu führen. Entscheiden Sie, wann Sie sich anpassen und wann Sie unnachgiebig sein müssen. Bringen Sie die Dinge in Bewegung und klären Sie sie. Schaffen Sie einen Rahmen, innerhalb dessen sich der Donner (der Schock, der von unten kommt) mit dem Blitz (der von oben kommenden plötzlichen Klarheit) verbinden kann. Bleiben Sie innerlich flexibel und handeln Sie von einer höheren Warte aus. Auch wenn die Situation unpassend sein sollte, ist es von Vorteil, Dinge vor Gericht zu bringen.

Linien der Wandlung
Neun auf der untersten Position: Sie tragen Holzlatten an den Schuhen, einen hölzernen Rahmen, der Sie am Fortkommen hindert. Ihre Füße verschwinden darin. Das macht es Ihnen gegenwärtig unmöglich vorwärtszukommen. Dies ist jedoch kein Fehler. *Richtung:* Langsam aber sicher kommen Sie ans Licht. Überdenken Sie die Situation. Sammeln Sie Kraft für einen entscheidenden neuen Schritt.

Sechs auf der zweiten: Sie sind begeistert bei der Sache. Sie nagen sich so schnell durch das Fleisch hindurch, daß Ihre Nase nicht mehr zu sehen ist. Das ist kein Fehler. Sie müssen nicht befürchten, das Gesicht zu verlieren. Machen

Sie weiter. Sie werden von einer starken, zuverlässigen Kraft getragen. *Richtung:* Wandeln Sie potentielle Konflikte in kreative Spannung um. Die Situation verändert sich bereits.

Sechs auf der dritten: Indem Sie sich durch vertrocknetes Fleisch hindurchbeißen, stoßen Sie auf etwas Giftiges. Es ist eine alte, zähe, ekelerregende Masse. Gehen Sie nicht einfach darüber hinweg, sonst kommen Sie vom richtigen Weg ab. Kein Makel. *Richtung:* Klären Sie die Situation. Scheuen Sie sich nicht, allein zu handeln. Sie sind mit einer kreativen Kraft verbunden.

Neun auf der vierten: Sie nagen sich durch Fleisch, das am Knochen getrocknet wurde. Betrachten Sie sich die Resultate früherer Bemühungen genau. Sie erwerben die Fähigkeit, den Dingen Form zu geben und Ihre Kräfte zu steuern. Dies ist der Beginn einer kreativen Phase. Nehmen Sie Mühen und Schwierigkeiten in Kauf. Das bringt Einsicht und Gewinn. Versuchen Sie, Ihre Ideen umzusetzen. Das verspricht Heil und gutes Gelingen durch die Freisetzung transformierender Energien. Die Dinge sind noch nicht klar, arbeiten Sie also weiter daran. *Richtung:* Verinnerlichen Sie, was in der Vergangenheit geschehen ist. Sorgen Sie für alles Notwendige.

Sechs auf der fünften: Sie nagen sich durch getrocknetes Fleisch hindurch. Das ist eine langwierige und mühevolle Aufgabe. Sie erwerben Wohlstand und erhalten die Gelegenheit, einen Stammbaum zu begründen. Diese Weissagung deutet darauf hin, daß Sie mit einem wütenden alten Geist konfrontiert sind, der zurückgekehrt ist, um sich für frühere Mißachtung zu rächen. Gehen Sie durch diese schwierige Zeit hindurch. Das ist kein Fehler. Sie werden bekommen, was Sie brauchen. *Richtung:* Lassen Sie sich nicht in anderer Leute Probleme verwickeln. Gehen Sie Schritt für Schritt voran. Sammeln Sie Kraft für einen entscheidenden neuen Schritt.

Neun auf der obersten: Warum stecken Sie Ihren Kopf zwischen die Bretter? Ihre Ohren sind bedeckt, und Sie können nichts mehr hören. Das schneidet Sie von den geistigen Helfern ab und bringt Sie in Gefahr. Denken Sie noch einmal darüber nach. Auf diese Weise werden Sie sicherlich keine Klarheit gewinnen. *Richtung:* Es könnte sein, daß ein ziemlich großer Schock auf Sie wartet. Überdenken Sie die Situation. Sammeln Sie Kraft für einen entscheidenden neuen Schritt.

22 Die Anmut
PI

Schlüsselworte: Schöne Dinge. Seien Sie mutig.

In dieser Situation geht es um die ästhetische Form. Sie können damit umgehen, indem Sie die Dinge in Ihrer Umgebung schmücken und verschönern und so ihr äußeres Erscheinungsbild verändern. Das fördert auch die inneren Werte. Bemühen Sie sich um Eleganz. Strahlen Sie! Seien Sie mutig! Weisen Sie durch Ihre veränderte äußere Erscheinung auf die Veränderungen in Ihrem Leben hin. Das erfreut die Geistwesen, die Ihnen dafür Erfolg und Durchsetzungskraft schenken und Sie befähigen, die Situation zu einem guten Ende zu führen. Seien Sie flexibel und tun Sie, was gerade offensichtlich ansteht. Es ist von Vorteil, ein Ziel zu haben. Geben Sie den Dingen eine Richtung. Das bringt Einsicht und Gewinn.

Schmücken, PI: Dekorieren, verzieren, verschönern; elegant, strahlend, geschmückt; innere Werte, die sich im Äußeren widerspiegeln; energiegeladen, mutig, eifrig, leidenschaftlich, furchtlos; Mut beweisen. Das Ideogramm stellt Kaurimuscheln (ein Symbol für Wohlstand) und Blumen dar.

Das Hexagramm zeigt eine äußere Begrenzung, die ein strahlendes Panorama hervorbringt. Feuer am Fuße des Berges. Lassen Sie Spannungen los und drücken Sie Energien durch ästhetische Form aus. Die Menschen können nicht zusammenkommen, wenn sie ihr Äußeres vernachlässigen. Sie müssen ansprechend zurechtgemacht sein, um gesehen zu werden. Im Augenblick fehlt Ihnen ein geeignetes Mittel, durch das Sie sich ausdrücken können. Klären und beleuchten Sie die verschiedenen Bereiche Ihrer Selbstdarstellung. Vermeiden Sie es, bereits in Gang gekommene amtliche Verfahren oder gesellschaftliche Prozesse zu unterbrechen. Indem Sie Dinge verschönern und schmücken, erfreuen Sie die Geistwesen, die Ihnen dafür Erfolg und Kraft schenken und Sie befähigen, die Situation zu einem guten Ende zu führen. Bleiben Sie anpassungsfähig. Dadurch offenbaren sich Ihnen die Wirkung und der Ursprung verborgener Muster und Gesetzmäßigkeiten. Dann ist es von Vorteil, einen Plan zu haben oder auf ein Ziel zuzusteuern. Es offenbart den göttlichen Plan. Indem man das dahinterliegende Muster ans Licht bringt und an diesem Punkt innehält, erkennen es auch die anderen, an dieser Sache beteiligten Menschen. Meditieren Sie über das übergeordnete Muster. Betrachten Sie die mit dem Wandel der Jahreszeiten einhergehenden Veränderungen. Denken Sie über das Muster der an der Sache beteiligten Personen nach. Versuchen Sie, durch allmähliche, beharrliche Veränderungen etwas in der Welt zu erreichen.

Linien der Wandlung
Neun auf der untersten Position: Schmücken Sie Ihre Füße. Seien Sie mutig! Lassen Sie Ihr Vehikel hinter sich

und gehen Sie auf Ihren eigenen zwei Beinen weiter. Das ist mit Sicherheit das Richtige. *Richtung:* Stabilisieren Sie Ihre Situation, indem Sie Grenzen ausloten. Das setzt gebundene Energien frei und befreit Sie von Spannungen. Die Situation verändert sich bereits.

Sechs auf der zweiten: Schmücken Sie Ihren Bart. Seien Sie mutig und geduldig. Die Verbindung zu einem Höherstehenden ist bereits hergestellt und wird Ihnen ein bedeutendes neues Aktivitätsfeld erschließen. *Richtung:* Sammeln Sie Ihre Kräfte. Bereiten Sie sich auf eine sehr aktive Phase vor. Wenn Sie sich führen lassen, können Sie ein verborgenes Potential entdecken. Die Situation verändert sich bereits.

Neun auf der dritten: Schmücken Sie sich mit dieser Idee. Saugen Sie sie auf. Lassen Sie sich davon durchdringen. Indem Sie versuchen, diese Idee umzusetzen, eröffnen Sie sich eine unerschöpfliche Quelle des Glücks, die auch noch für Ihre Nachfolger sprudeln kann. *Richtung:* Nehmen Sie die Dinge in sich auf. Öffnen Sie sich für neue Ideen. Übernehmen Sie nicht die Führung. Sorgen Sie für alles Notwendige.

Sechs auf der vierten: Achten Sie diese Idee, wie Sie einen alten und weisen Menschen achten würden. In ihrem Kern ist ein weißes Pferd verborgen, das Ihnen die Kraft geben kann, zu fliegen und kreative Energie zu manifestieren. Was auf Sie zukommt, will Ihnen nicht schaden. Es ist eher so etwas wie ein Heiratsantrag. Selbst wenn Sie berechtigte Gründe haben zu zweifeln, sollten Sie vermeiden, Druck auszuüben. Schließen Sie Bündnisse. Bringen Sie die Dinge zur Vollendung, ohne über das Ziel hinauszuschießen. *Richtung:* Verbreiten Sie Licht und Wärme um sich herum. Scheuen Sie sich nicht, allein zu handeln. Sie sind mit einer kreativen Kraft verbunden.

Sechs auf der fünften: Sie haben sich auf den Weg gemacht, um die Gräber der Ahnen zu schmücken. Während Sie den Hügel zu den Grabstätten hinaufsteigen, wird Ihnen bewußt, daß Sie sehr wenig zu bieten haben. Die Seidenrolle mit Ihrer Inschrift ist sehr, sehr klein. Ihnen wird klar, daß Sie vom richtigen Weg abgekommen sind. Verzweifeln Sie nicht. Lassen Sie sich davon zum Nachdenken anregen und ändern Sie Ihre Lebensweise. Die Durchführung Ihrer Pläne verspricht Heil und gutes Gelingen durch die Freisetzung transformierender Energien. Das ist ein Grund zur Freude. *Richtung:* Suchen Sie sich eine unterstützende Gruppe und bleiben Sie in ihrer Mitte. Sammeln Sie Kraft für einen entscheidenden neuen Schritt.

Neun auf der obersten: Schmücken Sie sich mit weißen Gewändern, der Farbe des Todes und der Trauer, des Herbstes und der Ernte, der Farbe des Klaren und Reinen. Das ist kein Fehler. Finden Sie ein hohes Ziel. *Richtung:* Akzeptieren Sie die schwierige Phase. Sie setzt gebundene Energien frei und befreit Sie von Trauer und Sorgen. Die Situation verändert sich bereits.

23 Das Abstreifen
PO

Schlüsselworte: Streifen Sie alte Vorstellungen und Gewohnheiten ab.

In dieser Situation geht es darum, alte, überholte Ideen und Gewohnheiten abzustreifen. Der Schlüssel zu angemessenem Handeln liegt hier in der Fähigkeit, unbrauchbar Gewordenes loszulassen. Legen Sie die Dinge offen und entfernen Sie Überflüssiges. Dringen Sie zum Kern des Problems vor und streifen Sie das Unwesentliche ab, ohne an sofortigen Gewinn zu denken. Wenn Ihnen das gelungen ist, können Sie eine Richtung vorgeben und auf ein Ziel zusteuern.

Abstreifen, PO: Abziehen, schälen, häuten, abkratzen, in Scheiben schneiden; auf das Wesentliche reduzieren; Bäume stutzen, Tiere schlachten. Das Ideogramm stellt ein Messer dar und enthält das Zeichen für »schnitzen«. Es weist auf energisches Handeln hin, wobei etwas ab- oder weggeschnitten wird.

Das Hexagramm symbolisiert das Ende eines Zyklus und die Vorbereitung auf etwas Neues. Der Berg ruht auf der Erde. Öffnen Sie sich für neue Ideen. Sorgen Sie für alles Notwendige. Stellen Sie das kreative Gleichgewicht wieder her, indem Sie überholte Formen und Äußerlichkeiten abstreifen. Hier ist etwas in Verwesung übergegangen. Handeln Sie! Reichen Sie den Menschen unter Ihnen wohlwollend die Hand, um Ihre Position zu festigen. Wenn das Alte abgestreift werden soll, muß auch jemand da sein, der es ausführt. Sie benötigen eine Basis. Das Schwache und Anpassungsfähige transformiert das Starke und Feste; es ist also nicht von Vorteil, die Dinge in eine bestimmte Richtung zu zwingen. Wer sich an das Kommende anpasst, wird überdauern. Nehmen Sie die Situation an, und geben Sie Ihr bisheriges Handeln auf. Konzentrieren Sie sich auf den symbolischen Wert der Dinge, auf ihre Macht, Sie mit der geistigen Welt zu verbinden. Nutzen Sie das Orakel, um mit dem Tao in Verbindung zu bleiben. Dies ist eine Zeit, in der sich alte Strukturen auflösen, um neuen Platz zu machen. Füllen Sie den leeren, fruchtbaren inneren Raum bis zum Überfließen. Hier sind die himmlischen Mächte am Werk.

Linien der Wandlung
Sechs auf der untersten Position: Wachen Sie auf! Verlassen Sie Ihr Bett, Ihren Ruheplatz. Betrachten Sie die Dinge aus einer anderen Perspektive und ändern Sie Ihre Ansichten darüber, was förderlich für Sie ist. Wenn Sie diesen Rat

in den Wind schlagen und so weitermachen wie bisher, schneiden Sie sich von den geistigen Helfern ab und können in Gefahr geraten. *Richtung:* Verinnerlichen Sie die Situation. Sorgen Sie für alles Notwendige. Öffnen Sie sich für neue Ideen.

Sechs auf der zweiten: Wachen Sie auf! Verlassen Sie Ihren Ruheplatz, indem Sie sich klar von anderen abgrenzen. Markieren Sie Ihren Bereich deutlich. Diskutieren Sie die Dinge aus. Setzen Sie sich energisch mit anderen über diese Sache auseinander. Wenn Sie diesen Rat ignorieren und weitermachen wie bisher, schneiden Sie sich von der geistigen Welt ab und können in Gefahr geraten. Sie haben noch nicht die richtigen Verbündeten gefunden. *Richtung:* Vermeiden Sie unbewußtes Handeln. Etwas Bedeutsames kehrt zurück. Öffnen Sie sich für neue Ideen.

Sechs auf der dritten: Streifen Sie es ab! Das ist kein Fehler. Lassen Sie alles los. *Richtung:* Sie haben die Grenze erreicht. Diese Zeit ist vorbei.

Sechs auf der vierten: Wenn Sie versuchen, Ihren Ruheplatz aufzugeben, schneiden Sie sich ins eigene Fleisch. Sie würden damit sich und anderen Schmerzen zufügen. Tun Sie es nicht, sonst schneiden Sie sich von den geistigen Helfern ab und können in Gefahr geraten. Sie könnten hier haarscharf an einer Katastrophe vorbeischlittern. *Richtung:* Langsam aber sicher gelangen Sie ans Licht. Überdenken Sie die Situation. Sammeln Sie Kraft für einen entscheidenden neuen Schritt.

Sechs auf der fünften: Reihen Sie die Fische aneinander. Der Fluß der wechselnden Ereignisse, der durch das Abstreifen des Alten in Gang gekommen ist, birgt Reichtum und Fruchtbarkeit. Sie können fangen, was Sie wollen und brauchen. Die im Hause Lebenden werden Sie fördern und begünstigen. Achten Sie sie. Nutzen Sie Ihre Verbindungen und vertrauen Sie Ihrer Intuition. Dies wird sich schließlich positiv auf alle und alles auswirken. *Richtung:* Betrachten Sie die Angelegenheit von allen Seiten. Lassen Sie Ihre alten Vorstellungen los und öffnen Sie sich für neue. Übernehmen Sie nicht die Führung. Sorgen Sie für alles Notwendige.

Neun auf der obersten: Hier ist eine reife Frucht, die noch nicht verzehrt wurde. Verleiben Sie sich die Früchte Ihrer Handlungen ein. Nutzen Sie das Orakel, um in Verbindung mit dem Tao zu bleiben, und nehmen Sie es mit sich. Wenn Sie sich einfach an die Situation anpassen, verlieren Sie Ihren Zufluchtsort. Bleiben Sie in Kontakt mit Dingen, die sich außerhalb Ihres normalen Wertesystems bewegen. Sie bergen ein Potential, das Ihnen weiterhelfen und Sie leiten wird. Sie können nichts erreichen, indem Sie einfach bleiben, wo Sie sind. *Richtung:* Öffnen Sie sich für neue Ideen. Übernehmen Sie nicht die Führung. Sorgen Sie für alles Notwendige.

24 Die Wiederkehr / Die Wendezeit
FU

Schlüsselworte: Kehren Sie zurück, und heißen Sie den neuen Anfang willkommen.

In dieser Situation geht es um Wiederkehr und Wiedergeburt. Hier liegt der Schlüssel zu angemessenem Handeln darin, zurückzukehren und sich mit der wiederkehrenden Energie zu verbinden, um einen neuen Anfang zu machen. Verfolgen Sie ihren Weg zurück, kehren Sie zur Quelle zurück und bauen Sie das Wesentliche wieder auf. Finden Sie zur früheren Intensität, zur Reinheit des ursprünglichen Gefühls zurück. Das erfreut die Geistwesen, die Ihnen dafür Erfolg und Durchsetzungskraft schenken und Sie befähigen, die Situation zu einem guten Ende zu führen. Lassen

Sie die Dinge wachsen und kehren Sie ohne Druck oder Aufruhr zurück. Andere Menschen werden Ihnen gemeinsame Projekte vorschlagen, die für beide Seiten gewinnbringend sind. Es ist kein Fehler, sich ihnen anzuschließen. Wenn Sie sich von Ihrem bisherigen Weg abwenden und in die entgegengesetzte Richtung gehen, werden Sie am siebten Tag den richtigen Weg wiedergefunden haben. Es ist vorteilhaft, ein Ziel zu haben. Bestimmen Sie die Richtung. Das bringt Einsicht und Gewinn.

Zurückkehren, FU: Zurückgehen, umkehren, zum Anfang zurückkehren; wiederkehren, wieder auftauchen; das Wiederaufleben, die Wiedergeburt, die Renaissance; wieder aufbauen, erneuern, renovieren, wiederherstellen; wieder, aufs neue; eine frühere Zeit, ein früherer Ort; der Augenblick, in dem ein neuer Zeitabschnitt beginnt. Das Ideogramm steht für »gehen« und »einen Weg aufs neue beschreiten«.

Das Hexagramm symbolisiert innere Energie, die wieder im Äußeren aktiv wird. Im Schoß des Empfänglichen (Erde) liegt neue Aktivität (Donner). Öffnen Sie sich für neue Ideen und schaffen Sie alle notwendigen Voraussetzungen. Die alte Situation hat sich aufgelöst. Drehen Sie sich in Ihren Fußstapfen um und gehen Sie zurück, um das Wiederkehrende willkommen zu heißen. Durch diese Rückkehr auf den Weg erlangen Sie die Fähigkeit, das Tao in Aktion zu erkennen. Seien Sie bescheiden und anpassungsfähig, grenzen Sie sich aber auch von anderen ab. Verlassen Sie sich auf Ihr eigenes Wissen über den Ursprung der Dinge. Um diese wiederkehrende Energie zu fördern, schlossen die alten Herrscher zur Zeit der Wintersonnenwende die Pässe und Märkte. Fahrende Händler konnten nicht mehr reisen. Auch der Herrscher zog nicht mehr aus, um seine Grenzen zu inspizieren. Solche Achtsamkeit erfreut die Geistwesen, die Ihnen dafür Erfolg und Durchsetzungskraft schenken und Sie befähigen, die Situation zu einem guten Ende zu führen. Das Starke und Feste kehrt um. Bringen Sie die Dinge in Bewegung und gehen Sie mit dem Energiefluß. Lassen Sie die Dinge auftauchen und kehren Sie ohne Druck oder Aufregung zurück. Andere werden Projekte an Sie herantragen, die für beide Seiten förderlich sind. Es ist kein Fehler, sich darauf einzulassen. Indem Sie umkehren und eine dem bisherigen Weg entgegengesetzte Richtung einschlagen, kehren Sie auf den richtigen Weg zurück. Hier sind die himmlischen Mächte am Werk. Es ist von Vorteil, die Richtung zu bestimmen und ein Ziel zu haben, denn das Starke und Feste wird überdauern. Durch Ihre Wiederkehr erkennen Sie das tiefste Prinzip der Vereinigung von Himmel und Erde.

Linien der Wandlung
Neun auf der untersten Position: Schieben Sie die Wiederkehr nicht auf. Begnügen Sie sich nicht damit, vergangenes Chaos zu bedauern. Der Weg ist sehr nahe. Machen Sie den Schritt! Sie werden durch großes Glück und bedeutsame Ereignisse dafür belohnt. *Richtung:* Öffnen Sie sich für neue Ideen. Übernehmen Sie nicht die Führung. Sorgen Sie für alles Notwendige.

Sechs auf der zweiten: Kehren Sie durch Verzicht auf den Weg zurück. Geben Sie Ihre gegenwärtigen Aktivitäten auf. Das verspricht Heil und gutes Gelingen durch die Freisetzung transfomierender Energien. Seien Sie uneigennützig und wohlwollend.

Sechs auf der dritten: Irgend etwas drängt, will dringend zurückkehren. Sie werden mit einem zornigen alten Geist konfrontiert, der sich für frühere Mißachtung rächen will. Es ist kein Fehler, durch diese schwierige Zeit hindurchzugehen. *Richtung:* Akzeptieren Sie die Schwierigkeiten. Dadurch werden gebundene Energien freigesetzt, die Sie von Ihrem Problem befreien. Die Situation verändert sich bereits.

Sechs auf der vierten: Bewegen Sie sich auf die Mitte zu. Kehren Sie zu sich selbst zurück. Akzeptieren Sie Ihr Alleinsein. So folgen Sie dem Tao. *Richtung:* Bereiten Sie sich auf einen heilsamen Schock vor. Überdenken Sie die Situation. Sammeln Sie Kraft für einen entscheidenden neuen Schritt.

Sechs auf der fünften: Führen Sie Ihre Pläne durch. Großzügigkeit, Ehrlichkeit und Wohlstand kehren in Ihr Leben zurück, um Sie zu stärken. Sie werden keinen Grund zur Klage haben. Die alten weisen Männer stehen hinter Ihnen. *Richtung:* Geben Sie allem einen Platz zum Wachsen. Lösen Sie sich von alten Vorstellungen und öffnen Sie sich für neue. Sorgen Sie für alles Notwendige.

Sechs auf der obersten: Täuschung, Verblendung und Verwirrung kehren in Ihr Leben zurück, um Sie ins Chaos zu stürzen. Wenn Sie an Ihrer Idee festhalten, schneiden Sie sich von den geistigen Helfern ab und geraten in Gefahr. Diese Pläne führen innerlich und äußerlich in eine Katastrophe. Wenn Sie versuchen, Ihre Streitkräfte in diese Richtung zu führen, werden sie vernichtend geschlagen und ihr Führer wird ruiniert. Es wird zehn Jahre dauern, die Auswirkungen dieser Katastrophe einigermaßen unter Kontrolle zu bringen. Sie werden nicht mehr in der Lage sein, die Dinge zu beeinflussen. Nehmen Sie sich diesen Rat zu Herzen. Denken Sie einmal darüber nach, welche Motive hinter Ihrem Wunsch steckten. *Richtung:* Gehen Sie nach innen und überdenken Sie die Situation. Übernehmen Sie nicht die Führung. Öffnen Sie sich für neue Ideen.

25 Frei von Verstrickung / Die Unschuld
WU WANG

  Schlüsselworte: Befreien Sie sich von Verstrickungen und vertrauen Sie dann auf Ihre Intuition.

In dieser Situation geht es darum, die Fähigkeit zu spontanem, vertauensvollem Handeln zu entwickeln. Die wichtigste Voraussetzung dafür besteht in dem Bemühen, sich von Konfusion und Unordnung zu befreien. Machen Sie sich frei von zwanghaften Vorstellungen, Verwirrung, Eitelkeit, Wut, Gier, Haß und Rachegedanken. Indem Sie sich von diesen Verstrickungen befreien, entwickeln Sie die Fähigkeit, spontan und direkt zu handeln. Dieser Prozeß leitet einen völlig neuen Zeitabschnitt ein. Wenn Sie jedoch nicht bereit sind, auf diese Weise an sich zu arbeiten, werden Sie immer wieder aus Unwissenheit oder aufgrund falscher Wahrnehmung Fehler machen. Ihr Blick wird getrübt sein. Im Streben nach einem Ziel liegt kein Vorteil.

Ohne, WU: Frei von etwas, etwas nicht haben.

Verstrickung, WANG: Gefangen sein in, verstrickt, im Netz, verwickelt; eitel, großspurig, unbesonnen, rücksichtslos, wild; lügen, betrügen; hohl, wertlos, unnütz, ohne Grundlage, falsch; brutal, wahnsinnig, chaotisch.

Das Hexagramm weist auf neue, von höherem Bewußtsein inspirierte Handlungsweisen und Unternehmungen hin. Unter dem Himmel rollt der Donner. Gehen Sie Schritt für Schritt vor. Die himmlischen Mächte sind tatsächlich zurückgekehrt, und wenn auch Sie sich mit ihnen verbinden, werden Sie kein Unheil heraufbeschwören. Schließen Sie sich mit anderen zusammen, ohne sich zu verstricken. Die

Herrscher früherer Zeiten, die für ihre große Tugend gepriesen wurden, nutzten diese fruchtbare Zeit, um alle Wesen zu fördern. Festigkeit und Stärke kommen von außen auf Sie zu, um ein wesentliches Prinzip in Ihrem Innern zu aktivieren. Reagieren Sie darauf und halten Sie diese Verbindung aufrecht. Dieses wichtige Ziel verbindet Sie mit den kosmischen Kräften. Wenn es Ihnen gelingt, damit in Kontakt zu bleiben und sich unablässig zu korrigieren, können Sie in eine großartige, von Wachstum, Kraft und Freude geprägte Phase eintreten. Der Himmel wird Sie Ihnen durch schicksalhafte Ereignisse nahebringen. Versäumen Sie es aber, Ihr Denken oder Verhalten zu korrigieren, werden Sie aufgrund von Unwissenheit oder falscher Wahrnehmung ständig Fehler machen. Es ist nicht von Vorteil, ein Ziel zu haben oder die Dinge in eine bestimmte Richtung zu zwingen. Wie können Sie irgend etwas richtig machen, wenn Sie die Fähigkeit verloren haben, im Einklang mit den geistigen Kräften zu handeln? Dann wird der Himmel Sie nicht beschützen. Befreien Sie sich aus Verstrickungen. Tun Sie es jetzt!

Linien der Wandlung
Neun auf der untersten Position: Handeln Sie, aber verstricken Sie sich nicht. Lassen Sie die gegenwärtige Situation einfach los. Das verspricht Heil und gutes Gelingen durch die Freisetzung transformierender Energien. Sie finden eine neue Aufgabe oder ein neues Ziel. *Richtung:* Die Kommunikation ist gestört. Sie sind mit den falschen Leuten in Kontakt. Gehen Sie Schritt für Schritt voran. Sammeln Sie Kraft für einen entscheidenden neuen Schritt.

Sechs auf der zweiten: Dieses Feld sollten Sie nicht bestellen. Es ist nicht der richtige Zeitpunkt für langfristige Bemühungen. Wenn Sie sich das klarmachen, ist es von Vorteil, die Richtung zu bestimmen und ein Ziel zu haben. Noch sind Sie nicht wohlhabend. *Richtung:* Gehen Sie Ihren eigenen Weg Schritt für Schritt. Suchen Sie sich eine Gruppe, die Sie unterstützt, und bleiben Sie in ihrer Mitte. Sammeln Sie Kraft für einen entscheidenden neuen Schritt.

Sechs auf der dritten: Sie sind nicht schuld an dieser unglücklichen Entwicklung. Wenn Sie die Angelegenheit aus der richtigen Perspektive betrachten, können Sie vermeiden, sich darin zu verstricken. Vielleicht war ein Ochse an einen Pfosten gebunden und vielleicht war dieser Ochse für einen an diesem Ort lebenden Menschen sehr wichtig. Wenn also ein Durchreisender diesen Ochsen mitnähme, würde der Stadtbewohner das als Katastrophe empfinden. Der Reisende würde dadurch jedoch gestärkt werden. Wählen Sie! Bleiben Sie am Ort oder bewegen Sie sich weiter. *Richtung:* Schließen Sie sich mit anderen für ein gemeinsames Ziel zusammen. Es ist von Vorteil, neue Kontakte zu knüpfen. Diese werden Sie mit einer kreativen Kraft verbinden.

Neun auf der vierten: Dies ist eine vielversprechende Weissagung. Ganz gleich, welche Idee Sie mit sich herumtragen, Sie sollten versuchen, sie zu verwirklichen. Kein Makel! Es wird niemandem schaden. Sie haben die Situation völlig unter Kontrolle. *Richtung:* Intensivieren Sie Ihre Bemühungen und Beziehungen. Schütten Sie Kohlen ins Feuer. Lassen Sie alte Vorstellungen und Überzeugungen los. Sorgen Sie für alles Notwendige.

Neun auf der fünften: Sie haben die Krankheit, das Chaos, die Wut oder den Haß, mit denen Sie jetzt konfrontiert werden, nicht verursacht. Wenn Sie diese Energien nicht direkt bekämpfen, werden Sie am Ende Grund zur Freude haben. Verzichten Sie auf jegliche Experimente mit diesen Energien. *Richtung:* Spüren Sie das eigentliche Hindernis auf und beißen Sie sich hindurch. Betrachten Sie die Situation mit neuen Augen. Sammeln Sie Kraft für einen entscheidenden neuen Schritt.

Neun auf der obersten: Verstricken Sie sich nicht! Es wäre ein Fehler, Ihren Plan weiter zu verfolgen. Sie sind sich der wahren Hintergründe der Situation nicht bewußt. Versuchen Sie nicht, den Lauf der Dinge zu beeinflussen oder auf ein Ziel zuzusteuern. Wenn Sie das tun, reiben Sie sich lediglich auf und beschwören eine Katastrophe herauf. *Richtung:* Passen Sie sich dem offensichtlichen Lauf der Dinge an. Gehen Sie Schritt für Schritt vor. Sammeln Sie Kraft für einen entscheidenden neuen Schritt.

26 Potentielle Energie / Ansammeln des Großen TA CH'U

Schlüsselworte: Konzentrieren Sie sich, werden Sie aktiv!

In dieser Situation geht es darum, einem Leitgedanken zu folgen, der definiert, was von Wert oder was der Mühe wert ist. Der Schlüssel zu angemessenem Verhalten liegt darin, sich auf eine einzige Idee zu konzentrieren und sie zum Leitfaden für das eigene Leben werden zu lassen. Richten Sie Ihre ganzen Energien auf dieses Ziel aus. Beziehen Sie all Ihre Persönlichkeitsanteile und Ihre vielen Begegnungen mit ein. Betrachten Sie die Dinge langfristig. Stellen Sie sich vor, Sie würden ein Tier aufziehen, eine Pflanze hegen oder ein Kind erziehen. Tolerieren und nähren Sie Dinge. Schaffen Sie eine Atmosphäre, in der Dinge wachsen und gedeihen können. Versuchen Sie, Ihre Ideen umzusetzen. Das bringt Einsicht und Gewinn und kann sich letztendlich sehr segensreich auswirken. Bleiben Sie nicht zu Hause. Werden Sie aktiv. Nehmen Sie das Kommende in sich auf. Das verspricht Heil und gutes Gelingen durch die Freisetzung transformierender Energien. Dies ist der richtige Zeitpunkt, um wichtige Projekte in Angriff zu nehmen oder sich mit einem Ziel vor Augen in den Fluß des Lebens zu begeben.

Groß, TA: Großartig, edel, bedeutend; fähig, andere zu beschützen; den eigenen Willen auf ein selbstgesetztes Ziel ausrichten; die Fähigkeit, das eigene Leben zu steuern oder zu kontrollieren; Yang-Energie.

Ansammeln, CH'U: Sammeln, ansammeln, einverleiben, horten festhalten; kontrollieren, zurückhalten; sich kümmern um, unterstützen, tolerieren; Tiere zähmen oder abrichten; aufziehen, domestizieren; von etwas gezähmt oder kontrolliert werden. Das Ideogramm zeigt fruchtbare schwarze Erde, die sich durch das Zurückhalten von Schlamm oder Schlick angereichert hat.

Das Hexagramm weist auf eine im Innern zunehmende, kreative Kraft hin. Der Himmel im Zentrum des Berges. Wenn Sie sich führen lassen, können Sie Ihr verborgenes Potential entdecken. Korrigieren Sie Ihre Zielsetzung und benutzen Sie Ihr Ziel als Leitfaden. Dies ist der richtige Zeitpunkt zum Handeln. Verinnerlichen Sie historische Leitbilder und setzen Sie sich in Bewegung. Lassen Sie in sich die Kraft wachsen, Dinge zu verwirklichen. Rechtes Beharren bringt Heil. Ihre Bemühungen, Licht in Angelegenheiten zu bringen, werden reich belohnt. Erneuern Sie Ihre Energien und Ihre Verbindung zum Tao Tag für Tag. Konzentrieren Sie sich auf ein festes, übergeordnetes Ziel. Achten Sie auf den intellektuellen oder moralischen Wert der Dinge. Fördern Sie das Dauerhafte und korrigieren Sie Ihre Zielsetzung. Bleiben Sie nicht zu Hause. Verinnerlichen Sie, was auf Sie zukommt. Das verspricht Heil und gutes Gelingen durch die Freisetzung transformierender Energien. Auf diese Weise werden Ihre intellektuellen und moralischen Kräfte gestärkt. Dies ist der richtige Zeitpunkt, um sich mit einem Ziel vor Augen in den Strom des Lebens zu begeben. Die Verbindungen reichen bis in den Himmel.

Linien der Wandlung
Neun auf der untersten Position: Diese Situation wird von einem zornigen alten Geist beherrscht, der zurückgekehrt ist, um sich für frühere Mißachtung zu rächen. Ziehen Sie sich aus dieser Angelegenheit zurück. Nehmen Sie die Herausforderung nicht an. So können Sie die sich bereits ankündigende Katastrophe verhindern und Gewinn aus der Situation ziehen. *Richtung:* Dies ist eine unheilvolle Situation. Wenn Sie sich aus ihr herausführen lassen, können Sie ein verborgenes Potential entdecken. Die Situation verändert sich bereits.

Neun auf der zweiten: Der Karren kommt durch defekte Achsenhalterungen (defekte Verbindungsstücke zwischen Wagen und Rädern) zum Stillstand. Beziehungen sind zerbrochen und Sie kommen nicht weiter. Bleiben Sie in der Mitte. Vermeiden Sie Extreme und versuchen Sie nicht zu konkurrieren. *Richtung:* Konzentrieren Sie sich darauf, Dinge zu schmücken und zu verschönern. Das setzt gebundene Energien frei und befreit Sie von Ihrem Problem. Die Situation verändert sich bereits.

Neun auf der dritten: Auf einem prächtigen Pferd reitend, verfolgen Sie Ihre Ziele. Wenn Sie bereit sind, harte Arbeit und Schwierigkeiten in Kauf zu nehmen, sollten Sie versuchen, Ihre Ideen umzusetzen. Das ist schwierig, wenn Sie das Gefühl haben, daß es anderen besser geht als Ihnen. Stellen Sie sich vor, Sie würden eine kostbare, geheime Fracht eskortieren. Geben Sie die Richtung vor. Setzen Sie sich ein Ziel. Das bringt Einsicht und Gewinn. Verbinden Sie Ihr persönliches Ziel mit einem höheren Ziel. *Richtung:* Betrachten Sie die gegenwärtigen Härten und Schwierigkeiten als Grundlage für zukünftigen Gewinn. Zügeln Sie Ihre Emotionen und reduzieren Sie Ihre Verpflichtungen und Verbindlichkeiten. Etwas Bedeutsames kehrt in Ihr Leben zurück. Seien Sie offen dafür. Sorgen Sie für alles Notwendige.

Sechs auf der vierten: Treiben Sie die Kälber in einen Stall und schützen Sie das Wachstum ihrer Hörner mit einem Kopfschutz. Entwickeln Sie die Fähigkeit, schwere Lasten zu tragen und sich schwierigen Situationen zu stellen. So schaffen Sie die Basis für eine außerordentlich glückliche Entwicklung und bedeutsame Ereignisse und werden schließlich Grund zur Freude haben. *Richtung:* Das ist der Beginn einer sehr kreativen, fruchtbaren Phase. Handeln Sie mit Entschlossenheit. Sie sind mit einer kreativen Kraft verbunden.

Sechs auf der fünften: Die Hauer eines kastrierten Ebers. Der potentiell gefährliche Feind wurde seiner Fähigkeit, andere zu verletzen, beraubt. Das verspricht Heil und gutes Gelingen durch die Freisetzung transformierender Energien. Es wird Ihnen reiche Belohnung einbringen. *Richtung:* Sammeln Sie kleine Dinge an, um Großes zu erreichen. Wandeln Sie potentielle Konflikte in kreative Spannung um. Die Situation verändert sich bereits.

Neun auf der obersten: Sind dies nicht die Wege der himmlischen Mächte? Ihre Idee gefällt ihnen, und sie werden Ihnen dafür Erfolg und Durchsetzungskraft schenken und Sie befähigen, die Situation zu einem guten Ende zu führen. Sind das nicht die Wege des Himmels? Ihr Vorhaben steht im Einklang mit dem Tao. *Richtung:* Dies ist der Beginn einer fruchtbaren, produktiven Zeit. Wenn Sie sich führen lassen, können Sie Ihr verborgenes Potential entdecken. Die Situation verändert sich bereits.

27 Die Ernährung
YI

  Schlüsselworte: Nehmen Sie das Geschehene in sich auf. Sorgen Sie für die notwendige Nahrung.

Diese Situation wird von den Energien bestimmt, die ein offener Mund in sich aufnimmt und wieder hinausgibt. Der Schlüssel zu angemessenem Handeln liegt hier in der Fähigkeit, Dinge in sich aufzunehmen, um sich selbst und andere damit zu nähren. Verinnerlichen Sie, was gesagt und getan wurde, und nähren Sie damit das Neue. Sorgen Sie dafür, daß alles Notwendige vorhanden ist, um Sie und die mit Ihnen verbundenen Menschen zu nähren. Versuchen Sie, Ihre Ideen umzusetzen. Das verspricht Heil und gutes Gelingen durch die Freisetzung transformierender Energien. Denken Sie darüber nach, was nährend für die Menschen ist und was Sie Ihrerseits nähren. Überlegen Sie, was Sie geben und was Sie fordern. Versuchen Sie, den Ursprung dessen aufzuspüren, was Sie und andere in sich aufnehmen und wieder herausgeben. Darin verbirgt sich die Antwort auf Ihre Frage.

Ernähren, YI: Mund, Kiefer, Wangen, Kinn; essen, aufnehmen, verdauen; nähren, erhalten, aufziehen, unterstützen; für alles Notwendige sorgen; was in einen Mund hineingeht und aus einem Mund herauskommt. Das Ideogramm stellt einen offenen Mund dar.

Das Hexagramm steht für bereits Erreichtes, das verinnerlicht wird, um das Wachstum von etwas Neuem zu fördern. Im Innern des Berges rollt der Donner. Sorgen Sie dafür, daß alles Notwendige vorhanden ist. Nachdem die Menschen zusammengebracht wurden, müssen Sie genährt werden. Korrigieren Sie Ihre Art und Weise, Dinge zu nähren, und nähren Sie Ihre Fähigkeit, Dinge zu korrigieren. Wägen Sie Ihre Worte sorgfältig ab, wenn Sie mit anderen sprechen. Machen Sie sich klar, auf welche Weise Sie essen, trinken und Dinge in sich aufnehmen. Versuchen Sie, Ihre Ideen umzusetzen. Wenn Sie sie zur Weiterentwicklung Ihrer Fähigkeit, Dinge und Menschen zu nähren, einsetzen, werden transformierende Energien frei, die Heil und Erfolg mit sich bringen. Meditieren Sie über einen offenen Mund. Schauen Sie, wo und wie Dinge genährt werden. Betrachten Sie Ihre eigenen Nahrungsquellen. Himmel und Erde nähren die unzähligen Wesen. Die Weisen nähren in sich das Höhere, um es an andere weitergeben zu können. Dies ist wahrhaftig eine Zeit, um Großes zu vollbringen.

Linien der Wandlung
Neun auf der untersten Position: Sie haben Ihre Intuition, Ihren inneren Schutz und Ihre Fähigkeit, Kommendes vorauszusehen, beiseitegeschoben und betrachten traurig Ihr niedergeschlagenes Gesicht. Sie haben sich sehr weit von der Welt der inneren Bilder, der Welt Ihrer Imaginationskräfte entfernt. Kein Wunder, daß Sie so traurig und unterernährt aussehen. Diese innere Haltung ist absolut abträglich und nährt Sie in keiner Hinsicht. Im Gegenteil – sie schneidet Sie von den geistigen Helfern ab und bringt Sie in Gefahr. *Richtung:* Lösen Sie sich von alten Vorstellungen und öffnen Sie sich für neue. Übernehmen Sie nicht die Führung. Sorgen Sie für alles Notwendige.

Sechs auf der zweiten: Ihre Verbindung zu dem, was Sie nähren kann, ist unterbrochen. Sie weisen Regeln und Normen zurück und entfernen sich von dem, was als normal gilt. Begeben Sie sich an einen Ort, wo Sie dies verinnerlichen können, und meditieren Sie darüber. Der Versuch, andere zu disziplinieren oder sich auf eine Forschungsreise zu begeben, würde Sie von den geistigen Helfern abschneiden und könnte Sie gefährden. *Richtung:* Reduzieren Sie Ihre Verbindlichkeiten und halten Sie Ihre Wut im Zaum. So können Sie zu einem neuen Bewußtsein gelangen. Etwas Wichtiges kehrt in Ihr Leben zurück. Öffnen Sie sich dafür und sorgen Sie für alles Notwendige. Übernehmen Sie nicht die Führung.

Sechs auf der dritten: Sie weisen zurück, was Sie nähren könnte. Auf diese Weise schneiden Sie sich von den geistigen Helfern ab und sind ohne Schutz und Führung. Wenn Sie diesen Weg weiter verfolgen, könnte es sein, daß Sie erst in zehn Jahren wieder Gelegenheit zum Handeln bekommen. Es liegt kein Heil auf diesem Weg. Ihre grundlegende Vorstellung läuft dem Weg des Tao zuwider. *Richtung:* Haben Sie den Mut, den Tatsachen ins Auge zu sehen, und geben Sie Ihre Pläne auf. Setzen Sie gebundene Energien frei. Befreien Sie sich! Die Situation verändert sich bereits.

Sechs auf der vierten: Ihre Verbindung zur nährenden Quelle ist unterbrochen. Suchen Sie sich eine neue. Das verspricht Heil und gutes Gelingen durch die Freisetzung transformierender Energien. Seien Sie wie ein Tiger – kraftvoll und konzentriert. Wenn Sie etwas betrachten, dann schauen Sie genau hin. Wenn Sie einen Wunsch haben, dann verfolgen Sie ihn beharrlich und ausdauernd. Es ist kein Fehler, solchen Eifer an den Tag zu legen. Durch Ihr beharrliches Bemühen erhellen Sie alles um sich herum. *Richtung:* Beißen Sie sich durch die vor Ihnen liegenden Hindernisse hindurch. Überdenken Sie die Situation. Sammeln Sie Kraft für einen entscheidenden neuen Schritt.

Sechs auf der fünften: Sie weisen Regeln und Normen zurück und entfernen sich von dem, was als normal gilt. Bleiben Sie, wo Sie sind, und überprüfen Sie Ihre Vorstellungen. Das verspricht Heil und gutes Gelingen durch die Freisetzung transformierender Energien. Dies ist nicht der richtige Zeitpunkt, um ein wichtiges Projekt zu beginnen oder sich mit einem Ziel vor Augen in den Strom des Lebens zu begeben. Sie geben einem Impuls nach, der Sie mit dem Höheren verbindet. *Richtung:* Eine fruchtbare neue Zeit bricht an. Lösen Sie sich von alten Vorstellungen und öffnen Sie sich für neue. Sorgen Sie für alles Notwendige.

Neun auf der obersten: Sie werden von dem, was vor Ihnen war, genährt. Schauen Sie sich an, was in der Vergangenheit geschah. Sie werden mit einer schwierigen Situation konfrontiert. Ein zorniger alter Geist ist zurückgekehrt, um sich für frühere Mißachtung zu rächen. Weichen Sie nicht aus. Gehen Sie durch diese Schwierigkeiten hindurch. Das verspricht Heil und gutes Gelingen durch die Freisetzung transformierender Energien. Dies ist der richtige Zeitpunkt, um ein Ziel zu haben oder ein wichtiges Projekt in Angriff zu nehmen. Ihre wichtigste Idee wird Ihnen reiche Belohnung einbringen. *Richtung:* Etwas Bedeutsames kehrt in Ihr Leben zurück. Seien Sie offen dafür. Sorgen Sie für alles Notwendige.

28 Des Großen Übergewicht / Kritische Masse
TA KUO

Schlüsselworte: Eine Krise. Nehmen Sie Ihre ganze Kraft zusammen. Scheuen Sie sich nicht, allein zu handeln.

Diese Situation stellt Sie vor die Aufgabe, eine Krise zu meistern. Der Schlüssel zu angemessenem Handeln liegt hier in der Fähigkeit, die eigenen Prinzipien über die gewohnten Grenzen hinaus auszudehnen und den damit verbundenen Aufruhr zu akzeptieren. Verfolgen Sie nur edle Ziele. Finden Sie heraus, was wirlich wichtig ist, und richten Sie Ihr Leben danach aus. Der Dachfirst Ihres Hauses ist verzogen und beginnt sich zu senken. Das gesamte Fundament Ihres Lebens droht zusammenzubrechen. Doch in diesem Zusammenbruch ist eine kreative Kraft am Werk. Bestimmen Sie also die Richtung. Steuern Sie die Entwicklung. Setzen Sie sich ein Ziel. Das erfreut die Geistwesen, die Ihnen dafür Erfolg und Durchsetzungskraft schenken und Sie befähigen, die Situation zu einem guten Ende zu führen.

Groß, TA: großartig, edel, bedeutend; fähig, andere zu beschützen; den eigenen Willen auf ein selbstgewähltes Ziel hin ausrichten; die Fähigkeit, das eigene Leben zu steuern; Yang-Energie.

Übergewicht, KU: Über etwas hinausgehen; etwas überschreiten; übernehmen, hinausschießen über; überwinden, sich von etwas lösen; die Schwelle überschreiten, Schwierigkeiten überwinden; Normen übertreten, grenzüberschreitend; zu viel.

Das Hexagramm zeigt äußere Energien, die das Innere überwältigen. Nebel verhüllt die Erde. In diesem Zusammenbruch ist eine kreative Kraft am Werk. Wenn die gegenwärtige Situation Sie nicht nährt, wenn sie kein neues Wachstum hervorbringen kann, sollten Sie ihr einfach den Rücken kehren. Scheuen Sie sich nicht, die Dinge selbst in die Hand zu nehmen. Seien Sie nicht traurig, falls es notwendig wird, sich aus der Gemeinschaft zurückzuziehen. Die Verwirklichung einer großen Idee erfordert manchmal das Überschreiten von Grenzen. Die gesamte Struktur Ihres Lebens kommt ins Wanken. Die Wurzeln und die Spitzen, jene Punkte, an denen Sie Kontakt herstellen und genährt werden, lösen sich auf. Lassen Sie zu, daß die starke, im Innern anschwellende Kraft alles durchdringt und in Bewegung bringt. Bestimmen Sie die Richtung. Es ist von Vorteil, ein Ziel zu haben. Das erfreut die Geistwesen, die

Ihnen dafür Erfolg und Durchsetzungskraft schenken und Sie befähigen, die Situation zu einem guten Ende zu führen. Dies ist wahrhaftig eine großartige Zeit.

Linien der Wandlung
Sechs auf der untersten Position: Bereiten Sie Ihre nächsten Schritte sorgfältig vor. Breiten Sie eine Opfermatte aus. Bemühen Sie sich um innere Klarheit und konzentrieren Sie sich auf das Wesentliche. Denken Sie daran, daß auch die großartigsten Unternehmungen im kleinen beginnen. In dieser Situation nehmen Sie die untergeordnete Position ein. Seien Sie also flexibel und anpassungsfähig. *Richtung:* Handeln Sie mit Entschlossenheit. Sie sind mit einer kreativen Kraft verbunden.

Neun auf der zweiten: Eine verdorrte Weide bringt neue Triebe hervor. Ein alter Mann bekommt eine junge Gemahlin. Eine öde Situation wird durch einen neues Wachstum hervorbringenden Einfluß belebt. Diese neue Verbindung bringt Hilfe in der Krise. *Richtung:* Durch diesen Einfluß wird verbunden, was zusammengehört. Er bringt Sie mit einer kreativen Kraft in Kontakt.

Neun auf der dritten: Ihr Lebenskonzept bewährt sich nicht. Der Dachfirst gibt nach, das Haus stürzt ein. Dadurch werden Sie von den geistigen Helfern abgeschnitten und sind ohne Schutz und Führung. Es gibt keine Möglichkeit, das Haus zu stützen und die Situation aufrechtzuerhalten. *Richtung:* Wenn Sie so weitermachen, geraten Sie in völlige Isolation. Suchen Sie sich eine unterstützende Gruppe und bleiben Sie in ihrer Mitte. Sammeln Sie Kraft für einen entscheidenden neuen Schritt.

Neun auf der vierten: Der Dachfirst wird geschmückt. Ihr Lebensgebäude wird gestützt und verstärkt, und die Qualitäten Ihrer Lebensweise werden nach außen hin sichtbar. Das verspricht Heil und gutes Gelingen durch die Freisetzung transformierender Energien. Wenn sich die Situation stabilisiert hat, sollten Sie nicht versuchen, noch weiter zu gehen. Alles weitere Zutun würde nur zu Demütigungen und Bedauern führen. Die Spannung hat sich gelöst, und die Verbindung ist hergestellt. *Richtung:* Finden Sie Ihren Bezug zu den Dingen, die jeder braucht. Wenn Sie sich führen lassen, können Sie ein verborgenes Potential entdecken. Die Situation verändert sich bereits.

Neun auf der fünften: Eine verdorrte Weide bringt Blüten hervor. Eine alte Frau bekommt einen jungen Gemahl. Eine öde Situation wird durch einen Einfluß belebt, der zu einem kurzen Rausch der Bezauberung führt. Das ist weder gut noch schlecht. Genießen Sie es. Es wird nicht lange andauern. *Richtung:* Schreiten Sie unbeirrt auf Ihrem Weg fort. Handeln Sie mit Entschlossenheit. Sie sind mit einer kreativen Kraft verbunden.

Sechs auf der obersten: Wenn Sie sich tiefer in diese Gewässer begeben, werden Sie untergehen. Sie werden ohne eigenes Verschulden von den geistigen Helfern abgeschnitten und bleiben dann ohne Schutz und Führung zurück. Sie müssen entscheiden, wie weit Sie sich hier einlassen wollen. Es ist keine Frage von Schuld oder Versagen. Hier spiegelt sich etwas, das über die alltäglichen Belange hinausgeht. Entscheiden Sie, wie Sie vorgehen wollen. *Richtung:* Handeln Sie mit Entschlossenheit. Sie sind mit einer kreativen Kraft verbunden.

29 Das Abgründige / Wiederholte Gefahr
HSI K'AN

Schlüsselworte: Mobilisieren Sie Ihre Kräfte. Gehen Sie das Risiko ein. Tun Sie es wieder und wieder.

In dieser Situation werden Sie wiederholt mit etwas Schwierigem und Gefährlichem konfrontiert. Die richtige Art und Weise damit umzugehen, besteht darin, das Risiko rückhaltlos einzugehen. Sie können diesem Hindernis nicht ausweichen. Bezwingen Sie Ihre Furcht und Verzagtheit. Springen Sie hinein wie Wasser, das sich in eine Vertiefung ergießt, sie ausfüllt und dann weiterfließt. Trainieren Sie, üben Sie, machen Sie sich mit der Gefahr vertraut. Dies ist ein kritischer Punkt. Es ist ein Graben, der zu einem Grab werden könnte. Aber es führt kein Weg daran vorbei. Sammeln Sie Ihre Kräfte und bemühen Sie sich um höchstmögliche Konzentration. Stellen Sie sich der Herausforderung immer wieder. Sie können das vertrauensvoll tun, denn Sie sind mit geistigen Helfern verbunden, die Sie führen werden. Nehmen Sie Ihr Herz in beide Hände. Das erfreut die Geistwesen, die Ihnen dafür Erfolg und Durchsetzungskraft schenken und Sie befähigen, die Situation zu einem guten Ende zu führen. »Bewegung«, »Aktivität«, »Motivation« sind die Schlüsselworte, die Sie in dieser Situation an oberste Stelle setzen sollten.

Wiederholen, HSI: Üben, proben, trainieren; wieder und wieder; vertraut mit, geschickt; eine Lektion wiederholen; Antrieb, Impuls. Das Ideogramm stellt Flügel und eine Kappe dar. Es steht für das Denken, das durch wiederholte Impulse angeregt wird.

Abgrund, K'AN: Ein gefährlicher Ort; ein Loch, eine

Erdhöhle, ein Graben, ein Schlund; tiefer Abgrund; Falle, Grab; eine kritische Phase, eine Prüfung; Risiken eingehen; *auch*: wagen und scheitern; im Augenblick der Gefahr ohne zu zögern ein Risiko eingehen. Das Ideogramm stellt ein tiefes Loch in der Erde dar, in das Wasser hineinfließt.

Das Hexagramm zeigt Wasser, das immer wieder in einen Abgrund stürzt. Die Ströme erreichen kontinuierlich ihr Ziel. Verinnerlichen Sie die Situation. Die Ihrer zentralen Idee entspringende Energie fließt über und bewegt sich auf den Abgrund zu. Bleiben Sie Ihren Prinzipien treu. In Ihren Handlungen (oder als Lehrender) müssen Sie sich unablässig wiederholen. Verdoppeln Sie Ihre Bemühungen, lassen Sie Ihre Energien fließen. Kleben Sie nicht an einer Sache fest. Einen Sie Ihre Wünsche und konzentrieren Sie sich auf Ihr inneres Wachstum. So schaffen Sie sich ein solides Fundament. In der Bewegung, im Handeln liegt Heil. Drängen Sie vorwärts und versuchen Sie, etwas zu erreichen. Das Abgründige bedeutet Gefahr. Die Gefahren des Himmels können nicht bezwungen werden. Die Gefahren der Erde sind ihre Berge und ihre Wasser, ihre Gebirge und Abgründe. Die alten Könige und ihre Vasallen errichteten gefährliche Barrieren, um ihre Städte zu schützen. Eine Gefahr, der man sich stellt, mit der man umzugehen versteht, wird sowohl zum Erfolgserlebnis als auch zum Schutzwall. Dies ist eine Zeit, um die Kräfte zu mobilisieren und Risiken einzugehen.

Linien der Wandlung
Sechs auf der untersten Position: Sie wiederholen etwas und bleiben dabei im Graben stecken. Indem Sie immer wieder auf die gleiche Herausforderung antworten, geraten Sie in eine Sackgasse, auf einen fatalen Irrweg. So schneiden Sie sich von den geistigen Helfern ab und sind ohne Schutz und Führung. Das Tao entgleitet Ihnen. *Richtung:* Schrän-

ken Sie Ihre Bemühungen ein. Verinnerlichen Sie die Situation. Sorgen Sie für alles Notwendige.

Neun auf der zweiten: Sie machen eine schwierige Phase durch. Gehen Sie das Risiko ein. Finden Sie heraus, was Sie brauchen. Flexibilität und Anpassungsfähigkeit werden Ihnen helfen, es zu bekommen. Bleiben Sie noch in der Mitte. *Richtung:* Suchen Sie sich neue Freunde oder Partner. Lassen Sie alte Vorstellungen los und öffnen Sie sich für neue. Sorgen Sie für alles Notwendige.

Sechs auf der dritten: Abgrund folgt auf Abgrund, eine Herausforderung nach der anderen kommt auf Sie zu. Gehen Sie anfangs langsam vor. Wenn Sie jetzt hineinspringen, landen Sie in einer Sackgasse oder auf einem fatalen Irrweg. Tun Sie das nicht! Sie können auf diese Weise nichts erreichen. Sind Sie sicher, daß Sie wissen, was Sie wollen? *Richtung:* Erforschen Sie den Hintergrund Ihres Wertesystems. Wenn Sie sich führen lassen, können Sie ein verborgenes Potential entdecken. Die Situation verändert sich bereits.

Sechs auf der vierten: Falls Sie im Graben steckenbleiben, sollten Sie nicht dagegen ankämpfen. Bringen Sie den Geistwesen ein Opfermahl dar. Opfern Sie einen Becher mit Flüssigkeit als Symbol für die Essenz Ihrer Bemühungen. Stellen Sie auch zwei Tongefäße als Symbole für Ihren Körper dazu. Öffnen Sie sich für die Welt der inneren Bilder, und die Antwort auf Ihre Frage wird zum Fenster hereingeflogen kommen. Sie wird die Dunkelheit um Sie herum erhellen und Ihnen den Weg weisen. Sie befinden sich zur Zeit an der Schwelle, wo Ereignisse sich manifestieren. *Richtung:* Sie kommen aus Ihrer Isolation heraus. Suchen Sie sich eine unterstützende Gruppe und bleiben Sie in ihrer Mitte. Sammeln Sie Kraft für einen entscheidenden neuen Schritt.

Neun auf der fünften: Nicht zuviel des Guten tun! Füllen Sie den Becher nicht bis zum Überfließen. Das Wasser im Graben steigt bereits. Das ist kein Fehler. Bleiben Sie in

Ihrer Mitte. Unternehmen Sie keine großen Anstrengungen. *Richtung:* Mobilisieren Sie Ihre Kräfte. Etwas Bedeutsames kehrt in Ihr Leben zurück. Seien Sie offen dafür. Sorgen Sie für alles Notwendige.

Sechs auf der obersten: Mit Stricken gefesselt und ins dichte Dornengestrüpp geschickt, um beurteilt und für unzulänglich befunden zu werden. Sie verfolgen das falsche Ziel. Wenn Sie so weitermachen, werden Sie drei Jahre lang überhaupt nichts mehr erreichen. So schneiden Sie sich von den geistigen Helfern ab und bleiben ohne Schutz und Führung zurück. Warum entfernen Sie sich vom Tao? *Richtung:* Geben Sie Illusionen auf. Verinnerlichen Sie die Situation. Versuchen Sie nicht, die Führung zu übernehmen. Öffnen Sie sich für neue Ideen. Sorgen Sie für alles Notwendige.

30 Das Strahlende / Das Zusammenwirken
LI

  Schlüsselworte: Drücken Sie sich aus, und verbreiten Sie Licht und Wärme.

In dieser Situation geht es um Bewußtheit und Zusammenhalt. Der Schlüssel zu angemessenem Handeln liegt hier in der Fähigkeit, Dinge deutlich zu machen, sich auszudrücken und Licht und Wärme zu verbreiten. Beleuchten Sie, verdeutlichen Sie, differenzieren Sie Ihre Angelegenheiten, machen Sie sich und anderen Dinge bewußt. Bringen Sie zusammen, was zusammengehört. Diese Zeit zeichnet sich durch intelligentes Vorgehen und zunehmende Bewußtheit aus. Sie ist geprägt von unerwarteten, wichtigen Begegnungen, außergewöhnlichen Erfahrungen und dem Loslassen des Althergebrachten. Versuchen Sie, Ihre

Ideen umzusetzen. Das bringt Einsicht und Gewinn. Es erfreut die Geistwesen, die Ihnen dafür Erfolg und Freude schenken und Sie befähigen, die Situation zu einem guten Ende zu führen. Das Entwickeln der empfänglichen Kraft, Belastungen zu tragen, verspricht Heil und gutes Gelingen durch die Freisetzung transformierender Energien.

Strahlen, LI: Licht verbreiten; beleuchten, differenzieren, artikulieren, arrangieren und ordnen; Bewußtheit, Achtsamkeit; verlassen, sich trennen von, sich außerhalb der Normen bewegen; zwei zusammen, zufällige Begegnung; zugehörig, an etwas haften, von etwas abhängig sein; *auch:* Helligkeit, Feuer und Wärme. Das Ideogramm zeigt einen magischen Vogel mit strahlendem Gefieder.

Das Hexagramm weist auf zunehmende, sich in alle Richtungen ausdehnende Bewußtheit hin. Die Helligkeit verdoppelt sich und bringt ein Strahlen hervor. Konzentrieren Sie Ihre Energien. Sie sind gefallen und haben den Grund erreicht. Die Zeit erfordert nun, daß Sie Dinge zusammenbringen. Über Ihnen ist ein Strahlen. Verbinden Sie sich und Ihr Vorhaben mit dieser Helligkeit und nutzen Sie sie immer wieder aufs neue, um Klarheit zu verbreiten, bis alle vier Himmelsrichtungen erleuchtet sind. Strahlen bedeutet verbinden und erhellen. Die unzähligen Gräser, Blumen und Bäume verbinden sich mit der Erde und lassen sie strahlen. Indem Sie die Dinge wieder und wieder beleuchten, entwickeln Sie Ihre Fähigkeit, sie zu korrigieren oder zu verbessern. Auf diese Weise verändern sich die Dinge in der Welt. Flexibilität und Anpassungsfähigkeit verbinden Sie mit dem Wesentlichen und Richtigen. Diese Eigenschaften sind hier die Quelle des Wachstums und erfreuen die Geistwesen. Deshalb verspricht das Entwickeln jener Kraft, die Lasten tragen kann, Heil und gutes Gelingen durch die Freisetzung transformierender Energien.

Linien der Wandlung
Neun auf der untersten: Es ist wichtig, die Dinge am Anfang zu klären. Gehen Sie Schritt für Schritt vor. Halten Sie sich zurück. Gehen Sie respektvoll mit Menschen und Dingen um. Hinterfragen Sie Motive. Kümmern Sie sich zunächst um Ihre eigenen Fehler. Dann bewegen Sie sich in die richtige Richtung. *Richtung:* Suchen Sie außerhalb der üblichen Normen. Scheuen Sie sich nicht, allein zu handeln. So können Sie sich mit einer kreativen Kraft verbinden.

Sechs auf der zweiten: Diese Idee ist von einem strahlenden Licht durchdrungen – dem Licht und der Kraft aus dem Zentrum der Erde. Sie wird die Quelle großen Glücks und bedeutungsvoller Ereignisse sein. Sie stoßen bis zum Zentrum vor und verbinden sich mit dem Tao. *Richtung:* Eine großartige Idee und eine kreative Zeit kommen auf Sie zu. Handeln Sie mit Entschlossenheit. Sie sind mit einer kreativen Kraft verbunden.

Neun auf der dritten: Sie sehen die Dinge im Licht der untergehenden Sonne. Anstatt Ihre Trommel zu schlagen oder Ihre Lieder zu singen, sitzen Sie da wie ein Greis, dem nichts Besseres einfällt, als über all die schrecklichen Dinge zu jammern, die in seinem Leben geschahen. So schneiden Sie sich von den geistigen Helfern ab und sind ohne Schutz und Führung. Warum sollten Sie so weitermachen? *Richtung:* Beißen Sie sich durch die Hindernisse hindurch. Gehen Sie Schritt für Schritt vor. Sammeln Sie Kraft für einen entscheidenden neuen Schritt.

Neun auf der vierten: Dies kommt wie ein Strohfeuer oder ein plötzlicher Angriff. Es brennt ab, wird zu Asche und Sie können es in den Müll werfen. Vergessen Sie es. Ein Auflodern in der Pfanne. Diese Sache hat in Ihrem Leben keinen Platz. *Richtung:* Machen Sie ein fröhliches Gesicht. Betrachten Sie die Situation mit neuen Augen. Sammeln Sie Kraft für einen entscheidenden neuen Schritt.

Sechs auf der fünften: Weinen Sie über diese Angelegenheit, als ob Ihre Trauer niemals enden würde. Klagen Sie, als ob die Erinnerung daran Sie Ihr Leben lang verfolgen würde. Das bringt Heil durch die Freisetzung transformierender Energien. Sie haben Ihre wichtigste Beziehung verloren, doch die Verbindung ist unter der Oberfläche noch vorhanden. *Richtung:* Suchen Sie sich eine unterstützende Gruppe und bleiben Sie in ihrer Mitte. Sie sind mit einer kreativen Kraft verbunden.

Neun auf der obersten: Der König sendet Truppen aus, um die Rebellen zu bestrafen. Das ist das Beste, was er tun kann. Trennen Sie den Kopf ab und jagen Sie die Dämonen davon. Behalten Sie die wichtigen positiven inneren Bilder bei und lösen Sie sich von schmerzhaften Erinnerungen und Gefühlen. Das bringt Heil und gutes Gelingen durch die Freisetzung transformierender Energien und stellt die richtige Ordnung wieder her. *Richtung:* Dies kündigt eine Zeit des Überflusses an. Scheuen Sie sich nicht, allein zu handeln. Sie sind mit einer kreativen Kraft verbunden.

31 Die Anziehung / Die Einwirkung
HSIEN

Schlüsselworte: Öffnen Sie sich dem Einfluß. Bringen Sie Dinge zusammen.

Diese Situation wird von einem Einfluß bestimmt, der Sie stimuliert und zum Handeln anregt. Die richtige Art und Weise damit umzugehen, besteht darin, die beste Möglichkeit zu finden, Dinge miteinander zu verbinden. Dieser Einfluß wirkt daraufhin, die getrennten Teile von etwas, das zusammengehört, zusammenzubringen. Strecken Sie Ihre Hände aus, schließen Sie sich an, lassen Sie sich berühren und motivieren. Das erfreut die Geistwesen, die Ihnen dafür Erfolg und Durchsetzungskraft schenken und Sie befähigen, die Situation zu einem guten Ende zu führen. Versuchen Sie, Ihre Ideen umzusetzen. Das bringt Einsicht und Gewinn. Betrachten Sie »die Frau« und die »Yin-Energie« als Schlüssel zu dieser Situation. Verstehen, akzeptieren und »weibliches« Handeln versprechen Heil und gutes Gelingen durch die Freisetzung transformierender Energien.

Anziehen, HSIEN: Kontaktieren, beeinflussen, bewegen, berühren; anregen, auslösen; alles, total, universal; kontinuierlich, ganz; vereinen, die Teile eines zuvor getrennten Ganzen wieder zusammenfügen; wie Planeten eine Konjunktion bilden; *wörtlich:* ein zerbrochenes Tongefäß, dessen beide Teile wieder zusammengefügt wurden.

Das Hexagramm symbolisiert innere Stärke, die einem äußeren Stimulus nachgibt. Nebel über den Bergen. Betrachten Sie das Kommende als einen Fingerzeig von einer höheren Ebene. Hier spiegeln sich die kosmischen Kräfte. Wenn Himmel und Erde sich vereinen, manifestieren sich die unzähligen Wesen; wenn Mann und Frau sich vereinen, um zu heiraten, werden die Stammbäume begründet; wenn Herr und Diener zusammenfinden, wird die richtige Ordnung zwischen oben und unten hergestellt. Beziehungen werden geklärt und die Menschen haben die Möglichkeit, sich über ihre Gefühle klar zu werden. Bringen Sie Menschen und Dinge durch die Leere, durch jenen leeren und doch fruchtbaren Raum in Ihrem Innern, zusammen. Schließen Sie Frieden, verbreiten Sie eine Atmosphäre von Zufriedenheit und Eintracht. Sie werden von etwas beeinflußt und angeregt, durch das Sie wiederum die Herzen anderer berühren können. Das Flexible und Anpassungsfähige ist oben, das Feste und Beharrliche unten. Zwischen diesen beiden Kräften findet ein reger Austausch statt. Der Mann ist unten, die Frau oben. Das Verstehen und Akzeptieren der Yin-Energie, die Hingabe an das Weibliche erfreut die Geistwesen, die Ihnen dafür Erfolg, Kraft und Einsicht schenken. Wenn Himmel und Erde sich auf diese Weise gegenseitig befruchten, entstehen Welten. Wenn der Weise die Herzen der Menschen auf diese Weise berührt, entsteht Harmonie in der Welt. Sinnen Sie darüber nach, wo und auf welche Weise Dinge beeinflußt und berührt werden können. Das läßt Sie erkennen, was Himmel und Erde und die unzähligen Wesen im Innersten bewegt.

Linien der Wandlung
Sechs auf der untersten: Der von außen kommende Impuls stimuliert Ihre großen Fußzehen. Das regt Sie dazu an, loszumarschieren. Der Einfluß kommt von weit her und fängt gerade erst an, sich auszuwirken. Suchen Sie Ihr Ziel im Äußeren. *Richtung:* Dies bringt Umwälzung und Erneuerung mit sich. Ändern Sie Ihre Art der Selbstdarstellung. Sie sind mit einer kreativen Kraft verbunden.

Sechs auf der zweiten: Der Impuls stimuliert Ihre Unterschenkel. Auch wenn es Sie drängt, Ihren Standort zu wechseln, sollten Sie bleiben, wo Sie sind. Das verspricht Heil und gutes Gelingen durch die Freisetzung transformierender Energien. Wenn Sie losrennen, werden Sie in einen Graben stürzen. Sie würden sich von den geistigen Helfern abschneiden und ohne Schutz und Führung zurückbleiben. Halten Sie sich zurück, und Sie werden keinen Schaden erleiden. *Richtung:* Scheuen Sie sich nicht, allein zu handeln. Sie sind mit einer kreativen Kraft verbunden.

Neun auf der dritten: Der Impuls stimuliert Ihre Oberschenkel. Lassen Sie ihn nicht mit Ihnen durchgehen, sondern zügeln Sie Ihr Verlangen, ihm zu folgen. Wenn Sie diesem Impuls nachgeben, kommen Sie vom Weg ab. Dies ist nichts Dauerhaftes. Bleiben Sie, wo Sie sind und versuchen Sie, Ihr Ziel in den Menschen zu finden, die Ihnen folgen. In dieser Zeit geht es darum, sich mit jenen zu verbinden, die unter Ihnen stehen. *Richtung:* Sammeln Sie Menschen um sich, um ein großes neues Projekt in Angriff zu nehmen. Gehen Sie Schritt für Schritt vor. Sammeln Sie Kraft für einen entscheidenden neuen Schritt.

Neun auf der vierten: Lassen Sie sich von diesem Impuls zum Handeln anregen. Versuchen Sie, Ihre Ideen umzusetzen. Das verspricht Heil und gutes Gelingen durch die Freisetzung transformierender Energien. All Ihre Befürchtungen und Schwierigkeiten werden sich auflösen. Vielleicht sind Sie unentschlossen, weil der Impuls mal stärker, mal schwächer ist. Denken Sie einfach ganz intensiv darüber nach, und die Hilfe, die Sie benötigen, wird auf Sie zukommen. Noch befinden Sie sich nicht auf einem Weg, der Ihnen schaden könnte, aber Sie sind sich auch noch nicht ganz über Ihr eigentliches Ziel im klaren. *Richtung:* Betrachten Sie die Situation mit neuen Augen. Sammeln Sie Kraft für einen entscheidenden neuen Schritt.

Neun auf der fünften: Der Impuls stimuliert die Muskeln entlang der Wirbelsäule, die Nackenmuskeln und die Schultern. Dies ist eine sehr tiefe Verbindung. Sie werden nichts zu bereuen haben. Im Augenblick nehmen Sie die ersten Anzeichen von etwas wahr, das sich im Laufe der Zeit manifestieren wird. *Richtung:* Seien Sie anfangs sehr vorsichtig. Scheuen Sie sich nicht, allein zu handeln. Sie sind mit einer kreativen Kraft verbunden.

Sechs auf der obersten: Der Impuls stimuliert Ihre Kiefer, Ihre Wangen und Ihre Zunge. Ihr Mund bringt einen Wortschwall hervor, der anregend auf andere wirkt. Doch das wird nicht lange vorhalten. *Richtung:* Ziehen Sie sich zurück. Dadurch verbinden Sie sich mit einer kreativen Kraft.

32 Die Beharrlichkeit / Die Beständigkeit
HENG

  Schlüsselworte: Bleiben Sie beharrlich auf Ihrem Weg. Halten Sie an Ihren Plänen fest.

In dieser Situation geht es um Beständigkeit und Dauerhaftigkeit. Die richtige Art und Weise, damit umzugehen, besteht darin, beharrlich auf dem eingeschlagenen Weg zu bleiben. Bemühen Sie sich um Regelmäßigkeit, Kontinuität, Stabilität. Halten Sie beharrlich an Ihrem normalen Lebensstil und an Ihrem Gefühl für das, was richtig ist, fest. Das erfreut die Geistwesen, die Ihnen dafür Erfolg und Durchsetzungskraft schenken und Sie befähigen, die Situation zu einem guten Ende zu führen. Kein Makel! Versuchen Sie, Ihre Ideen umzusetzen. Geben Sie die Richtung an. Setzen Sie sich ein Ziel. Das bringt Einsicht und Gewinn.

Beharren, HENG: Auf dem gleichen Weg bleiben oder im gleichen Geiste fortfahren; konstant, stabil, regelmäßig; dauerhaft, stetig, andauernd, permanent; sich selbst erneuernd; gewöhnlich, gewohnheitsmäßig; sich in alle Richtungen ausdehnen, universal; der fast volle Mond. Das Ideogramm stellt ein Boot zwischen zwei Ufern und ein Herz dar. Es fordert dazu auf, auf der Lebensreise beständig zu bleiben.

Das Hexagramm zeigt aufsteigende Energie, die mit innerer Kontinuität verbunden ist. Donner und Wind. Dies ist eine Zeit für entschlossenes Handeln. Es ist der Weg der Eheleute. Hier geht es um Dinge, die den Wandel der Zeiten überdauern. Beharrlichkeit festigt die Kraft, das Tao im Handeln zu verwirklichen, und gibt ihr etwas Beständiges.

Sie vermischt Dinge, aber sie unterdrückt sie nicht. Sie konzentriert sich auf den Weg und auf die allem innewohnenden Kräfte. Es ist nicht angebracht, flexibel und anpassungsfähig zu sein. Legen Sie dauerhafte Prinzipien und Grenzen fest. Beharrlichkeit überdauert den Wandel der Zeiten. Das Starke und Feste ist oben, das Flexible und Schwache unten. Donner und Wind verbinden sich, um die Dinge einerseits zu erden und andererseits zu neuem Wachstum anzuregen. Das Starke und das Schwache sind in vollkommener Harmonie. Der Versuch, die eigenen Ideen zu verwirklichen, verspricht Einsicht und Gewinn. Bleiben Sie auf Ihrem Weg. Die Wege des Himmels und der Erde überdauern die Zeiten ohne Ende. Es ist von Vorteil, die Richtung zu bestimmen und ein Ziel zu haben. Wenn Sie etwas abschließen, sollten Sie dieses Ende zum Anfang von etwas Neuem werden lassen. Die Sonne und der Mond haben den Himmel und deshalb hört ihr Licht nicht auf zu scheinen. Die vier Jahreszeiten bewirken Wandel und Transformation und machen so dauerhafte Ergebnisse möglich. Der Weise bleibt beharrlich auf dem Weg und hilft so den Menschen, sich zu verändern und zu vervollkommnen. Denken Sie darüber nach, wo Sie beständig sind. Das hilft Ihnen, den tieferen Lebenssinn der unzähligen Wesen zu erkennen.

Linien der Wandlung
Sechs auf der untersten Position: Vertiefen der Beharrlichkeit. Sie gehen zu schnell zu tief. Das schneidet Sie von den geistigen Helfern ab und macht Sie angreifbar. Versuchen Sie nicht, den Lauf der Dinge zu beeinflussen. Es gibt im Augenblick nichts, was Sie tun könnten, um etwas Vorteilhaftes zu erreichen. *Richtung:* Lassen Sie die Angelegenheit wachsen und reifen. Die Kraft ist da. Bleiben Sie entschlossen. Sie sind mit einer kreativen Kraft verbunden.

Neun auf der zweiten: Handeln Sie! All Ihre Sorgen werden sich in Luft auflösen. Diese Sache führt zu dauerhaftem Erfolg. Bleiben Sie in Ihrer Mitte. *Richtung:* Gehen Sie anfangs sehr vorsichtig vor. Scheuen Sie sich nicht, allein zu handeln. Sie sind mit einer kreativen Kraft verbunden.

Neun auf der dritten: Ihre Kraft, das Tao zu verwirklichen, ist nicht beständig. Wenn Sie Geschenke oder Befehle entgegennehmen, werden Sie nur beschämt werden. Der Versuch, Ihre Pläne umzusetzen, bringt die Schande und das Bedauern mit sich, vom Weg abgekommen zu sein. Im Augenblick gibt es nichts, was Ihnen hier weiterhelfen kann. *Richtung:* Setzen Sie gebundene Energien frei. Befreien Sie sich von diesem Problem. Die Situation verändert sich bereits.

Neun auf der vierten: In diesen Jagdgründen gibt es kein Wild. Harren Sie unter keinen Umständen in dieser Situation aus! Ziehen Sie sich still daraus zurück und holen Sie sich, was Sie brauchen. *Richtung:* Machen Sie sich die Mühe. Wenn Sie sich führen lassen, können Sie Ihr verborgenes Potential entdecken. Die Situation verändert sich bereits.

Sechs auf der fünften: Sie müssen entscheiden, ob Sie diesen Weg weiterverfolgen wollen. Wenn Sie sich wie eine Ehefrau verhalten oder in der weiblichen Rolle bleiben wollen, verspricht Beharrlichkeit gutes Gelingen durch die Freisetzung transformierender Energien. Entscheiden Sie sich jedoch dafür, wie ein Ehemann oder Sohn zu handeln, also in die männliche Rolle zu schlüpfen, schneiden Sie sich durch das Weiterverfolgen dieses Weges von den geistigen Helfern ab und sind ohne Schutz und Führung. Sie müssen wählen. Wenn Sie sich für den weiblichen Weg entscheiden, sollten Sie bei dieser Sache bleiben und sie beharrlich bis zum Ende verfolgen. Wählen Sie aber die Rolle des Mannes oder Sohnes, müssen Sie sich aus dieser Situation lösen, um Ihre Integrität zu wahren. In diesem Fall würde Beharrlichkeit Ihnen schaden. *Richtung:* Dies ist eine Zeit des

Übergangs. Scheuen Sie sich nicht, allein zu handeln. Sie sind mit einer kreativen Kraft verbunden.

Sechs auf der obersten: Zu viel Aufregung und Agitation. Wenn Sie so weitermachen, schneiden Sie sich von den geistigen Helfern ab und sind ohne Schutz und Führung. Wenn ein Befehlshaber so handelt, kann nichts erreicht werden. *Richtung:* Finden Sie ein inneres Bild für das, was Ihnen Probleme bereitet, und lassen Sie es im Schmelztiegel Ihrer Imagination köcheln. Tun Sie dies unbedingt, es verbindet Sie mit einer kreativen Kraft.

33 Der Rückzug
TUN

Schlüsselworte: Ziehen Sie sich zurück, verbergen Sie sich, halten Sie sich im Hintergrund, seien Sie mit sich selbst glücklich und zufrieden.

In dieser Situation werden Sie mit Energien konfrontiert, die einen Rückzug Ihrerseits erfordern. Ziehen Sie sich aus der Angelegenheit heraus und halten Sie sich im Hintergrund, bis wieder bessere Zeiten kommen. Das erfreut die Geistwesen, die Ihnen dafür Kraft schenken und Sie befähigen, die Situation zu einem guten Ende zu führen. Prüfen Sie, ob Ihre Ideen umsetzbar sind. Das bringt Einsicht und Gewinn. Drängen Sie sich der Welt nicht auf. Bleiben Sie bescheiden im Hintergrund. Passen Sie sich an alles an, was Ihren Weg kreuzt.

Zurückziehen, TUN: Einen Rückzieher machen, weglaufen, fliehen, flüchten, sich verbergen; verschwinden, sich ins Dunkel zurückziehen, unsichtbar werden; abgeschlossen, unsozial; jemanden »austricksen« oder übertölpeln.

Das Ideogramm stellt ein Schwein (das Symbol für Glück und Wohlstand) dar und enthält das Zeichen für »weglaufen«. Es weist auf Befriedigung, Glück und Wohlstand durch Rückzug hin.

Das Hexagramm zeigt eine innere Begrenzung, die sich mit den höheren geistigen Energien verbindet. Der Berg unter dem Himmel. Ziehen Sie sich zurück und verbinden Sie sich mit den himmlischen Kräften. Sie können nicht bleiben, wo Sie sind. Wenden Sie sich ab, lassen Sie sich auf nichts ein, weisen Sie Verbindungen zurück. Halten Sie Menschen, die eifrig auf ihren Vorteil bedacht sind, auf Abstand. Tun Sie dies nicht im Zorn, sondern durch Respekt gebietende Strenge. Der Rückzug erfreut die geistigen Helfer. Er geschieht aus innerer Stärke heraus, ist angemessen und steht im Einklang mit den Erfordernissen der Zeit. Prüfen Sie die Umsetzbarkeit Ihrer Ideen. Das bringt Einsicht und Gewinn. Halten Sie sich bescheiden im Hintergrund, seien Sie anpassungsfähig und flexibel. Tauchen Sie in die Situation ein und bereiten Sie sich auf bessere Zeiten vor. Sich zum rechten Zeitpunkt zurückzuziehen ist das Beste, was man tun kann!

Linien der Wandlung
Sechs auf der untersten Position: Das Ende des Rückzugs. Sie werden geschnappt und festgehalten. Schwierigkeiten! Sie begegnen einem zornigen alten Geist, der zurückkehrt, um sich für frühere Mißachtung zu rächen. Es hat keinen Zweck, die Dinge in eine bestimmte Richtung zu lenken oder ein Ziel anzusteuern. Bleiben Sie, wo Sie sind, und vermeiden Sie Zusammenstöße. *Richtung:* Suchen Sie sich eine unterstützende Gruppe und bleiben Sie in ihrer Mitte. Sie sind mit einer kreativen Kraft verbunden.

Sechs auf der zweiten: Halten Sie hartnäckig an diesem Plan fest. Lassen Sie sich durch nichts und niemanden davon abbringen. Fassen Sie einen festen Entschluß, und bewegen Sie sich damit aus dem Gefahrenbereich. *Richtung:* Sie sind mit einer kreativen Kraft verbunden.

Neun auf der dritten: Sie sind durch Ihre Verbindungen mit anderen beeinträchtigt und gefährdet. Ein zorniger alter Geist ist zurückgekehrt, um sich für frühere Mißachtung zu rächen. Diese Situation können Sie nicht direkt beeinflussen. Suchen Sie sich Helfer, die Sie in der Kommunikation mit Autoritäten und bei der Durchführung Ihrer Pläne unterstützen, und Helferinnen, welche Ihre Feinde ablenken und eine angenehme Atmosphäre kreieren. Dies ist eine anstrengende und äußerst mühsame Zeit. Sie werden im Moment nichts Großes erreichen. *Richtung:* Die Kommunikation ist blockiert. Gehen Sie Schritt für Schritt vor. Sammeln Sie Kraft für einen entscheidenden neuen Schritt.

Neun auf der vierten: Ein angenehmer Rückzug, der mit Vergnügen, Zuneigung, Schönheit und harmonischer Ordnung einhergeht. Das verspricht Heil und gutes Gelingen durch die Freisetzung transformierender Energien. Konsultieren Sie das Orakel wiederholt, um in Verbindung mit dem Tao zu bleiben. Passen Sie sich nicht an. Sprechen Sie nicht mit unwichtigen Menschen. Das würde den Fluß der Dinge im Augenblick nur blockieren. *Richtung:* Gehen Sie Schritt für Schritt vor. Sammeln Sie Kraft für einen entscheidenden neuen Schritt.

Neun auf der fünften: Ausgezeichneter Rückzug, der von Intelligenz, Freude und Glück bestimmt ist. Dies ist eine sehr bedeutsame Weissagung. Versuchen Sie, Ihre Ideen umzusetzen. Das verspricht Heil und gutes Gelingen durch die Freisetzung transformierender Energien. Ihr Ziel ist im Einklang mit dem Zeitgeist. *Richtung:* Setzen Sie die Suche allein fort. Fürchten Sie sich nicht davor, allein zu stehen. Dies ist eine Zeit des Übergangs. Sie sind mit einer kreativen Kraft verbunden.

Neun auf der obersten: Fruchtbarer Rückzug. Dies wird sich letztendlich positiv auf alle und alles auswirken. Es leitet eine Zeit des Überflusses ein. Der Rückzug wird von Reichtum, Fruchtbarkeit und Überfluß bestimmt. Zweifeln Sie nicht. *Richtung:* Hier ist ein bedeutsamer Einfluß am Werk, der Sie mit einer kreativen Kraft in Kontakt bringt.

34 Große Kraft / Des Großen Macht
TA CHUANG

Schlüsselworte: Es ist von Vorteil, ein festes Ziel zu haben. Konzentrieren Sie Ihre Kräfte und gehen Sie vorwärts.

Diese Situation wird von großer Kraft und vorwärtstreibender Energie bestimmt. Der Schlüssel zu angemessenem Handeln liegt hier in der Fähigkeit, die eigene Kraft durch die Konzentration auf ein kreatives Ziel zu bündeln. Der Versuch, die eigenen Ideen umzusetzen, bringt Einsicht und Gewinn. Sie sollten sich allerdings davor hüten, andere durch übermäßige Kraftakte zu verletzen.

Groß, TA: Großartig, edel, bedeutend; fähig, andere zu beschützen; den eigenen Willen auf ein selbstgesetztes Ziel ausrichten; die Fähigkeit, das eigene Leben zu steuern; Yang-Energie.

Kräftigen, CHUANG: Inspirieren, animieren, kräftigen; stark, blühend, vital; reif, auf dem Höhepunkt des Lebens (25 bis 40 Jahre alt); *auch:* verletzen, verwunden, ungebremster Kräfteeinsatz. Das Ideogramm stellt einen robusten Mann dar, der gedrungen und kräftig wie ein Baum dasteht.

Das Hexagramm steht für innere Kraft, die sich direkt und zielgerichtet ausdrückt. Donner bildet im Himmel die Bedingung für große Kraft. Dies ist eine Zeit für entschlossenes Handeln. Kommen Sie aus Ihrer Zurückgezogenheit heraus. Es ist wichtig, daß Sie sich auf Ihre Kraft verlassen können, denn Sie müssen die Dinge eigenständig beurteilen und allein weitergehen. Eine große Idee ist mit Kraft und Macht verbunden. Etwas Festes und Starkes bringt die Dinge in Bewegung. Dies ist die Quelle Ihrer Kraft. Wenn Sie versuchen, Ihre Ideen umzusetzen, werden Sie Einsichten gewinnen und profitieren. Vermeiden Sie Einseitigkeit bei sich selbst und weisen Sie auch andere auf diesen Fehler hin. Wenn Sie eine bedeutende Idee haben und auf dem Weg zu Ihrem Ziel beständig an sich arbeiten, können Sie das Zentrum von Himmel und Erde erblicken.

Linien der Wandlung
Neun auf der untersten Position: Belebende Kraft in Ihren Füßen. Halten Sie sich noch zurück und sammeln Sie Kraft. Die Dinge beginnen sich erst zu entwickeln. Dies ist nicht der richtige Zeitpunkt, um sich auf eine Expedition zu begeben oder andere zu disziplinieren. Das würde Sie von den geistigen Helfern abschneiden und ohne Schutz und Führung zurücklassen. Handeln Sie vertrauensvoll, denn Sie sind mit geistigen Kräften verbunden, die Sie führen werden. Wenn Sie übereilt handeln, besteht die Gefahr, daß Sie sich verausgaben. *Richtung:* Gehen Sie auf diesem Weg weiter. Handeln Sie mit Entschlossenheit. Sie sind mit einer kreativen Kraft verbunden.

Neun auf der zweiten: Versuchen Sie, Ihren Plan umzusetzen. Das verspricht Heil und gutes Gelingen durch die Freisetzung transformierender Energien. Bleiben Sie in Ihrer Mitte. *Richtung:* Eine Zeit des Überflusses beginnt. Scheuen Sie sich nicht, allein zu handeln. Sie sind mit einer kreativen Kraft verbunden.

Neun auf der dritten: In dieser Situation würden nur dumme Menschen versuchen, die Dinge voranzutreiben. Nutzen Sie das Orakel, um in Verbindung mit dem Tao zu bleiben. Lassen Sie die Waffen im Schrank. Machen Sie sich innerlich leer, seien Sie wie die leeren Zwischenräume eines Netzes. Sie begegnen einem zornigen alten Geist, der zurückgekehrt ist, um sich für frühere Mißachtung zu rächen. Wenn Sie vorwärtsdrängen wie ein Ziegenbock, der versucht, mit gesenktem Kopf durch eine Hecke zu stoßen, verheddern Sie sich nur mit den Hörnern und verlieren Ihre Kraft. Benutzen Sie ein Netz, keine Keule. *Richtung:* Wenn Sie sich führen lassen, können Sie Ihr verborgenes Potential entdecken. Die Dinge sind bereits in Bewegung.

Neun auf der vierten: Versuchen Sie, Ihren Plan umzusetzen. Das verspricht Heil und gutes Gelingen durch die Freisetzung transformierender Energien. All Ihre Sorgen und Bedenken werden sich in Luft auflösen. Das Hindernis, das Sie blockierte, wird durchbrochen. Nutzen Sie Ihre vitale Kraft, um vorwärtszukommen wie die Achsen eines großen Karrens. Bringen Sie die Dinge zusammen und treiben Sie sie voran. *Richtung:* Eine großartige, fruchtbare Zeit bricht an. Wenn Sie sich führen lassen, können Sie Ihr verborgenes Potential entdecken. Die Situation verändert sich bereits.

Sechs auf der fünften: Sie haben Ihre Ziegen und Schafe verloren. Ihr Eigentum und Ihre Pläne lösen sich in Luft auf. Seien Sie flexibel. Passen Sie sich an die plötzlichen Veränderungen an. Sie werden es nicht zu bereuen haben. Ihre gegenwärtige Situation ist unangemessen. *Richtung:* Seien Sie resolut. Sie sind mit einer kreativen Kraft verbunden.

Sechs auf der obersten: Ein Ziegenbock versucht mit gesenktem Kopf durch die Hecke zu stoßen. Er kommt nicht hindurch, kann sich aber auch nicht mehr zurückziehen. Sie sind in dieser Situation gefangen. Es hat überhaupt keinen Zweck, ein Ziel anzusteuern oder zu versuchen, die Dinge in eine bestimmte Richtung zu lenken. Sie werden sich eine Zeitlang plagen müssen. Doch diese Mühe wird belohnt durch die Freisetzung transformierender Energien. Mangelnde Vorausschau und Umsicht hat Sie in diese Situation gebracht, doch dieser Fehler wird sich nur kurzfristig auswirken. *Richtung:* Ihre harte Arbeit kann eine großartige neue Phase einleiten. Seien Sie entschlossen. Sie sind mit einer kreativen Kraft verbunden.

35 Das Gedeihen / Der Fortschritt
CHIN

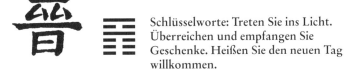

Schlüsselworte: Treten Sie ins Licht. Überreichen und empfangen Sie Geschenke. Heißen Sie den neuen Tag willkommen.

Diese Situation wird von Energien bestimmt, die Sie langsam, aber sicher ins helle Sonnenlicht führen werden. Der Schlüssel zu angemessenem Handeln liegt hier in der Bereitschaft zu geben. Geben Sie mit vollen Händen, damit die Dinge sich entwickeln und aufblühen können. Ruhen Sie in Ihrer Kraft und inneren Ausgeglichenheit. Erfreuen Sie sich an den Dingen, genießen Sie. Geben Sie Kraft und geistige Geschenke an andere weiter, um die mit Ihnen verbundenen Menschen zu unterstützen. Die Höheren Mächte werden Sie an einem einzigen Tag dreimal empfangen.

Gedeihen, CHIN: Wachsen und aufblühen wie junge Pflanzen in der Sonne; vorwärtskommen, zunehmen, fortschreiten; unterstützt und gefördert werden, aufsteigen; durchdringen, prägen. Das Ideogramm stellt fliegende Vögel im Licht der aufgehenden Sonne dar.

Das Hexagramm symbolisiert aus dem dunklen Schoß der Erde aufsteigendes Licht. Helligkeit breitet sich über der Erde aus. Die Zeit ist reif, um die Dinge in einem neuem Licht zu sehen. Vitale Energie hat Sie vorwärts gebracht. Das ist mit Fortschritt, Einsatzfreude und der Kraft, die Entwicklung der Dinge voranzutreiben, verbunden. Sie treten ins Licht. Nutzen Sie diese neue Lichtquelle, um Ihre eigene Fähigkeit, das Tao zu verwirklichen, zu beleuchten. »Das Gedeihen« ist eine Zeit, um voranzuschreiten. Seien Sie empfänglich und schließen Sie sich mit anderen zusammen, um Ihre großartige Idee zum Leuchten zu bringen. Das Flexible und Anpassungsfähige bildet die Bedingung für den Fortschritt und bringt Sie nach oben. Ruhen Sie in Ihrer eigenen Kraft und Ausgeglichenheit und geben Sie diese an andere weiter. Die Höheren Mächte werden Sie an einem Tag dreimal empfangen.

Linien der Wandlung
Sechs auf der untersten Position: Damit die Dinge gedeihen können, sollten Sie sich zunächst zurückhalten. Prüfen Sie, ob Ihre Ideen umsetzbar sind. Das verspricht Heil und gutes Gelingen durch die Freisetzung transformierender Energien. Doch es ist wichtig, daß Sie sich innerlich leer machen, bevor Sie handeln. Benutzen Sie ein Netz anstelle einer Waffe. Sie können vertrauensvoll handeln, denn Sie sind mit geistigen Helfern verbunden, die Sie führen werden. Es ist kein Fehler, großzügig zu sein. Handeln Sie unabhängig, um die Situation in Ordnung zu bringen. Sie haben Ihren Auftrag vom Schicksal noch nicht erhalten. *Richtung:* Beißen Sie sich durch das Hindernis hindurch. Überdenken Sie die Situation und betrachten Sie sie mit neuen Augen. Sammeln Sie Ihre Kräfte für einen entscheidenden neuen Schritt.

Sechs auf der zweiten: Damit die Dinge gedeihen können, müssen Sie die Trauer und die Angst, die diese Situation mit sich bringt, annehmen. Prüfen Sie, ob Ihre Ideen realisierbar sind. Das verspricht Heil und gutes Gelingen durch die Freisetzung transformierender Energien. Dies ist eine einengende Situation, die aber gleichzeitig großen Segen durch die Königin und die Mütter mit sich bringt. Konzentrieren Sie sich hauptsächlich darauf, durch einseitiges Verhalten entstandene Fehlentwicklungen zu korrigieren. *Richtung:* Sammeln Sie Kraft für einen entscheidenden neuen Schritt.

Sechs auf der dritten: Viele Menschen setzen Vertrauen in Ihre Person. Sie werden nichts zu bereuen haben. Die Menschen bestärken Sie in Ihrem Entschluß. Bewegen Sie sich aufwärts. *Richtung:* Verlassen Sie die gegenwärtige Situation. Scheuen Sie sich nicht, allein zu handeln. Sie sind mit einer kreativen Kraft verbunden.

Neun auf der vierten: Viele kleine Nager mit buschigen Schwänzen tauchen auf, scheue, hinterhältige Tierchen, welche die ganzen Vorräte auffressen. Das weist auf die Gegenwart eines zornigen alten Geistes hin, der zurückgekehrt ist, um sich für frühere Mißachtung zu rächen. Versuchen Sie erst gar nicht, diesen Plan zu realisieren. Die Situation ist nicht angemessen. *Richtung:* Lösen Sie sich von diesen alten Vorstellungen und öffnen Sie sich für neue. Übernehmen Sie nicht die Führung. Sorgen Sie für alles Notwendige.

Sechs auf der fünften: Handeln Sie! Sie werden nichts zu bereuen haben. Sorgen Sie sich nicht um Gewinn oder Verlust. Sorgen Sie sich überhaupt nicht. Das verspricht Heil und gutes Gelingen durch die Freisetzung transformierender Energien und wird sich letztendlich positiv auf alles und alle auswirken. Dies kann eine Zeit des Überflusses einleiten. Weitermachen wird belohnt! *Richtung:* Seien Sie vorsichtig in der Wahl Ihrer privaten und geschäftlichen Kontakte. Sammeln Sie Kraft für einen entscheidenden neuen Schritt.

Neun auf der obersten: Setzen Sie Ihre Kraft vorsichtig ein. Kümmern Sie sich zunächst um Ihre eigenen Probleme. Die Konfrontation mit Ihren eigenen Dämonen, jenen zornigen Geistern, die zurückkehren, um sich für frühere Mißachtung zu rächen, verspricht Heil und gutes Gelingen durch die Freisetzung transformierender Energien. Das ist kein Fehler. Wenn Sie versuchen, Ihre Ideen jetzt zu verwirklichen, kommen Sie nur vom richtigen Weg ab. Ihr Weg ist noch nicht klar. *Richtung:* Bereiten Sie sich auf den Aufruf zum Handeln vor. Überdenken Sie die Situation und betrachten Sie sie mit neuen Augen. Sammeln Sie Kraft für einen entscheidenden neuen Schritt.

36 Die Verfinsterung des Lichts
MING YI

Schlüsselworte: Stellen Sie Ihr Licht unter den Scheffel. Akzeptieren Sie die schwierige Situation.

In dieser Situation müssen Sie sich ins Dunkel zurückziehen, um sich zu schützen oder eine schwierige neue Aufgabe in Angriff zu nehmen. Der Schlüssel zu angemessenem Handeln liegt hier in der Bereitschaft, das eigene Licht unter den Scheffel zu stellen. Verbergen Sie Ihre Intelligenz, indem Sie sich freiwillig zurücknehmen, wie die Sonne sich abends zurückzieht. Die Situation birgt eine reale Gefahr. Indem Sie Ihre Gefühle und Ziele verbergen und sich eine Zeitlang ins Dunkel zurückziehen, können Sie sich davor schützen, verletzt zu werden. Diese Situation bietet Ihnen aber auch die Chance, sich von Ihren Problemen zu befreien und etwas Neues zu beginnen. Prüfen Sie, ob Ihre Ideen realisierbar sind, indem Sie Mühen und Schwierigkeiten nicht ausweichen. Das bringt Einsicht und Gewinn.

Licht, MING: Die Helligkeit des Feuers, der Sonne, des Mondes und der Sterne; Bewußtheit, Achtsamkeit, menschliche Intelligenz, Erkenntnis; erhellen, beleuchten, klar unterscheiden; leuchtend, klar, offensichtlich; *auch:* ein strahlender Vogel, der Goldfasan. Das Ideogramm stellt Sonne und Mond dar.

Verfinstern, verbergen, YI: Im Verborgenen halten; entfernt, weit weg; tilgen, schleifen, einebnen; gewöhnlich, einfach, farblos; zerschneiden, verwunden, zerstören, auslöschen; Barbaren, Fremde, vulgäre, primitive Menschen. Das Ideogramm stellt einen bedrohlichen, mit Pfeil und Bogen bewaffneten Mann dar.

Das Hexagramm weist auf ein inneres Licht hin, das sich hinter ganz gewöhnlicher Arbeit verbirgt. Die Intelligenz (Licht) ist im Dunklen (Erde) versteckt. Die Befreiung von Ihren Problemen kündigt sich bereits an, akzeptieren Sie also, was auf Sie zukommt. Vorwärtsschreiten schließt immer die Möglichkeit der Verletzung mit ein. Sie werden geächtet und ausgeschlossen. Beobachten Sie sorgfältig die Wünsche, die Sie mit anderen verbinden, damit Sie bewußt entscheiden können, wann Sie sie zeigen und wann es besser ist, sie zurücknehmen. Beleuchten Sie Ihre innere Welt, während Sie sich den Anschein geben, als akzeptierten Sie die äußere Dunkelheit. Nutzen Sie die alles verdeckende Finsternis und die vor Ihnen liegenden Schwierigkeiten, um sich über höhere Ideale klar zu werden. Machen Sie es wie der König Wen, der mit dem I Ging arbeitete, als er von einem Tyrannen eingekerkert wurde. Akzeptieren Sie Mühen und Schwierigkeiten. Das bringt Einsicht und Gewinn. Stellen Sie Ihr Licht unter den Scheffel, nehmen Sie die innere Schwere an und lassen Sie sich von ihr den richtigen Weg weisen. Lassen Sie sich von Prinz Chi inspirieren, der auch in schwierigen Zeiten zwischen Richtig und

Falsch unterscheiden konnte und so zum Vorbild für andere wurde.

Linien der Wandlung

Neun auf der untersten Position: Sie verbergen Ihr Licht, indem Sie fliegen. Trotz hängender Flügel sollten Sie Ihren Flug fortsetzen. Nutzen Sie das Orakel, um in Kontakt mit dem Tao zu bleiben. Machen Sie drei Tage weiter, ohne irgend etwas in sich aufzunehmen. Geben Sie die Richtung vor. Es ist gut, ein Ziel zu haben. Werden Sie zum Meister über Ihre Worte, um andere von Ihrer Autorität zu überzeugen. *Richtung:* Bleiben Sie bescheiden und verlieren Sie nicht den Kontakt zu den grundlegenden Tatsachen. Sie können sich von diesem Problem befreien. Die Situation verändert sich bereits.

Sechs auf der zweiten: Wenn Sie Ihr Licht verbergen, werden Sie am linken Oberschenkel verletzt. Das ist eine schwere, aber nicht tödliche Verletzung. Lassen Sie sich davon nicht aufhalten. Retten Sie sich selbst. Nutzen Sie die Kraft eines Pferdes, um schnell davonzureiten. Das verspricht Heil und gutes Gelingen durch die Freisetzung transformierender Energien. Bleiben Sie anpassungsfähig und bewegen Sie sich mit dem Fluß der Ereignisse. *Richtung:* Eine fruchtbare Zeit bricht an. Wenn Sie sich führen lassen, können Sie Ihr verborgenes Potential entdecken. Die Situation verändert sich bereits.

Neun auf der dritten: Verbergen Sie Ihr Licht im südlichen Jagdrevier. Inmitten der größten Schwierigkeiten schnappen Sie den großen Anführer und erbeuten seinen Kopf. Der Versuch, Ihre Ideen umzusetzten, befreit Sie von Konflikten, Chaos und Haß. *Richtung:* Etwas Bedeutsames kehrt in Ihr Leben zurück. Seien Sie offen dafür. Sorgen Sie für alles Notwendige.

Sechs auf der vierten: Sie dringen durch die linke Körperhälfte zum Herzen der Verfinsterung vor. Verlassen Sie diesen Ort, diese Familie, diesen Weg. Ihnen ist klar geworden, worum es geht, also muß es Ihnen nicht leid tun. *Richtung:* Dies leitet eine fruchtbare Zeit ein. Scheuen Sie sich nicht, allein zu handeln. Sie sind mit einer kreativen Kraft verbunden.

Sechs auf der fünften: Verbergen Sie Ihr Licht wie Prinz Chi. Er hielt seine Stellung in einer schwierigen Zeit, ohne seine Integrität zu verlieren. Lassen Sie nicht nach in Ihrem Bemühen, die Dinge zu klären. Prüfen Sie, ob Ihre Ideen realisierbar sind. Das bringt Einsicht und Gewinn. *Richtung:* Die Situation verändert sich bereits.

Neun auf der obersten: Diese Idee ist nicht dazu angetan, die Situation zu erhellen, sie verdunkelt die Dinge. Sie steigt zunächst wie ein Feuerwerk gen Himmel, doch dann stürzt sie ab. Zuerst läßt sie die Städte in hellem Licht erstrahlen, doch dann ist alles verloren. Das ist die Haltung des unterdrückenden Tyrannen. Geben Sie dieses Vorhaben auf. *Richtung:* Die Situation ist abträglich. Befreien Sie sich von diesem Wunsch. Die Dinge verändern sich bereits.

37 Die Familie / Die Sippe
CHIA JEN

Schlüsselworte: Halten Sie die Dinge zusammen. Gehen Sie nicht nach außen. Passen Sie sich an, seien Sie beständig, nähren Sie die Dinge.

In dieser Situation geht es darum, mit anderen zusammenzuleben und zu arbeiten. Der Schlüssel zu angemessenem Handeln liegt hier in der Bereitschaft, die Beziehungen zu den Menschen zu pflegen, die Ihr Heim und Ihre Aktivitäten teilen. Kümmern Sie sich sorgfältig um das Heim und alles, was sich darin befindet. Das Weibliche, das Flexible und Nährende bringt Einsicht und Gewinn. Verbinden Sie sich mit der Yin-Energie.

Wohnen, CHI: Heim, Haus, Haushalt, Familie, Beziehungen, der Clan; ein Geschäftszweig, eine Denkrichtung; Meister eines Faches oder einer Kunst; etwas mit anderen gemeinsam haben. Das Ideogramm stellt ein Dach über einem Schwein oder einem Hund (den beliebtesten Haustieren der Chinesen) dar.

Leute, JEN: Menschen; ein Individuum, die Menschheit. Das Ideogramm stellt eine Person dar, die sich zum Gebet oder in einer Demutshaltung niederkniet.

Das Hexagramm symbolisiert Wärme und Klarheit im häuslichen Bereich. Wind steigt aus dem Feuer auf und bildet die Basis für das familiäre Zusammenleben. Sammeln Sie Kraft für einen entscheidenden neuen Schritt. Wenn Sie in der Außenwelt verletzt werden, suchen Sie ganz unwillkürlich den Schutzraum Ihres Heims auf. Dieses Hexagramm steht für den inneren Bereich. Seien Sie verbindlich in Ihren Worten und beständig in Ihren Handlungen. Die Yin-Energie der Frau kann die innere Situation ordnen, die Yang-Energie des Mannes kann die äußere Situation ordnen. Zusammen spiegeln sie die großartige Harmonie zwischen Himmel und Erde. Der Haushalt braucht ein starkes Familienoberhaupt. Die Rollen von Vater und Mutter sollten klar definiert sein. Der Vater sollte wirklich Vater sein, der Sohn wirklich Sohn. Der Ältere sollte die ihm gebührende Stellung innehaben, der Jüngere die ihm angemessene. Der Ehemann sollte die Rolle des Mannes übernehmen, die Ehefrau wirklich die Frau sein. Dies ist die korrekte Rollenverteilung innerhalb des Heims. Wenn man der Familie die rechte Ordnung gibt, werden auch alle anderen Beziehungen die rechte Ordnung finden.

Linien der Wandlung

Neun auf der untersten Position: Zäune, Gatter und Tore grenzen einen Wohnsitz von der Außenwelt ab. Es ist von Vorteil, zur Zeit innerhalb dieses umschlossenen Raumes zu bleiben. Sie werden nichts zu bereuen haben. Ihr Ziel hat sich noch nicht gewandelt. *Richtung:* Gehen Sie Schritt für Schritt vor.

Sechs auf der zweiten: Wenn Sie kein festes Ziel haben und nicht versuchen, die Dinge in eine bestimmte Richtung zu lenken, sind Sie frei und können auf die Erfordernisse des Augenblicks reagieren. Bleiben Sie im inneren Zentrum. Bereiten Sie die Mahlzeiten und Opfergaben vor. Das verspricht Heil und gutes Gelingen durch die Freisetzung transformierender Energien. Bewegen Sie sich mit dem Fluß der Dinge. Dringen Sie zum Kern der Situation vor, um Ihren Wünschen eine Basis zu geben. *Richtung:* Sammeln Sie kleine Dinge an, um etwas Großes zu erreichen. Wandeln Sie potentielle Konflikte in kreative Spannung um. Die Situation verändert sich bereits.

Neun auf der dritten: Tadeln Sie die Menschen in Ihrem Heim unnachsichtig. Dies ist eine schwierige Zeit. Ein zorniger alter Geist ist zurückgekehrt, um sich für frühere Mißachtung zu rächen. Es ist gut, sich mit diesem Geist zu konfrontieren und vergangene Fehler zu bereuen, weil dadurch transformierende Energien freigesetzt werden. Wenn die Frau und die Kinder darüber kichern und spotten, so führt das nur zu der demütigenden Erfahrung, vom Weg abgekommen zu sein. Wenn Sie aufhören, Ihre Forderungen ernsthaft und nachdrücklich zu vertreten, wird Ihr Heim einfach auseinanderfallen. *Richtung:* Verstärken Sie Ihre Bemühungen. Eine fruchtbare Zeit bricht an. Lösen Sie sich von alten Vorstellungen. Sorgen Sie für alles Notwendige.

Sechs auf der vierten: In diesem Heim herrscht Wohlstand. Sie sollten sich auf eine einzige, wesentliche Idee konzentrieren. Das verspricht Heil und gutes Gelingen durch die Freisetzung transformierender Energien. Passen Sie sich dem Fluß der Ereignisse an. *Richtung:* Eine großartige, fruchtbare Zeit bricht an. Handeln Sie. Sie sind mit einer kreativen Kraft verbunden.

Neun auf der fünften: Ein König stellt sich vor, ein Heim zu besitzen. Wie würde es sein? Wäre es ein Haus voller guter Geister, die sich um die vielen Bewohner kümmerten? Sorgen Sie sich nicht und lassen Sie Ihr Herz durch Ihre Taten sprechen. Das bringt Heil und gutes Gelingen durch die Freisetzung transformierender Energien. Verbinden Sie sich mit anderen in gegenseitiger Zuneigung. *Richtung:* Schmücken Sie das Haus mit schönen Dingen. Setzen Sie gebundene Energien frei. Das wird Sie von Ihren Sorgen befreien. Die Situation verändert sich bereits.

Neun auf der obersten: Setzen Sie Ihre Vorstellungen zuversichtlich in die Tat um. Sie sind mit geistigen Helfern verbunden, die Sie führen werden. Mit dieser Kraft werden Sie jeden beeindrucken. Wenn Sie Ihren Plan zu Ende führen, setzen Sie heilbringende, transformierende Energien frei. Sie haben die eindrucksvolle Macht der geistigen Helfer hinter sich. Sie können großes Ansehen erlangen, so daß die anderen Sie mit völlig neuen Augen betrachten. *Richtung:* Die Situation verändert sich bereits.

38 Der Widerspruch / Der Gegensatz K'UEI

Schlüsselworte: Wandeln Sie Konflikte durch Achtsamkeit in kreative Spannung um.

In der augenblicklichen Situation treten starke Widersprüche zutage. Die richtige Art und Weise damit umzugehen, besteht darin, potentielle Konflikte in dynamische, konstruktive Spannung umzuwandeln. Trennen und klären Sie die im Widerstreit liegenden Aspekte, bejahen und bestätigen Sie aber die grundlegende Einheit. Richten Sie Ihr Augenmerk jetzt auf kleine Dinge. Bleiben Sie in all Ihren Angelegenheiten flexibel und anpassungsfähig. Das verspricht Heil und gutes Gelingen durch die Freisetzung transformierender Energien. Seien Sie offen für ungewöhnliche Ereignisse, plötzliche Visionen und ungewöhnliche Perspektiven.

Widerstreiten, K'UEI: Opponieren, trennen, Distanz schaffen; verschieden, disharmonisch; antagonistisch, gegensätzlich, entgegengesetzt, sich gegenseitig ausschließend; kreative Spannung; an den entgegengesetzten Enden einer Achse befindlich, 180 Grad auseinanderliegend; astronomische oder polare Opposition; schielen; Dinge aus einer ungewöhnlichen Perspektive betrachten; seltsam, fremd.

Das Hexagramm weist auf einen Konflikt zwischen Ausdruck und Bewußtsein hin. Das Feuer steigt auf, der Nebel senkt sich herab. Die Situation trägt bereits die Lösung des Konflikts in sich. Wenn der gemeinsame Weg unfruchtbar geworden ist, muß man sich notgedrungen abwenden. Der Widerstreit weist auf Trennung hin. Es geht um das Fremde, Außergewöhnliche, Unbekannte. Sie müssen in der Lage sein, Dinge sowohl zu verbinden als auch zu trennen. Das Feuer bringt Dinge in Bewegung und steigt auf. Der Nebel bringt ebenfalls Dinge in Bewegung und senkt sich herab. Sie sind wie zwei Frauen, die beschließen zusammenzuleben, obwohl sie gegensätzliche Ziele verfolgen. Diese beiden Pole – der individuelle Ausdruck und das Gemeinsame – können durch Intelligenz und Bewußtheit miteinander in Einklang gebracht werden. Nutzen Sie Flexibilität und Anpassungsfähigkeit, um aufzusteigen. Dann können Sie bis zum Kern der Angelegenheit vordringen und sich mit dem Starken und Festen verbinden. Konzentrieren Sie sich jetzt zunächst auf die kleinen Dinge. Das verspricht Heil und gutes Gelingen durch die Freisetzung transformierender Energien. Himmel und Erde sind zwei entgegengesetzte Pole, aber sie ergänzen sich in ihrem Wirken. Mann und Frau sind zwei entgegengesetzte Pole, aber ihre Bestimmung ist die Zusammenarbeit. Die unzähligen Wesen sind völlig verschieden, aber sie sind alle mit den gleichen Dingen beschäftigt. Beobachten Sie, was Menschen trennt und was sie verbindet. Dies ist eine Zeit, um sich mit dem wahrhaft Großen zu verbinden.

Linien der Wandlung
Neun auf der untersten Position: Machen Sie sich keine Sorgen. Sie werden nichts zu bereuen haben. Obwohl Sie Ihr Pferd verloren haben, brauchen Sie ihm nicht hinterherzurennen. Ihr Esprit, Ihre Kraft und Ihr materieller Besitz werden von selbst zurückkehren, weil sie Ihnen gehören. Wenn Ihnen haßerfüllte Menschen begegnen, sollten Sie sich nicht in deren emotionales Chaos verwickeln lassen. Befreien Sie sich von allem Schädlichen und Falschen. Werfen Sie es hinaus. *Richtung:* Sammeln Sie Kraft für einen entscheidenden neuen Schritt.

Neun auf der zweiten: Sie treffen einen hohen Herrn in einer schmalen Gasse. Es ist eine wichtige Begegnung, denn dieser Mensch kann Ihnen helfen und Sie etwas lehren. Kein Makel! Durch dieses Zusammentreffen entfernen Sie sich nicht vom Tao. *Richtung:* Beißen Sie sich durch die Hindernisse hindurch. Sammeln Sie Kraft für einen entscheidenden neuen Schritt.

Sechs auf der dritten: Sie sehen, wie ein Karren aus dem Schlamm gezogen wird. Die davorgespannten Ochsen hinken und die Leute, die sie antreiben, haben rasierte Köpfe.

Sie wurden mit öffentlicher Ächtung bestraft. Sie können Ihre Pläne zunächst nicht durchführen. Die Situation ist nicht angemessen und Sie treffen überraschend auf starken Widerstand. *Richtung:* Wenn Sie Ihre Vorstellungen verwirklichen wollen, müssen Sie sich zunächst einmal über Ihr eigentliches Anliegen klar werden und Ihre Grundidee herauskristallisieren. Seien Sie resolut. Sie sind mit einer kreativen Kraft verbunden.

Neun auf der vierten: Der Konflikt hat Sie in die Isolation getrieben. Sie sind allein wie ein Waisenkind ohne Beschützer. Doch Sie treffen unerwartet auf ein mächtiges Wesen, einen glückbringenden und wohlwollenden Helfer. Schließen Sie sich ihm vertrauensvoll an. Die guten Geister sind mit Ihnen und werden Sie führen. Ein zorniger alter Geist ist zurückgekehrt, um sich für frühere Mißachtung zu rächen. Konfrontieren Sie sich mit diesen Schwierigkeiten und gehen Sie hindurch. Das ist kein Fehler. Sie bewegen sich auf Ihr Ziel zu. *Richtung:* Reduzieren Sie Ihre gegenwärtigen Aktivitäten, um Energien für neue Dinge freizusetzten. Halten Sie Ihre Wut im Zaum. Etwas Bedeutsames kehrt in Ihr Leben zurück. Übernehmen Sie nicht die Führung. Sorgen Sie für alles Notwendige.

Sechs auf der fünften: Handeln Sie! Sie werden nichts zu bereuen haben. Ihr Vorfahr beißt sich durch das Hindernis hindurch, um Sie zu finden. Eine alte Verbindung lebt wieder auf. Nehmen Sie an der Opferhandlung teil, die Sie mit Freunden und den Geistern Ihrer Ahnen verbindet. Wie könnte das ein Fehler sein? Im Gegenteil, es wird sich für Sie lohnen. *Richtung:* Gehen Sie Schritt für Schritt auf Ihrem Weg weiter. Suchen Sie sich eine unterstützende Gruppe und bleiben Sie in ihrer Mitte. Sammeln Sie Kraft für einen entscheidenden neuen Schritt.

Neun auf der obersten: Der Konflikt hat Sie von anderen abgeschnitten. Sie sind allein wie ein Waisenkind ohne Beschützer. Sie sehen schlammbespritzte Schweine. Ist das ein Symbol für das Verhalten der Menschen in Ihrer Umgebung? Sammeln Sie sich. Bringen Sie all Ihre Seelenanteile zusammen. Zuerst spannen Sie den Bogen, um sich gegen Angriffe zu wehren, doch dann lassen Sie ihn entspannt sinken und schließen Freundschaft. Behandeln Sie Menschen, die auf Sie zukommen, nicht wie Fremde. Streben Sie Bündnisse und Verbindungen an. Während Sie auf Ihrem Weg weitergehen, beginnt der Regen rasch und heftig zu fallen. Das verspricht Heil und gutes Gelingen durch die Freisetzung transformierender Energien. Ihre vielen Zweifel lösen sich auf. *Richtung:* Wenn Sie sich führen lassen, können Sie Ihr verborgenes Potential entdecken. Die Situation verändert sich bereits.

39 Hinken / Das Hindernis
CHIEN

Schlüsselworte: Handeln Sie nicht. Überdenken Sie die Situation und betrachten Sie sie mit neuen Augen.

In dieser Situation werden Sie mit Hindernissen konfrontiert, die Sie als quälend und lähmend empfinden. Die richtige Art und Weise damit umzugehen, besteht darin, die Situation aus einer neuen Perspektive zu betrachten und Kraft für einen entscheidenden neuen Schritt zu sammeln. Bauschen Sie Ihre Schwierigkeiten nicht auf. Sie hinken und haben Kreislaufprobleme. Gehen Sie nach innen und verbinden Sie sich mit anderen im Hinblick auf zukünftigen Gewinn. Darin liegt Heil. Durch Angriffe, Alleingänge oder Schwelgen in der Vergangenheit kommen Sie keinen Schritt weiter. Suchen Sie hochgestellte oder wichtige Menschen auf, die Ihnen helfen können. Machen Sie sich Gedanken über Ihr eigentliches Ziel. Prüfen Sie, ob Ihre

Ideen umsetzbar sind. Das verspricht Heil und gutes Gelingen durch die Freisetzung transformierender Energien.

Hinken/Hindernisse, CHIEN: Lahmen, zögernd vorangehen; Schwierigkeiten, Hemmnisse, Behinderungen; sich beeinträchtigt fühlen, unglücklich sein oder leiden; krumm, schwach, schwächlich; Armut; Stolz. Das Ideogramm symbolisiert kalte Füße und einen beeinträchtigten Kreislauf.

Das Hexagramm weist auf eine innere Begrenzung und eine äußere Gefahr hin. Das Abgründige über dem Berg. Sammeln Sie Kraft für einen entscheidenden neuen Schritt. Es ist immer mühsam und schwer, etwas hinter sich zu lassen. Das Hinken deutet auf Schwere hin. Doch wenn Sie sich in Ihrem Handeln um hundertachtzig Grad drehen, können Sie Ihre Kraft, das Tao zu verwirklichen, zurückgewinnen. Dies ist eine schwierige und bedrückende Zeit. Eine Gefahr kommt auf Sie zu. Wenn Sie sie erkennen und innehalten, werden Sie die Situation wirklich verstehen. In einer schwierigen Zeit ist es von Vorteil, nach innen zu gehen und sich mit anderen zusammenzuschließen. So können Sie zum starken, stillen Zentrum vordringen. Durch Angriffe und Alleingänge entfernen Sie sich nur vom Fluß des Tao. Suchen Sie wichtige Persönlichkeiten auf. Bitten Sie Menschen um Rat, die Ihnen helfen können, das Großartige in Ihren eigenen Ideen zu entdecken. Das bringt Einsicht und Gewinn. Solches Vorgehen wird von Erfolg gekrönt sein. Die Situation ist angemessen. Prüfen Sie, ob Ihre Ideen realisierbar sind. Das verspricht Heil und gutes Gelingen durch die Freisetzung transformierender Energien. Teilen Sie Ihre Kräfte anders ein und prüfen Sie, von wem Sie abhängig sind. Indem Sie Ihre Situation mit neuen Augen betrachten, kommen Sie in Kontakt mit dem wahrhaft Großen.

Linien der Wandlung

Sechs auf der untersten Position: Wenn Sie vorwärtsdrängen, werden Sie feststellen, daß Sie nur hinken können. Kehren Sie jedoch um, erwartet Sie Lob und Anerkennung. Die schwierige Zeit geht zu Ende, eine ruhmreiche Zeit bricht an. Die einzig richtige Vorgehensweise besteht darin, auf sie zu warten. *Richtung:* Die Situation verändert sich bereits.

Sechs auf der zweiten: Der Vasall des Königs humpelt immer weiter und stößt auf Schwierigkeiten über Schwierigkeiten. Er hat die Probleme überhaupt nicht verursacht. Falls Sie sich in der Lage befinden, ohne eigenes Verschulden zum Kämpfen gezwungen zu sein, sollten Sie versuchen, die Dinge so einfach und unkompliziert wie möglich zu Ende zu bringen. *Richtung:* Kommunizieren Sie mit anderen auf der Basis gemeinsamer Bedürfnisse. Wandeln Sie potentielle Konflikte in kreative Spannung um. Die Situation verändert sich bereits.

Neun auf der dritten: Wenn Sie vorwärtsdrängen, werden Sie feststellen, daß Sie nur hinken können. Kehren Sie jedoch um, wird sich auch die Situation umkehren. Die schwierige Zeit geht zu Ende, die kommende Zeit bringt den Wandel. Bleiben Sie auf das Innere konzentriert. Bald werden Sie Grund zur Freude haben. *Richtung:* Suchen Sie sich neue Freunde oder Partner. Lassen Sie Ihre alten Vorstellungen hinter sich. Öffnen Sie sich für das Kommende. Übernehmen Sie nicht die Führung.

Sechs auf der vierten: Wenn Sie vorwärtsdrängen, werden Sie feststellen, daß Sie nur hinken können. Kehren Sie jedoch um, erleben Sie Kontinuität und können neue Verbindungen knüpfen. Die schwierige Zeit geht zu Ende, die neue Zeit bringt Sie mit neuen Ereignissen in Kontakt. Die Situation ist angemessen. Das Kommende ist von echtem Wert. *Richtung:* Öffnen Sie sich für diesen Einfluß. Er verbindet Sie mit einer kreativen Kraft.

Neun auf der fünften: Problembeladen humpeln Sie voran und treffen auf Freunde und Partner, die sich mit Ihnen verbünden, um Freude und Gewinn mit Ihnen zu teilen. Eine Zeit gegenseitiger Inspiration und gemeinsamer Aktivitäten bricht an. Konzentrieren Sie sich ganz darauf, diese Verbindungen zu festigen. *Richtung:* Bleiben Sie bescheiden und verbindlich in Ihren Worten. Setzen Sie gebundene Energien frei. Die Hindernisse lösen sich auf. Die Situation verändert sich bereits.

Sechs auf der obersten: Wenn Sie vorwärtsdrängen, werden Sie feststellen, daß Sie nur hinken können. Kehren Sie jedoch um, warten Fülle und Überfluß auf Sie. Die schwierige Zeit geht zu Ende, die kommende Zeit wird Ihnen reiche Ernte bringen. Heil und gutes Gelingen durch die Freisetzung transformierender Energien! Suchen Sie wichtige Menschen auf. Fragen Sie jene um Rat, die Ihnen helfen können, das Großartige in Ihren eigenen Ideen zu entdecken. Das bringt Einsicht und Gewinn. Forschen Sie beharrlich in Ihrem Innern nach Ihrer Bestimmung und halten Sie an dem fest, was Sie als wertvoll betrachten.

40 Die Befreiung / Die Lösung
HSIEH

Schlüsselworte: Lösen Sie Probleme und Knoten, setzen Sie blockierte Energien frei.

In dieser Situation geht es um eine Befreiung von Spannungen und die dadurch freigesetzten Energien. Die richtige Art und Weise damit umzugehen, besteht darin, Knoten zu entwirren, Sorgen zu vertreiben, Probleme zu lösen und Motivationen zu verstehen. Vergeben und vergessen Sie, machen Sie reinen Tisch. Schließen Sie sich mit anderen zusammen, um gemeinsam vielversprechende Pläne zu verwirklichen. Das bringt Einsicht und Gewinn. Wenn Sie sich nicht länger um unerledigte Geschäfte kümmern müssen, sollten Sie einfach auf die Rückkehr der erneuernden Energien warten. Das verspricht Heil und gutes Gelingen. Wenn Sie Ziele haben oder wissen, in welche Richtung Sie die Dinge lenken wollen, wird das frühe Licht der Morgendämmerung transformierende Energien freisetzen. Seien Sie wach und aktiv und begrüßen Sie den neuen Morgen.

Lösen/befreien, HSIEH: Trennen, loslösen, aufknoten, zerstreuen, abtrennen, auflösen, vertreiben; analysieren, erklären, verstehen; frei von Druck und Spannung, Sorgen vertreiben, Wirkungen neutralisieren, Probleme lösen; abladen, loswerden; Bedürfnisse befriedigen. Das Ideogramm stellt ein scharfes Instrument aus Horn dar, das zum Lösen von Knoten verwendet wird.

Das Hexagramm weist auf einen durch eine aufregende neue Zeit ausgelösten, heilsamen Schock hin. Regen und Donner setzen ein und bilden die Bedingung für die Befreiung. Die Situation verändert sich bereits. Das Leben kann nicht für immer schwierig und mühsam bleiben. Befreiung bedeutet Entspannung und Loslassen. Vergeben Sie anderen ihre Fehler und verzeihen Sie ihnen ihre Angriffe. Bringen Sie Dinge in Bewegung. Befreiung bedeutet, Dinge anzuregen und Gefahren zu meiden. Es ist von Vorteil, sich mit anderen zusammenzuschließen, um gewinnbringende Pläne zu verwirklichen. Wenn Sie auf diesem Weg weitergehen, werden Sie viele Menschen für sich gewinnen. Die zu Ihnen zurückkehrende Energie bringt Heil und gutes Gelingen. Nutzen Sie sie, um in Ihrer Mitte zu bleiben. Wenn Sie Ziele haben oder wissen, in welche Richtung Sie die Dinge lenken müssen, wird das frühe Licht der Morgendämmerung erneuernde, glückverheißende Energien mit sich bringen. Gehen Sie weiter auf diesem Weg und Sie werden Erfolg haben. Himmel und Erde lösen Spannungen durch die aufwühlende Kraft von Donner und Regen. Donner und Regen lassen die Samen aller Blumen, Gräser und Bäume aufspringen. Die Zeit der Befreiung ist in der Tat eine großartige Zeit.

Linien der Wandlung
Sechs auf der untersten Position: Handeln Sie, versuchen Sie, Ihre Pläne umzusetzen. Ihre Situation birgt keinerlei Gefahren oder Täuschungen. Sie befinden sich am richtigen Ort – da, wo die Dinge ihren Anfang nehmen. Diese Position ist gut und angemessen. *Richtung:* Wenn Sie sich führen lassen, können Sie Ihr verborgenes Potential entdecken. Die Situation verändert sich bereits.

Neun auf der zweiten: Sie gehen in den Feldern auf die Jagd, fangen drei Füchse und bekommen einen gelben Pfeil. Versuchen Sie, Ihre Ideen umzusetzen. Das verspricht Heil und gutes Gelingen durch die Freisetzung transformierender Energien. Dieses Omen bedeutet Macht. Sie schalten drei mächtige Feinde aus. Außerdem erlangen Sie die Fähigkeit des Fuchses, eine andere Gestalt anzunehmen und in der Unterwelt zu wandeln. Indem Sie sich mit der Erde und mit Ihrer Mitte verbinden, lernen Sie, Ihre Kräfte zu bündeln. Bleiben Sie in der Mitte und gehen Sie mit dem Tao. *Richtung:* Sammeln Sie Kraft, damit Sie bereit sind, wenn der Aufruf zum Handeln Sie erreicht. Überdenken Sie die Situation, betrachten Sie sie mit neuen Augen. Sammeln Sie Ihre Kräfte für einen entscheidenden neuen Schritt.

Sechs auf der dritten: Sie tragen Dinge auf Ihrem Rükken und fahren gleichzeitig mit der Kutsche. Das paßt nicht zusammen. Sie sind so oder so am falschen Platz. Auf diese Weise ziehen Sie nur Ganoven und Räuber an. Mit dem Versuch, Ihre Pläne zu verwirklichen, würden Sie sich nur

Demütigungen einhandeln. Sie würden es bereuen. Befreien Sie sich aus dieser erniedrigenden Situation. Sie ziehen die Gefahr an. Es ist Ihre eigene Schuld. Befreien Sie sich. *Richtung:* Bleiben Sie auf dem rechten Weg, ganz gleich, welchen Preis Sie dafür zahlen müssen. Seien Sie resolut. Handeln Sie. Diese Veränderung bringt Sie mit einer kreativen Kraft in Kontakt.

Neun auf der vierten: Befreien Sie Ihre Daumen und großen Fußzehen. Sie sind zu fest gebunden, um Dinge ergreifen oder gehen zu können. Trennen Sie Dinge. Beenden Sie Partnerschaften. Tun Sie das vertrauensvoll, denn Sie sind mit geistigen Helfern verbunden, die Sie führen werden. Ihre Situation ist noch nicht im Lot. *Richtung:* Organisieren Sie Ihre »Streitkräfte«. Etwas Bedeutsames kehrt in Ihr Leben zurück. Öffnen Sie sich für das Neue. Sorgen Sie für alles Notwendige.

Sechs auf der fünften: Nutzen Sie das Orakel, um in Kontakt mit dem Tao zu bleiben. Sie sind in der gegenwärtigen Situation gefangen, aber Sie können Wege finden, die Stricke zu lösen und sich zu befreien. Das verspricht Heil und gutes Gelingen durch die Freisetzung transformierender Energien. Haben Sie Vertrauen. Sie sind mit geistigen Helfern verbunden, die Sie führen werden. Seien Sie flexibel und passen Sie sich an alles an, was Ihren Weg kreuzt. Dadurch ziehen Sie sich aus der Situation heraus. *Richtung:* Schauen Sie nach innen und versuchen Sie, einen Weg zu finden, aus dieser Isolation auszubrechen. Suchen Sie sich eine unterstützende Gruppe und bleiben Sie in ihrer Mitte. Sammeln Sie Kraft für einen entscheidenden neuen Schritt.

Sechs auf der obersten: Ein Prinz schießt auf einen Falken, der hoch oben auf dem Schutzwall sitzt. Er erlegt ihn. Dies wird sich letzten Endes vorteilhaft auf alle und alles auswirken. Es gelingt Ihnen, eine widerspenstige, feindliche Kraft auszuschalten und einen schlechten Einfluß zu neutralisieren. *Richtung:* Sammeln Sie Kraft für einen entscheidenden neuen Schritt.

41 Die Minderung / Das Abnehmen
SUN

Schlüsselworte: Machen Sie sich kleiner, reduzieren Sie Ihre Aktivitäten und Verbindlichkeiten.

In dieser Situation geht es um Verlust, Opfer und die Notwendigkeit, sich auf das Wesentliche zu konzentrieren. Die richtige Art und Weise damit umzugehen, besteht darin, Aktivitäten und Verbindlichkeiten zu reduzieren und sich aus emotionalen Verstrickungen zu befreien. Das setzt Energien für neue Entwicklungen frei. Haben Sie Vertrauen, Sie sind mit geistigen Helfern verbunden, die Sie führen werden. Es ist der Nährboden für großes Glück und bedeutungsvolle Ereignisse. Kein Makel! Dies ist eine günstige Weissagung. Versuchen Sie, Ihre Ideen umzusetzen. Es ist von Vorteil, ein Ziel zu haben und die Dinge in eine bestimmte Richtung zu lenken. Das bringt Einsicht und Gewinn. Hinterfragen Sie Ihre Motive, fragen Sie sich, warum Sie bestimmte Dinge tun. Bringen Sie Ihre Antworten den Geistern in zwei Opfergefäßen dar.

Mindern, SUN: Verringern, wegnehmen von, kleiner machen; schwächen, anspruchslos; beschädigen, verlieren, verderben, verletzen; beschuldigen, kritisieren; als Opfergabe darbieten, aufgeben, weggeben; etwas sich setzen lassen, konzentrieren. Das Ideogramm stellt eine Hand dar, die den Geistwesen ein Opfer in einem zeremoniellen Gefäß darbietet.

Das Hexagramm symbolisiert eine äußere Beschränkung, die eine innere Entwicklung nach außen sichtbar macht. Der Nebel unter dem Berg bildet die Bedingung für die Minderung. Gehen Sie zurück und fangen Sie noch einmal von vorn an. Etwas Bedeutsames kehrt in Ihr Leben zurück. Um blockierte Energien freisetzen zu können, müssen Sie einen Weg finden, Dinge loszulassen. »Reduzieren« ist hier das Schlüsselwort, denn das Abnehmen geht dem Zunehmen voraus. Dies ist der richtige Weg, um wieder in Einklang mit dem Tao zu kommen. Anfangs ist es schwierig und mühsam, Abstriche zu machen, doch es ermöglicht Ihnen, flexibel zu sein und mit der Zeit zu gehen. So sind Sie vor Gefahren geschützt. Halten Sie Wut und Groll im Zaum, um Leidenschaften im Keim zu ersticken. Das verändert den Energiefluß. Mindern Sie das Niedere und stärken Sie das Höhere. Ihr Tao bewegt sich im Höheren. Sie können vertrauensvoll darangehen, die Dinge zu reduzieren, denn Sie sind mit geistigen Helfern verbunden, die Sie führen werden. Dies ist der Beginn einer glückbringenden, ereignisreichen Zeit. Kein Makel! Diese Weissagung ist äußerst günstig. Deshalb sollten Sie versuchen, Ihre Pläne zu realisieren. Hinterfragen Sie Motive – insbesondere Ihre eigenen. Bringen Sie Ihre Antworten den Geistern in zwei Opfergefäßen dar. Diese beiden Gefäße entsprechen den Erfordernissen der Zeit: der Minderung des Starken und Festen und der Förderung des Flexiblen und Anpassungsfähigen. Solches Handeln steht im Einklang mit dem Zeitgeist. Es füllt, was leer ist, und verbindet Sie mit der Zeitqualität, so daß Sie mit dem Tao fließen können.

Linien der Wandlung
Neun auf der untersten Position: Schließen Sie diese Angelegenheit ab und ziehen Sie sich schnellstens aus der Situation zurück. Das ist kein Fehler. Denken Sie darüber nach, was die Minderung bringen kann, und sprechen Sie

mit anderen darüber. Ihre Ziele sollten über jeden Zweifel erhaben sein. *Richtung:* Sie sind sich noch nicht aller Aspekte der Angelegenheit bewußt. Der Geist kehrt zurück. Übernehmen Sie nicht die Führung. Öffnen Sie sich für das Neue.

Neun auf der zweiten: Prüfen Sie, ob Ihre Ideen umsetzbar sind. Das bringt Einsicht und Gewinn. Es ist nicht angebracht, andere zu disziplinieren oder zu bestrafen oder sich auf eine Expedition zu begeben. Das würde Sie nur von den geistigen Helfern abschneiden und verletzbar machen. Auch würde durch solche Pläne nichts vermindert, sondern alles verstärkt. *Richtung:* Verinnerlichen Sie die Situation. Nähren Sie Dinge. Sorgen Sie für alles Notwendige.

Sechs auf der dritten: Wenn drei Menschen sich zusammentun, wird einer von ihnen ausfallen. Wenn einer allein seiner Wege geht, wird ein Freund hinzukommen. Dies ist eine Zeit für Zweierkonstellationen. Wenn Sie sich einsam fühlen, sollten Sie sich keine Sorgen machen: Der Freund wird kommen! Falls Sie einer Gruppe angehören, sollten Sie sich Gedanken darüber machen, auf welche Weise sich diese Gruppe in Kürze dezimieren wird. *Richtung:* Die Zeit für große, neue Projekte rückt näher. Wenn Sie sich führen lassen, können Sie Ihr verborgenes Potential entdecken. Die Situation verändert sich bereits.

Sechs auf der vierten: Ihr Kummer, Ihre Krankheit oder Ihr Haß werden sich vermindern, wenn Sie tun, worüber Sie bereits nachdenken. Geben Sie Ihre Anweisungen schnell heraus. Das wird Ihnen Glück und Freude bringen. Kein Makel! Es ist wirklich ein Grund zum Jubeln. *Richtung:* Wandeln Sie potentielle Konflikte in kreative Spannung um. Die Situation verändert sich bereits.

Sechs auf der fünften: Selbst wenn Sie das Orakel zehnmal hintereinander befragten, würde keine der Weissagungen Ihren Plan in Frage stellen! Sie könnten kaum eine günstigere Antwort auf Ihre Frage erhalten. Sie sind auf die Quelle großen Glücks und bedeutungsvoller Ereignisse gestoßen. Die Verwirklichung Ihres Vorhabens steht unter dem Schutz der geistigen Mächte. *Richtung:* Bringen Sie Ihre inneren und äußeren Bedingungen in Einklang. Sie sind wirklich mit der Quelle verbunden. Nähren Sie Dinge. Sorgen Sie für alles Notwendige.

Neun auf der obersten: Durch dieses Vorhaben wird nichts gemindert, sondern alles verstärkt. Das ist jedoch kein Fehler. Der Versuch, Ihre Ideen umzusetzen, verspricht Heil und gutes Gelingen durch die Freisetzung transformierender Energien. Es ist von Vorteil, ein Ziel zu haben und die Dinge zu steuern. Das bringt Einsicht und Gewinn. Sie finden Menschen, die Ihnen helfen, aber keinen Wohnsitz. Ihr Vorhaben kann Ihnen großen Gewinn einbringen. *Richtung:* Eine bedeutsame Verbindung kündigt sich an. Drehen Sie sich um, um sie willkommen zu heißen. Sorgen Sie für alles Notwendige. Öffnen Sie sich für das Neue.

42 Die Mehrung / Der Nutzen
YI

  Schlüsselworte: Eine fruchtbare Zeit. Dehnen Sie sich aus, erweitern Sie Ihren Radius, investieren Sie noch mehr Energie.

Die Mehrung bedeutet Erweiterung, Fortschritt und Weiterentwicklung. Die richtige Art und Weise damit umzugehen, besteht darin, die eigenen Aktivitäten zu verstärken und mehr Energie einzubringen. Diese Zeit bringt Profit und Expansion mit sich. Es ist von Vorteil, ein Ziel zu haben und die Dinge in eine bestimmte Richting zu lenken.

Begeben Sie sich mit festen Vorstellungen in den Fluß des Lebens oder nehmen Sie ein wichtiges Projekt in Angriff. Solches Handeln verspricht Einsicht und Gewinn.

Mehren, YI: Zunehmen, fortschreiten, hinzufügen; profitieren, fördern, unterstützen; mehr hineingeben, überfließen; erneuernd, fruchtbar; nützlich, gewinnträchtig, vorteilhaft. Das Ideogramm stellt ein Gefäß dar, das materielle und geistige Geschenke im Überfluß enthält.

Das Hexagramm zeigt neu aufkeimende Energie, die in die Außenwelt dringt. Wind und Donner bilden die Bedingung für die Mehrung. Lassen Sie Ihre alten Vorstellungen los. Indem Sie die Dinge kontinuierlich minderten, schufen Sie die Voraussetzung für die Mehrung, denn das eine bedingt jeweils das andere. Durch die Mehrung stärken Sie Ihre Fähigkeit, das Tao zu verwirklichen. In dieser Zeit wachsen die Dinge kontinuierlich an, ohne daß Strukturen errichtet werden. Hier geht es um »Aufblühen« und »Ernten«. Wenn Sie sich Verbesserungen vorstellen können, sollten Sie anfangen, Dinge anders anzugehen als bisher. Korrigieren Sie Fehler oder Übertreibungen. Mindern Sie, was oben ist, und mehren Sie, was unten ist. Geben Sie anderen Anregungen, ohne sie einzuschränken. Die geistigen Energien sind herabgestiegen und Ihr Tao leuchtet hell. Lassen Sie sich davon inspirieren. Es bringt Einsicht und Gewinn, ein Ziel zu haben und die Dinge in eine bestimmte Richtung zu lenken. Konzentrieren Sie sich in dieser Zeit ganz darauf, Einseitigkeit zu vermeiden und Irrtümer zu korrigieren. Es lohnt sich. Die Zeit ist günstig, um sich mit einem Ziel vor Augen in den Fluß des Lebens zu begeben oder wichtige Projekte in Angriff zu nehmen. Sichern Sie Ihr Fahrzeug, das Boot, das Sie weitertragen soll, und machen Sie sich dann auf die Reise. Die Mehrung bringt Dinge in Bewegung und erdet sie gleichzeitig. Wie die aufsteigende Sonne kennt sie keine Begrenzungen. Wenn der Himmel sich ausdehnt, bringt die Erde ihre Früchte hervor. Gemeinsam mehren und nähren Himmel und Erde die Dinge auf allen Ebenen. Tun Sie das ebenfalls. Solches Handeln verbindet Sie mit dem Zeitgeist und hilft Ihnen, mit ihm in Kontakt zu bleiben.

Linien der Wandlung
Neun auf der untersten Position: Aktivieren Sie Ihre Ideen und nehmen Sie eine große Aufgabe in Angriff. Das bringt Einsicht und Gewinn und leitet eine glückverheißende, ereignisreiche Zeit ein. Kein Makel – selbst wenn Sie in dieser Situation die untergeordnete Position einnehmen und nur über geringe Mittel verfügen. *Richtung:* Betrachten Sie Ihr Betätigungsfeld genau. Sinnen Sie darüber nach und lassen Sie alle damit verbundenen Aspekte an Ihrem geistigen Auge vorüberziehen. Lösen Sie sich von alten Vorstellungen und öffnen Sie sich für das Kommende. Sorgen Sie für alles Notwendige.

Sechs auf der zweiten: Selbst wenn Sie das Orakel zehnmal hintereinander befragten, würde keine der Weissagungen Ihren Plan in Frage stellen! Sie könnten kaum eine günstigere Antwort auf Ihre Frage erhalten. Der Versuch, Ihre Ideen zu verwirklichen, wird für Sie zu einer ständig sprudelnden Quelle glücklicher und bedeutsamer Ereignisse. Seien Sie wie ein König, der den höchsten Mächten ein Opfer darbietet. Setzen Sie Ihre Pläne zum Wohle aller ein. Sie sind zur Zeit die Quelle der Kraft. Was Sie unterstützt, kommt von außen und ist bereits zu Ihnen unterwegs. *Richtung:* Bringen Sie Ihre inneren und äußeren Bedingungen in Einklang miteinander. Sie stehen wirklich mit den geistigen Kräften in Verbindung. Nähren Sie die Dinge. Sorgen Sie für alles Notwendige.

Sechs auf der dritten: Sie können von unglücklichen Entwicklungen, die andere Menschen zu lähmen scheinen, profitieren, indem Sie sie zu Ihrem Vorteil nutzen. Das ist kein Fehler. Handeln Sie vertrauensvoll, denn Sie sind mit geistigen Helfern verbunden, die Sie führen werden. Das Zentrum der Angelegenheit ist in Bewegung. Informieren Sie die zuständigen Autoritäten und bringen Sie die Bewegung mit Ihren Grundprinzipien in Einklang. Machen Sie von Ihrem Recht zu sprechen Gebrauch. Halten Sie die Zügel fest in der Hand. *Richtung:* Suchen Sie sich eine unterstützende Gruppe und bleiben Sie in ihrer Mitte. Sammeln Sie Kraft für einen entscheidenden neuen Schritt.

Sechs auf der vierten: Das Zentrum der Angelegenheit ist in Bewegung. Informieren Sie die Autoritäten und bringen Sie die Bewegung mit Ihren Grundprinzipien in Einklang. Wirken Sie aktiv an dieser Verschiebung des Aktivitätszentrums mit. Das verspricht Einsicht und Gewinn. Indem Sie sich damit verbinden, fördern Sie Ihre eigenen Ziele. *Richtung:* Halten Sie sich aus Streitigkeiten und emotionalen Hinterhältigkeiten heraus. Gehen Sie Schritt für Schritt voran. Sammeln Sie Kraft für einen entscheidenden neuen Schritt.

Neun auf der fünften: Handeln Sie! Sie sind mit geistigen Helfern verbunden, die Sie führen werden. Haben Sie Vertrauen. Lassen Sie Ihr Herz durch Ihre Taten sprechen. Solches Handeln wird zweifellos zur Quelle großen Glücks und bedeutsamer Ereignisse. Die Geistwesen werden Sie führen. »Wohlwollen« ist Ihr persönlicher Schlüssel zur Verwirklichung des Tao. Stellen Sie das keinesfalls in Frage. Ihr Plan wird Ihnen großen Gewinn einbringen. *Richtung:* Verinnerlichen Sie die Dinge. Sorgen Sie für alles Notwendige.

Neun auf der obersten: Dieser Plan bringt absolut keinen Vorteil oder Nutzen. Er ist gefährlich und macht Sie verletzbar. Sie haben in Ihrem Inneren keine dauerhafte Basis geschaffen. Durch solches Handeln schneiden Sie sich von den geistigen Helfern ab und sind ohne Schutz und Führung. Sie handeln auf der Basis einseitiger Informationen. Wenn Sie auf diesem Weg weitergehen, ziehen Sie Angriffe von außen auf sich. *Richtung:* Definieren Sie Ihre Grenzen. Lassen Sie alte Vorstellungen los und öffnen Sie sich für das Neue. Übernehmen Sie nicht die Führung.

43 Der Entschluß / Der Scheideweg
KUAI

Schlüsselworte: Entscheiden Sie sich, und handeln Sie resolut. Die Angelegenheit muß geklärt und offen zur Sprache gebracht werden.

In dieser Situation geht es darum, sich entschlossen mit Schwierigkeiten auseinanderzusetzen. Der Schlüssel zu angemessenem Handeln liegt hier in der Bereitschaft zu klären, was zu tun ist, und dann resolut zu handeln, selbst wenn das bedeutet, daß man etwas zurücklassen muß. Geben Sie Ihre Entscheidung im Zentrum der Macht entschlossen bekannt. Sie können das vertrauensvoll tun, denn Sie sind mit geistigen Helfern verbunden, die Sie führen werden. Sie werden mit Schwierigkeiten konfrontiert. Ein zorniger alter Geist ist zurückgekehrt, um sich für frühere Mißachtung zu rächen. Informieren Sie all jene, die Sie lieben, die Ihnen vertrauen und von Ihnen abhängig sind. Es ist nicht hilfreich, Gewalt anzuwenden oder Verteidigungswälle zu errichten. Setzen Sie sich ein Ziel. Bestimmen Sie die Richtung. Das verspricht Einsicht und Gewinn.

Entschließen/Scheiden, KUAI: Sich entscheiden, verkünden, bestimmen; resolut, prompt, entschlossen, klar; sicher, geklärt; eine Wunde öffnen und reinigen; Wasser, das sich einen Weg durch ein Hindernis bahnt; *auch:* trennen, abscheiden, abschneiden; in verschiedene Richtungen fließen.

Das Hexagramm symbolisiert eine innere Kraft, die im Äußeren ihren Ausdruck findet. Die Nebel ziehen über den Himmel. Handeln Sie gezielt und bleiben Sie hartnäckig. Indem Sie die Dinge kontinuierlich anwachsen oder anschwellen lassen, können Sie durch Hindernisse hindurchbrechen. Der Entschluß bedeutet hier Durchbruch. Das Starke und Feste bricht das Flexible und Anpassungsfähige auf. Gehen Sie freigebig mit Ihren Mitteln um, damit Sie eine Basis für einen Austausch schaffen. Konzentrieren Sie sich vor allem darauf, das Tao zu verwirklichen, und halten Sie sich aus anderen Aktivitäten heraus. Dies ist eine Zeit des Durchbruchs. Bleiben Sie hartnäckig in Ihrem Bemühen, Dinge auszudrücken. Brechen Sie durch die Hinernisse hindurch, um zur Harmonie zu gelangen. Verkünden Sie Ihren Entschluß im Zentrum der Macht. Sie mögen klein sein, aber Sie haben fünf starke Kräfte hinter sich. Haben Sie Vertrauen. Die geistigen Helfer werden Ihnen die Fähigkeit verleihen, sich auszudrücken. Obwohl Sie sich mit Schwierigkeiten auseinandersetzen müssen, läßt diese Konfrontation mit der Gefahr Sie aufblühen. Informieren Sie Ihre Verbündeten und jene, die von Ihnen abhängig sind. Üben Sie keine Gewalt aus, lassen Sie die Waffen schweigen. Andernfalls verspielen Sie Ihr Ansehen völlig. Setzen Sie sich ein Ziel. Steuern Sie die Dinge in die von Ihnen gewünschte Richtung. Das verspricht Einsicht und Gewinn. Das Starke und Feste bleibt. Bringen Sie Ihren Plan zur Vollendung.

Linien der Wandlung
Neun auf der untersten: Im hinteren Fuß steckt eine Menge Kraft. Denken Sie über diesen Weg nach, bevor Sie

Ihren Fuß heben und den ersten Schritt tun. Es ist jedenfalls nicht der richtige Weg, um die Dinge in Bewegung zu bringen. Sie haben nicht die richtige Einstellung. Wenn Sie so weitermachen, werden Sie die Schwierigkeiten nicht überwinden. *Richtung:* Scheuen Sie sich nicht, allein zu handeln. Sie sind mit einer kreativen Kraft verbunden.

Neun auf der zweiten: Warnrufe und Schreie. Eine angespannte Situation. Sie müssen Tag und Nacht auf der Hut sein. Sorgen Sie sich nicht. Sie werden bekommen, was Sie wollen. Ihr Tao fließt in die Mitte. *Richtung:* Umwälzung und Erneuerung. Ändern Sie Ihre Art und Weise der Selbstdarstellung. Sie sind mit einer kreativen Kraft verbunden.

Neun auf der dritten: In den Wangenknochen steckt eine Menge Kraft. Das sind grausame Menschen, die auf ihrem Herrschaftsanspruch bestehen. Wenn Sie sich mit ihnen zusammenschließen, schneiden Sie sich von den geistigen Helfern ab und können in Gefahr geraten. Konsultieren Sie das Orakel, um in Verbindung mit dem Tao zu bleiben. Ziehen Sie sich resolut aus dieser Situation heraus. Auf dem Weg, den Sie allein weitergehen, werden Sie vom Regen überrascht, werden durchnäßt und beschmutzt. Ihre Empörung darüber, wie man Sie behandelte, ist angemessen. Trennen Sie sich von diesen Menschen! Es ist kein Fehler, diese Verbindung zu lösen. *Richtung:* Drücken Sie Ihre Gefühle aus. Suchen Sie sich eine unterstützende Gruppe, und bleiben Sie in ihrer Mitte. Die Situation verändert sich bereits.

Neun auf der vierten: Hinterbacken ohne Fleisch – Sie brechen Ihre Zelte ab. Verletzt, kritisiert oder bestraft ziehen Sie weiter. Obwohl Sie sich fühlen wie eine Ziege, die an einer Leine weitergezerrt wird, sollten Sie nicht Ihre Fähigkeit verlieren, direkt zu handeln. Ihre Zweifel und Ihr Bedauern werden sich bald in Luft auflösen. Falls Ihnen jemand sagen will, was Sie glauben sollen, sollten Sie ihm nicht vertrauen. Die Situation ist nicht angemessen. Dieses

Gespräch wird Ihnen keine Klarheit bringen. *Richtung:* Warten Sie den richtigen Moment zum Handeln ab. Wandeln Sie potentielle Konflikte in kreative Spannung um. Die Situation verändert sich bereits.

Neun auf der fünften: Eine Menge üppig wuchernden Unkrauts macht äußerst resolutes Handeln erforderlich. Wenn Sie sich mit diesem Problem auseinandersetzen wollen, müssen Sie zu seinen Wurzeln vordringen und sie mit Stumpf und Stiel ausreißen. Das ist kein Fehler. Ihr eigenes Zentrum strahlt noch nicht, weil es noch in diesem schlammigen Wurzelwerk verborgen ist. *Richtung:* Beleben Sie Ihre Grundidee. Seien Sie resolut. Sie sind mit einer kreativen Kraft verbunden.

Sechs auf der obersten: Machen Sie nicht so weiter, ohne alles hinauszuschreien oder zu kommunizieren, sonst schneiden Sie sich von den geistigen Helfern ab und sind ohne Schutz und Führung. So werden Sie nicht lange leben! Schreien Sie es hinaus! Kommunizieren Sie! *Richtung:* Handeln Sie. Sie sind mit einer kreativen Kraft verbunden.

44 Der Empfang / Die Paarung
KOU

Schlüsselworte: **Empfangen Sie es und lassen Sie es dann los. Vertrauen Sie auf das, was die Erfahrung bringt.**

In dieser Situation geht es darum, sich dem zu öffnen, was auf einen zukommt. Sie können damit umgehen, indem Sie erkennen, daß der kurze und intensive Augenblick der Begegnung die Verbindung zwischen den Urkräften widerspiegelt. Versuchen Sie nicht, es zu kontrollieren. Die Verbindung ist da, selbst wenn sie wie ein Zufall erscheint. Die Frau und die Yin-Energie sind voll belebender Kraft. Versuchen Sie nicht, Dinge zu ergreifen und festzuhalten. Was ein kurzer Kontakt zu sein scheint, verbindet Sie mit einer kreativen Kraft.

Empfangen/paaren, KOU: sich treffen, begegnen, für etwas öffnen; auf dem eigenen Weg jemanden oder etwas finden; die Begegnung der Urkräfte, Yin und Yang; kopulieren, alle Formen des Geschlechtsverkehrs; magnetische Anziehung, Schwangerschaft, die Paarung von Tieren, von überpersönlichen Kräften gesteuert; zufällig, günstig, gut. Das Ideogramm stellt die sexuelle Vereinigung dar.

Das Hexagramm symbolisiert geistige Energien, die sich in der Welt fortpflanzen. Unter dem Himmel bewegt sich der Wind. Sie sind mit einer kreativen Kraft verbunden. »Der Empfang« weist auf unerwartete Begegnungen, glückliche Fügungen, vergnügliche Ereignisse hin. Das Flexible und das Feste treffen aufeinander. Könige und Königinnen nutzen diese Zeit, um klare Befehle zu erteilen und sie im ganzen Land bekannt zu machen. Dies ist eine Zeit der Begegnungen. Versuchen Sie nicht, Dinge festzuhalten. Der Zeitgeist läßt nicht zu, daß diese Kontakte von Dauer sind. Himmel und Erde treffen sich, und die unzähligen Wesen vereinen sich im wunderbaren Tanz der Natur. Das Starke und Feste trifft auf das Wesentliche und Richtige. Das Großartige bewegt sich unter dem Himmel. Die Zeit des Empfangs ist wahrlich eine wunderbare Zeit!

Linien der Wandlung
Sechs auf der untersten Position: Dieser Karren kann sich nicht vorwärts bewegen, weil er an einem Bremsklotz festhängt. Die Bewegung kommt zum Stillstand, so daß Sie Gelegenheit haben, die Dinge genau zu betrachten. Prüfen Sie, ob Ihre Ideen realisierbar sind. Das verspricht Heil und gutes Gelingen durch die Freisetzung transformierender

Energien. Es ist von Vorteil, ein Ziel zu haben und die Dinge zu steuern. Versuchen Sie zunächst zu erkennen, wo Sie in die Falle gehen und von den geistigen Helfern abgeschnitten werden könnten. Ein abgemagertes Schwein taucht auf. Irgend etwas beeinträchtigt den Fluß des Wohlstands, der Freude und der glücklichen Ereignisse. Wenn Sie herausfinden können, weshalb dieses Schwein sein lahmes Bein nachzieht, verbindet Sie das mit geistigen Helfern, die Sie führen werden. Lassen Sie sich vom Anpassungsfähigen und Flexiblen leiten. *Richtung:* Handeln Sie. Sie sind mit einer kreativen Kraft verbunden.

Neun auf der zweiten: In diesem Teich gibt es Fische. Ein schwangerer Leib, der Überfluß und Fülle verheißt. Diese Situation birgt keinerlei Gefahren oder Täuschungen. Laden Sie keine Gäste ein und besuchen Sie auch niemanden. Dehnen Sie Ihren Radius nicht aus. *Richtung:* Ziehen Sie sich zurück und nähren Sie die wachsende kreative Kraft.

Neun auf der dritten: Hinterbacken ohne Fleisch – Sie brechen Ihre Zelte ab. Verletzt, kritisiert oder bestraft ziehen Sie weiter. Sie begegnen einem zornigen alten Geist, der zurückgekehrt ist, um sich für frühere Mißachtung zu rächen. Hier lauert eine Gefahr. Wenn Sie einen Weg finden können, sich zu organisieren, machen Sie keinen großen Fehler. Handeln Sie unabhängig von anderen. Sie bewegen sich aus freien Stücken vorwärts, nicht weil Sie gezogen werden. *Richtung:* Vertreten Sie Ihren Standpunkt entschlossen und überzeugend. Suchen Sie sich eine unterstützende Gruppe. Sammeln Sie Kraft für einen entscheidenden neuen Schritt.

Neun auf der vierten: In diesem Teich gibt es keine Fische. Ein unfruchtbarer Leib. Das ist keine Basis für irgendeine Unternehmung. Sie werden von den geistigen Helfern abgeschnitten und sind dadurch verletzbar. Sie sind zu weit von Ihrem unterstützenden Fundament entfernt. *Richtung:* Dringen Sie vorsichtig zum Kern der Angelegenheit vor. Wandeln Sie potentielle Konflikte in kreative Spannung um. Die Situation verändert sich bereits.

Neun auf der fünften: Sie flechten Weidenkörbe, um Melonen – die Symbole für Himmel und Erde – darin aufzubewahren. Eine große Anmut fließt aus der himmlischen Quelle herab. Die biegsamen Zweige Ihres Geflechts umfassen den Kosmos und enthüllen eine verborgene Magie. Ganz gleich, ob es sich um etwas von Ihnen Geschaffenes oder um ein Kapitel aus dem Buch des Lebens handelt – es weist auf den Beginn einer wunderbaren und kreativen Phase hin. Bleiben Sie zentriert und korrekt. Weisen Sie den Auftrag des Himmels nicht von sich. Bringen Sie ihn mit Ihrem eigenen Ziel in Einklang. *Richtung:* Wandeln Sie die Welt in Vorstellungskraft um. Sie sind mit einer kreativen Kraft verbunden.

Neun auf der obersten: Ein Aufeinanderprallen der Hörner – ein Machtkampf. Dies führt zu Beschämung und Bedauern, verursacht aber keinen ernsthaften Schaden. An der Spitze zu stehen würde Sie nur erschöpfen und zu Demütigungen führen. *Richtung:* Scheuen Sie sich nicht, allein zu handeln. Sie können mit einer kreativen Kraft in Kontakt kommen.

45 Die Sammlung
TS'UI

Schlüsselworte: Bringen Sie Menschen und Dinge zusammen. Große Bemühungen zeitigen große Erfolge.

In dieser Situation geht es um Sammlung, um Versammlungen und Zusammenkünfte. Die richtige Art und Weise damit umzugehen, besteht darin, Menschen und Dinge durch ein gemeinsames Ideal oder Ziel zusammenzubringen. Lassen Sie die Masse zu einem geordneten Ganzen werden. Das erfreut die Geistwesen, die Ihnen dafür Erfolg und Durchsetzungskraft schenken und Sie befähigen, die Situation zu einem guten Ende zu führen. Dies ist eine Zeit für große Projekte. Sie sollten wie der König sein, der sich einen Tempel voller Bilder vorstellt und durch seine Visionen die Menschen eint und mit höheren Zielen verbindet. Suchen Sie wichtige oder weise Menschen auf, die Ihnen helfen und Sie beraten können. Besinnen Sie sich auf Ihre eigene wesentliche Idee und betrachten Sie sich Ihre Art und Weise, Ihre Gedanken zu ordnen. Das erfreut die Geistwesen. Bringen Sie diesem Zeitgeist ein Opfer dar. Das verspricht Heil und gutes Gelingen durch die Freisetzung transformierender Energien. Prüfen Sie, ob Ihre Ideen umsetzbar sind. Es ist von Vorteil, ein Ziel zu haben und die Dinge zu steuern. Das bringt Einsicht und Gewinn.

Sich sammeln, T'SUI: Versammeln, zusammenrufen oder bündeln; eng miteinander verbundene Gruppen von Menschen, Tieren oder Dingen; zusammenbringen, konzentrieren, zusammentragen; wiedervereinen, wieder zusammenbringen; Masse, Menge, Vielfalt; dichte Grasbüschel. Das Ideogramm zeigt ein Grasbüschel und einen Diener. Es weist darauf hin, daß man Kräfte sammeln sollte, um etwas zu erreichen.

Das Hexagramm symbolisiert gewöhnliche Arbeit, die ihren Ausdruck im Äußeren findet. Die Nebel steigen über der Erde auf. Machen Sie einen Schritt nach dem anderen. Zuerst kommen die Dinge paarweise zusammen, dann bildet sich eine Gruppe. »Die Sammlung« impliziert Zusammenkunft und Wiedervereinigung. Vermeiden Sie Kämpfe durch Achtsamkeit. Lassen Sie sich nicht überrumpeln. »Die Sammlung« weist auf die Zusammenkunft von Menschen hin und findet ihren Ausdruck in Arbeit. Das Starke und Feste befindet sich im Zentrum und wirkt richtungweisend. Es ist das Fundament der Zusammenkunft. Seien Sie wie der König, der sich vorstellt, einen Tempel zu besitzen. Das bedeutet aber auch, sich den Dingen mit Aufrichtigkeit und Ehrerbietung zu nähern und Opfer zu bringen. Suchen Sie wichtige oder hochstehende Menschen auf und denken Sie über Ihr wesentliches Anliegen nach. Das hilft Ihnen, die Art und Weise der Zusammenkunft zu beeinflussen. Ein großes Opfer zu bringen verspricht Heil und gutes Gelingen durch die Freisetzung transformierender Energien. Es ist von Vorteil, ein Ziel zu haben und die Dinge zu steuern. Seien Sie empfänglich und besinnen Sie sich auf Ihren höheren Auftrag. Indem Sie über den Ort der Zusammenkunft meditieren, erkennen Sie die Motive des Himmels und der Erde.

Linien der Wandlung
Sechs auf der untersten: Handeln Sie voller Vertrauen. Sie sind mit geistigen Helfern verbunden, die Sie führen werden. Anfangs werden Sie bei dem Versuch, Ihre Pläne durchzuführen, noch Schwierigkeiten begegnen. Alles wird durcheinandergeraten. Sie müssen die Dinge wieder ordnen. Bitten Sie um Hilfe. Schon eine kleine Unterstützung, ein Händeschütteln, eine Aufmunterung bringen Freude und Lachen zurück. Machen Sie sich keine Sorgen. Es ist kein Fehler, auf diesem Weg weiterzugehen, selbst wenn zur Zeit im Hinblick auf Ihr Ziel Verwirrung herrscht. *Richtung:* Gehen Sie mit dem Fluß der Ereignisse. Machen Sie einen Schritt nach dem anderen. Sammeln Sie Kraft für einen entscheidenden neuen Schritt.

Sechs auf der zweiten: Zögern Sie die Dinge hinaus, verschaffen Sie sich mehr Zeit. Das verspricht Heil und gutes Gelingen durch die Freisetzung transformierender Energien. Lassen Sie sich in die Ereignisse hineinziehen. Warten

Sie, bis Sie eine innere Verbindung mit den Geistwesen spüren, und führen Sie dann Ihre Pläne durch. Bringen Sie ein Opfer dar, selbst wenn Sie gegenwärtig nur über geringe Mittel verfügen. Sammeln Sie Kraft in der Mitte. Die Situation ist noch nicht reif für eine Veränderung. *Richtung:* Schauen Sie nach innen und suchen Sie nach Wegen, die Sie aus der Isolation herausführen. Suchen Sie sich eine unterstützende Gruppe. Sammeln Sie Kraft für einen entscheidenden neuen Schritt.

Sechs auf der dritten: Sobald die Zusammenkunft stattfindet, beginnt das Jammern und Klagen über schmerzliche Erinnerungen. In dieser Situation ist es nicht von Vorteil, ein Ziel zu haben oder zu versuchen, die Dinge in eine bestimmte Richtung zu lenken. Es ist kein Fehler weiterzuziehen. Wenn Sie sich an die Situation anpassen, werden Sie nur gedemütigt. Orientieren Sie sich an etwas Höherem. *Richtung:* Öffnen Sie sich für einen neuen Einfluß. Er wird Sie mit einer kreativen Kraft in Verbindung bringen.

Neun auf der vierten: Handeln Sie! Ihr Vorhaben verspricht Heil und gutes Gelingen durch die Freisetzung transformierender Energien. Kein Makel! Die Situation ist nicht angemessen. *Richtung:* Suchen Sie sich andere Freunde und Partner. Lösen Sie sich von alten Vorstellungen und öffnen Sie sich für neue. Sorgen Sie für alles Notwendige.

Neun auf der fünften: Die in dieser Gruppe zusammengekommenen Menschen unterliegen einer Rangordnung. Es besteht keinerlei Verbindung zwischen dieser Gruppe und der geistigen Welt. Das ist nicht Ihre Schuld. Suchen Sie nach dieser Verbindung. Versuchen Sie immer wieder, mit der Quelle in Kontakt zu kommen. So werden sich all Ihre Bedenken in Luft auflösen. Die Gruppe hat noch kein klares Ziel. *Richtung:* Sammeln Sie Kraft, damit Sie handeln können, wenn der Ruf zum Handeln Sie erreicht. Überdenken Sie die Situation, betrachten Sie sie mit neuen Augen. Sammeln Sie Kraft für einen entscheidenden neuen Schritt.

Sechs auf der obersten: Diese Verbindung kostet Sie viele Seufzer und Tränen. Es ist keine Frage von Schuld. Obwohl Sie obenauf sind, ist das Heim in Aufruhr. Sie sind von den falschen Menschen umgeben. *Richtung:* Die Kommunikation ist blockiert. Sie sind mit den falschen Menschen verbunden. Gehen Sie Schritt für Schritt vor. Sammeln Sie Kraft für einen entscheidenden neuen Schritt.

46 Der Aufstieg
SHENG

Schlüsselworte: Sorgen Sie sich nicht. Machen Sie sich die Mühe und erklimmen Sie den Berg Schritt für Schritt.

In dieser Situation geht es darum, zu einer höheren Ebene aufzusteigen und etwas zu erreichen. Der Schlüssel zu angemessenem Handeln liegt hier in dem Entschluß, sich ein Ziel zu setzen und Schritt für Schritt darauf hinzuarbeiten. Verwurzeln Sie sich im Boden und streben Sie dann in die Höhe. Erklimmen Sie den Berg und verbinden Sie sich mit den Geistwesen. Bringen Sie das verborgene Potential nach außen und verwirklichen Sie es. Dies ist eine sehr günstige Situation, die zu Wachstum und Fortschritt führt. Die Geistwesen freuen sich und schenken Ihnen Durchsetzungskraft und die Fähigkeit, die Angelegenheit zu einem guten Ende zu führen. Suchen Sie wichtige oder hochstehende Menschen auf, die Ihnen helfen und Sie beraten können. Versuchen Sie, das Großartige in sich selbst zu sehen, und betrachten Sie sich Ihre Art und Weise, Ihre Vorhaben zu organisieren. Machen Sie sich frei von allen Sorgen,

Ängsten und Befürchtungen. Wenden Sie sich dem Süden, der Region des Sommers, des Wachstums, der Intensität und Aktivität zu. Das verspricht Heil und gutes Gelingen durch die Freisetzung transformierender Energien. Korrigieren Sie Dinge, die der Korrektur bedürfen, sorgen Sie für Disziplin und bringen Sie die Dinge in Ordnung.

Aufsteigen, SHENG: Einen Berg erklimmen, hinaufgehen, emporkommen; Schritt für Schritt hinaufklettern; durch eigenes Bemühen vorwärtskommen; befördert werden, eine höhere berufliche Position erhalten; ansammeln, das Potential nach außen bringen und verwirklichen; Alkohol destillieren; eine alte Maßeinheit, ein kleiner Becher voll.

Das Hexagramm weist auf innere Anpassungsfähigkeit hin, die von ihren Wurzeln in der Erde nach oben steigt. Das Zentrum der Erde gebiert den Baum. Wenn Sie sich führen lassen, können Sie Ihr verborgenes Potential entdecken. Wenn Menschen zusammenkommen, um ein höheres Ziel zu erreichen, nennen sie es »Aufstieg«. Es fällt Ihnen nicht einfach in den Schoß. Geben Sie dem Impuls nach und arbeiten Sie hart, um das Tao zu verwirklichen. Sammeln Sie kleine Dinge an, um Großes zu erreichen. Seien Sie anpassungsfähig und nutzen Sie diese Zeit. Dringen Sie zum Kern der Angelegenheit vor. Sie müssen sich anpassen und hart arbeiten, um Ergebnisse zu erzielen. Das Starke befindet sich im Zentrum und alles paßt sich ihm an. Das erfreut die Geistwesen, die Ihnen Erfolg und Durchsetzungskraft schenken und Sie befähigen, die Situation zu einem guten Ende zu führen. Sie kommen dadurch mit großartigen Menschen und mit dem Großartigen in sich selbst in Kontakt. Sorgen Sie sich nicht. Sie werden reich belohnt. Machen Sie sich gen Süden auf. Handeln Sie. Das verspricht Heil und gutes Gelingen durch die Freisetzung transformierender Energien. Korrigieren Sie die Dinge, wo es nötig ist, sorgen Sie für Disziplin und bringen Sie Dinge in Ordnung. Sie bewegen sich wirklich auf Ihr Ziel zu.

Linien der Wandlung
Sechs auf der untersten Position: Sie dürfen den Berg hinaufsteigen. Bleiben Sie ehrlich und aufrichtig. So setzen Sie transformierende Energien frei, die Ihnen Glück und bedeutsame Ereignisse bescheren. Ihr Ziel steht in Einklang mit den höheren Mächten. *Richtung:* Eine großartige, fruchtbare Zeit bricht an. Wenn Sie sich führen lassen, können Sie Ihr verborgenes Potential entdecken. Die Situation verändert sich bereits.

Neun auf der zweiten: Verbinden Sie sich mit den geistigen Helfern und versuchen Sie, innere Klarheit zu erlangen. Nutzen Sie die Situation dann, um ein Opfer darzubringen, wie begrenzt Ihre Mittel auch sein mögen. Sie befinden sich in einer guten Position und werden bald Grund zur Freude haben. *Richtung:* Bemühen Sie sich um eine klare, einfache Ausdrucksweise und bleiben Sie bei den Tatsachen. Setzen Sie gebundene Energien frei. Die Hindernisse werden sich bald in Luft auflösen. Die Situation verändert sich bereits.

Neun auf der dritten: Sie steigen auf in eine leere Stadt. Halten Sie jetzt nicht inne. Dies ist weder der richtige Zeitpunkt noch der passende Ort für Zweifel. *Richtung:* Organisieren Sie Ihre »Streitkräfte« und marschieren Sie weiter. Etwas Bedeutsames kehrt in Ihr Leben zurück. Öffnen Sie sich dafür. Sorgen Sie für alles Notwendige.

Sechs auf der vierten: Der König bringt Opfergaben für den Fortschritt des Volkes auf dem Ahnenberg Ch'i dar. Setzen Sie Ihre Energie zum Wohle der Gemeinschaft ein. Das verspricht Heil und gutes Gelingen durch die Freisetzung transformierender Energien. Kein Makel. Es wird mit Sicherheit allen zugute kommen. *Richtung:* Schreiten Sie auf dem eingeschlagenen Weg fort. Handeln Sie mit Entschlossenheit. Sie sind mit einer kreativen Kraft verbunden.

Sechs auf der fünften: Prüfen Sie die Realisierbarkeit Ihrer Ideen. Das verspricht Heil und gutes Gelingen durch die Freisetzung transformierender Energien. Steigen Sie die Stufen zum Sitz der Macht hinauf. Ihr Vorhaben wird Ihnen großen Gewinn einbringen. *Richtung:* Sichern Sie das Fundament, indem Sie die Grundbedürfnisse erfüllen. Handeln Sie mit Entschlossenheit. Sie sind mit einer kreativen Kraft verbunden.

Sechs auf der obersten: Ein Aufstieg durch düsteres, dunkles Terrain. Kein Licht weist Ihnen den Weg. Ganz gleich, ob Sie durch die dunkle Nacht schreiten, einen Bereich der Unterwelt oder einen Wald der Verwirrung durchqueren, gehen Sie weiter. Die einzige Möglichkeit, von dieser Situation zu profitieren, besteht darin, weiter hindurchzugehen, um hinauszugelangen. *Richtung:* Eine üble Situation. Wenn Sie sich hinausführen lassen, können Sie Ihr verborgenes Potential entdecken. Die Situation verändert sich bereits.

47 Die Bedrängnis / Die Unterdrückung K'UN

  Schlüsselworte: Schauen Sie nach innen. Suchen Sie einen Weg, der Sie aus der Falle hinausführt.

Diese Situation wird von Gefühlen der Isolation, der Bedrängnis, Unterdrückung und Erschöpfung bestimmt. Die angemessene Art und Weise damit umzugehen, besteht darin, soviel Kraft anzusammeln, daß man aus der Begrenzung ausbrechen und die Kommunikation wiederherstellen kann. Das erfreut die Geistwesen, die Ihnen dafür Erfolg und Durchsetzungskraft schenken und Sie befähigen, die Situation zu einem guten Ende zu führen. Meistern Sie die Situation von innen. Finden Sie heraus, was Ihnen wirklich wichtig ist. Suchen Sie Menschen auf, die Ihnen helfen und die Sie beraten können. Das verspricht Heil und gutes Gelingen durch die Freisetzung transformierender Energien. Sie haben diese Situation nicht verursacht. Sie können den Worten anderer nicht vertrauen und wenn Sie sprechen, glaubt man Ihnen nicht. Tun Sie nicht, was Sie nach Meinung anderer tun sollten. Die Kommunikation ist zusammengebrochen und Sie sind dadurch in eine Isolation geraten.

Bedrängnis/Unterdrückung, K'UN: Eingeschlossen, eingekreist; begrenzen, beschränken, Bestrafung, Strafmaßnahmen, Gefängnis; Sorgen, Ängste, Spannungen; Müdigkeit, Erschöpfung, mit den Kräften am Ende; belastet, entmutigt, ausgelaugt; Armut. Das Ideogramm stellt einen wachsenden Baum dar, der von einer einengenden Umzäunung umgeben ist.

Das Hexagramm weist auf äußere Beziehungen hin, die vom inneren Energiefluß abgeschnitten sind. Die Nebel steigen jenseits des Stromes auf. Suchen Sie sich Menschen, von denen Sie Unterstützung erhalten können. Ungebremstes Wachstum hat zu dieser Beschneidung geführt. Doch die Situation birgt die Möglichkeit, unerwartet auf Hilfe und Ermutigung zu stoßen. Nutzen Sie diese Zeit, um Ihre eigene Kraft, das Tao zu verwirklichen, von den kollektiven Werten zu trennen, die zu Ihrer Unterdrückung beitragen. Beenden Sie alte Beziehungen und öffnen Sie sich für neue Verbindungen. Lassen Sie sich nicht von altem Groll und bittern Gefühlen binden. Suchen Sie den in dieser Situation verborgenen Schlüssel zur Veränderung und nutzen Sie ihn, um ein Gespür für Ihre Aufgabe oder Ihr Ziel zu bekommen. Das Starke und Feste ist verdeckt und verborgen. Es ist zur Zeit gefährlich, sich auszudrücken. Indem Sie trotz der Beschränkung an Ihrer Vision festhalten, erfreuen Sie die Geistwesen, die Ihnen dafür Erfolg und Durchsetzungskraft schenken und Sie befähigen, die Situation zu einem guten Ende zu führen. Die Situation aktiviert Ihre Verbindung zum Tao. Sie kann trotz aller Hindernisse durch die Freisetzung transformierender Energien zu gutem Gelingen führen. Suchen Sie Menschen auf, die Ihnen helfen können, und versuchen Sie auch, zu Ihrer eigenen inneren Stärke zu finden. Wenn Sie sprechen, wird man Ihnen keinen Glauben schenken. Richten Sie sich in Ihrem Handeln nicht nach dem, was Ihre Unterdrücker Ihnen sagen. Das würde Sie nur erschöpfen.

Linien der Wandlung
Sechs auf der untersten Position: Das Hinterteil wird durch eine hölzerne Stange niedergedrückt. Verletzt oder bestraft gehen Sie in ein dunkles Tal hinein und vergraben sich in tiefer Melancholie. Wenn Sie so weitermachen, werden Sie drei Jahre lang allein sein. Rückzug bringt Ihnen keine Klarheit. *Richtung:* Drücken Sie sich aus und schließen Sie sich mit anderen zusammen. Suchen Sie sich eine unterstützende Gruppe. Sammeln Sie Kraft für einen entscheidenden neuen Schritt.

Neun auf der zweiten: Die Bedrängnis, der Sie sich jetzt gegenübersehen, ist die Folge von Zügellosigkeit und oberflächlichen Freuden. Ihre Bedrückung resultiert aus dem Gefühl, nicht anerkannt zu werden. Doch die Attribute von Ehre, Glück und Erfolg kommen bereits von allen Seiten auf Sie zu. Verbinden Sie sich mit der Quelle innerer Energien. Das bringt Einsicht und Gewinn. Wenn Sie versuchen, andere zu disziplinieren, oder sich auf eine Expedition begeben, schneiden Sie sich von den geistigen Helfern ab und sind ohne Schutz und Führung. Bleiben Sie in dieser Situation in Ihrer Mitte und Sie werden belohnt. *Richtung:* Bringen Sie Menschen und Mittel für die Verwirklichung eines großartigen neuen Projekts zusammen. Gehen Sie Schritt für Schritt voran. Sammeln Sie Kraft für einen entscheidenden neuen Schritt.

Sechs auf der dritten: Die Bedrängnis läßt Sie versteinern. Was Sie auch anfassen verwandelt sich in Dornen und Fallstricke. Sie betreten Ihr Haus und sehen Ihre Gattin nicht. So schneiden Sie sich von den geistigen Helfern ab und sind ohne Schutz und Führung. Das bringt mit Sicherheit kein Glück. *Richtung:* Eine Übergangszeit. Scheuen Sie sich nicht, allein zu handeln. Sie sind mit einer kreativen Kraft verbunden.

Neun auf der vierten: Etwas bahnt sich ganz langsam und still an. Wenn es Sie erst bis zur Ausgangstür getrieben hat, werden Sie erkennen, daß Sie die Dinge falsch angepackt haben. Es hilft Ihnen jedoch, dieser Bedrängnis zu entkommen. Bleiben Sie bescheiden im Hintergrund. Die Situation ist nicht angemessen. Bald werden Sie die Möglichkeit haben, sich mit Menschen zusammenzuschließen. *Richtung:* Wenn der richtige Moment gekommen ist, sollten Sie das Risiko eingehen. Nähren Sie die Dinge. Verinnerlichen Sie die Situation. Öffnen Sie sich für neue Ideen.

Neun auf der fünften: Ihre Nase und Ihre Füße sind abgeschnitten. Sie werden von Autoritäten unterdrückt, doch allmählich finden Sie in dieser Situation eine Möglichkeit, sich auszudrücken. Verbinden Sie sich mit der inneren Quelle. Das bringt Einsicht und Gewinn. Ihr Ziel ist noch nicht klar. Sie sollten zur Zeit vor allem versuchen, eine innere Ordnung herzustellen. Akzeptieren Sie die Situation, wie sie momentan ist, und erinnern Sie sich an alle guten Dinge in Ihrem Leben. Es könnte viel schlimmer sein. *Richtung:* Setzen Sie gebundene Energien frei. Ihre Befreiung naht. Die Situation verändert sich bereits.

Sechs auf der obersten: Bedrängnis und Unterdrückung durch Ranken und Schlingpflanzen. Sie stolpern mit vernebeltem Kopf in eine gefährliche Situation hinein. Hören Sie mit dem unsinnigen Geschwätz auf, durch das Sie diese ganze Unruhe und Verzweiflung heraufbeschwören, sonst werden Sie es am Ende zu bereuen haben. Bringen Sie die Dinge in Ordnung. Disziplinieren Sie sich selbst und andere. Setzen Sie sich in Bewegung. Das verspricht Heil und gutes Gelingen durch die Freisetzung transformierender Energien. *Richtung:* Bringen Sie Ihr Anliegen klar und überzeugend vor. Suchen Sie sich eine unterstützende Gruppe und bleiben Sie in ihrer Mitte. Sammeln Sie Kraft für einen entscheidenden neuen Schritt.

48 Der Quell / Der Brunnen
CHING

Schlüsselworte: Kommunizieren Sie, verbinden Sie sich mit anderen, schöpfen Sie aus der Quelle.

In dieser Situation sind die unter der Oberfläche wirkenden natürlichen Kräfte, die die gesellschaftlichen Strukturen bestimmen, von Bedeutung. Es geht darum, die eigene Verbindung zu dieser Quelle zu klären und zu erneuern. Das Wasser ist für alle da und jeder kann sich immer wieder daran laben. Der Brunnen, der Ihnen den Zugang zu dieser Quelle verschafft, muß gereinigt und gewartet werden. Sie können sich eine andere Wohnung und neue Freunde suchen, doch der Quell und die Bedürfnisse, für die er steht, bleiben stets gleich. Gewinnen und verlieren, kommen und gehen – all das ist Teil des Ganzen, das der Brunnen repräsentiert. Wenn Sie nichts als Schlamm im Brunnen finden, sind Sie nicht genug in die Tiefe gegangen. Ihr Seil ist zu kurz. Wenn Sie den Krug zerbrechen, der zum Heraufziehen des Wassers benutzt wird, verlieren Sie die Verbindung zu den geistigen Helfern und sind von Unheil bedroht.

Der Brunnen, CHING: Ein Wasserreservoir; der Brunnen im Zentrum einer Gruppe von neun Feldern; gemeinsame Ressourcen; unter der Oberfläche liegende Strukturen; Kern; in Ordnung, regelmäßig; mit anderen kommunizieren, allgemeine Grundbedürfnisse; das Wasser des Lebens, die innere Quelle. Das Ideogramm stellt eine Gruppe von neun Feldern dar, in deren Zentrum sich ein Brunnen befindet.

Das Hexagramm symbolisiert die Durchdringung der äußeren Welt mit inneren Energien. Das Wasser über dem Holz bildet die Bedingung für den Quell. Wandeln Sie potentielle Konflikte in kreative Spannung um. Wenn das Obere begrenzt wird, kehrt sich das Untere um. Die Quelle steht für gegenseitige Durchdringung und freie Kommunikation. In der Erde ist die Kraft, das Tao zu verwirklichen, verwurzelt. Das bedeutet, daß man bleiben sollte, wo man ist. Aber man sollte seine Vorstellungen ändern, indem man sich klarmacht, was richtig ist. Arbeiten Sie bescheiden für das Wohl der Gemeinschaft, um glückliche Begegnungen zu begünstigen. Die inneren Energien erreichen den Strom und bringen ihn an die Oberfläche. Der Quell nährt die Menschen und erschöpft sich nie. Sie können Ihren Wohnort ändern, aber die Quelle können Sie nicht ändern. Sie ist die solide Grundlage. Wenn Sie nur Schlamm heraufziehen, ist Ihr Seil nicht lang genug. Sie haben noch nichts erreicht. Wenn Sie den Krug zerbrechen, der zum Wasserholen benutzt wird, verlieren Sie die Verbindung zur geistigen Welt und sind ohne Schutz und Führung.

Linien der Wandlung
Sechs auf der untersten Position: Gegenwärtig ist dieser Brunnen ein Morast. Sie können das Wasser nicht trinken. Es ist eine alte Quelle, zu der niemand mehr kommt. Sie ist mit der Zeit in Vergessenheit geraten. *Richtung:* Warten Sie den richtigen Moment zum Handeln ab. Wandeln Sie potentielle Konflikte in kreative Spannung um. Wenn Sie sich führen lassen, können Sie Ihr verborgenes Potential entdecken. Die Situation verändert sich bereits.

Neun auf der zweiten: Sie fischen in einem Gully. Der Krug, der das Wasser halten soll, hat Sprünge und rinnt. Diese Quelle ist nicht geeignet, den Zusammenschluß mit anderen zu fördern. *Richtung:* Überdenken Sie die Situation und betrachten Sie sie mit neuen Augen. Sammeln Sie Kraft für einen entscheidenden neuen Schritt.

Neun auf der dritten: Diese Quelle ist trüb, weil sie nicht genutzt wird. Es schmerzt Sie, daß Ihre Fähigkeiten nicht gefragt sind. Das Wasser könnte gute Dienste leisten, wenn der, der die Macht innehat, intelligent genug wäre, um die Situation zu verstehen. Hier wird ein Mensch unterschätzt, wird sein wertvolles Potential nicht gewürdigt. Auch wenn es Sie schmerzt zu gehen, sollten Sie sich an einen Ort begeben, wo man Ihren Wert erkennt. Das kann sich für alle Beteiligten segensreich auswirken. *Richtung:* Gehen Sie das Risiko ein. Sorgen Sie für alles Notwendige. Öffnen Sie sich für neue Ideen.

Sechs auf der vierten: Diese Quelle wird eingefaßt. Auch wenn das Wasser nicht genutzt werden kann, ist es kein Fehler, die Quelle zu regulieren. *Richtung:* Dies ist eine Übergangszeit. Scheuen Sie sich nicht, allein zu handeln. Sie sind mit einer kreativen Kraft verbunden.

Neun auf der fünften: Dieser Brunnen enthält kühles, reines Quellwasser. Sie können es trinken. Die Quelle liegt am richtigen Platz. *Richtung:* Machen Sie sich die Mühe. Wenn Sie sich führen lassen, können Sie Ihr verborgenes Potential entdecken. Die Situation verändert sich bereits.

Sechs auf der obersten: Diese Quelle nimmt alles auf und nährt alle. Decken Sie sie nicht zu. Verdecken Sie das Wertvolle nicht. Sie sind mit geistigen Helfern verbunden, die Sie führen werden. Diese Quelle hält großes Glück und bedeutsame Ereignisse bereit. Sie können Großes erreichen. *Richtung:* Dringen Sie vorsichtig zum Kern der Angelegenheit vor. Wandeln Sie potentielle Konflikte in kreative Spannung um. Die Situation verändert sich bereits.

49 Die Häutung / Die Umwälzung
KO

Schlüsselworte: Streifen Sie das Alte ab.
Umwälzung und Erneuerung.

In dieser Situation geht es darum, die schützende Hülle abzustreifen. Der Schlüssel zu angemessenem Handeln liegt hier in der Bereitschaft, die Dinge auf völlig neue Art und Weise zu präsentieren. Sortieren Sie alles Alte und überflüssig Gewordene aus, damit das Neue in den Vordergrund treten kann. Sie müssen jedoch warten, bis der richtige Augenblick zum Handeln gekommen ist: jener Moment, da die Schlange bereit ist, ihre alte Haut abzustreifen, und die Sonne sich dem Zenit nähert. Wenn dieser Augenblick gekommen ist, können Sie zuversichtlich handeln. Die geistigen Helfer werden Sie führen. Eine ganz neue Zeit bricht an. All Ihre Zweifel und Ängste werden sich in Luft auflösen.

Häuten/Umwälzen, KO: die Haut abstreifen, sich mausern; verändern, erneuern; umwälzen, umstürzen, Verstekke vorbereiten; Haut, Leder; Rüstung, Soldaten; entfernen, abschaffen, abschneiden, wegschneiden. Das Ideogramm stellt ein auf einen Rahmen gespanntes Tierfell dar.

Das Hexagramm symbolisiert sich wandelndes Bewußtsein, das seinen Ausdruck im Äußeren findet. Feuer inmitten des Nebels. Sie sind mit einer kreativen Kraft verbunden. Die Wirkung der tiefen Wasser der Quelle hat Sie gezwungen, sich zu häuten und das Alte abzustreifen. Häuten bedeutet, alte Motivationen, Ängste und Sorgen, Erinnerungen und Streitigkeiten hinter sich zu lassen. Versuchen Sie, eine Sensibilität für die Zeitqualität zu entwickeln, damit Sie erkennen können, wann der richtige Moment zum Handeln gekommen ist. Wasser und Feuer kommen für einen Augenblick zusammen. Sie sind wie zwei Frauen, die zusammenleben, aber verschiedene Absichten und Wünsche hegen. Das nennt man »Häutung«. Warten Sie auf den richtigen Augenblick. Handeln Sie dann und vertrauen Sie darauf, daß Sie das Richtige tun. Sie werden mit geistigen Helfern verbunden sein, die Sie führen. Erhellen Sie die inneren Prozesse, wenn Sie sie ausdrücken. Indem Sie die Dinge in die richtige Richtung lenken, können Sie großes Wachstum bewirken. Das erfreut die Geistwesen. Werfen Sie Altes ab, erneuern Sie die Dinge, häuten Sie sich. Ihre Zweifel, Ängste und Sorgen werden sich auflösen. Himmel und Erde erneuern sich ohne Unterlaß und die vier Jahreszeiten manifestieren die Erneuerung. Weise Menschen verändern und erneuern den Auftrag des Himmels. Empfänglichkeit und die Bereitschaft zu dienen verbindet Sie mit dem Himmel, gegenseitige Anziehung auf gleicher Schwingungsebene verbindet Sie mit den Menschen. Die Zeit der Häutung ist wahrhaftig eine großartige Zeit.

Linien der Wandlung

Neun auf der untersten Position: Mit Ledergurten festgezurrt! Momentan sind Sie gebunden. Es ist unmöglich, Dinge in Angriff zu nehmen. *Richtung:* Seien Sie offen für den Impuls, wenn er kommt. Handeln Sie dann und scheuen Sie sich nicht, allein zu handeln. Sie sind mit einer kreativen Kraft verbunden.

Sechs auf der zweiten: Dies ist der Zeitpunkt, da die Schlange ihre alte Haut abstreift. Der Augenblick der Umwälzung und Erneuerung ist gekommen. Sorgen Sie für Disziplin und bringen Sie Dinge in Ordnung. Begeben Sie sich auf eine Expedition. Das verspricht Heil und gutes Gelingen durch die Freisetzung transformierender Energien. Kein Makel! Handeln Sie, bringen Sie Bewegung in die Dinge, geben Sie Anregungen. Das wird Ihnen Lob, Ehre und Erfolg einbringen. *Richtung:* Entschlossenes Handeln ist von Vorteil. Sie sind mit einer kreativen Kraft verbunden.

Neun auf der dritten: Wenn Sie zu diesem Zeitpunkt versuchen, für Disziplin zu sorgen, oder sich auf eine Expedition begeben, schneiden Sie sich von den geistigen Helfern ab und sind ohne Schutz und Führung. Die Zeit zum Handeln ist noch nicht gekommen. Sie werden mit einem zornigen alten Geist konfrontiert, der zurückgekehrt ist, um sich für frühere Mißachtung zu rächen. Sie müssen warten, bis der Ruf zur Erneuerung Sie dreimal erreicht hat. Dann können Sie vertrauensvoll handeln. Die geistigen Helfer werden mit Ihnen sein und Sie führen und Sie werden wissen, wovon Sie sprechen. *Richtung:* Passen Sie sich dem Fluß der Ereignisse an. Machen Sie einen Schritt nach dem anderen. Sammeln Sie Kraft für einen entscheidenden neuen Schritt.

Neun auf der vierten: Handeln Sie und zweifeln Sie nicht. All Ihre Bedenken werden sich in Luft auflösen. Die geistigen Helfer sind mit Ihnen und werden Sie führen.

Verändern Sie die Aufträge des Himmels. Wenden Sie das Schicksal der Menschen. Das verspricht Heil und gutes Gelingen durch die Freisetzung transformierender Energien. Vertrauen Sie völlig darauf, daß Sie auf dem richtigen Weg sind. *Richtung:* Die Situation verändert sich bereits.

Neun auf der fünften: Wenn der Auftrag des Himmels sich ändert, verwandelt sich der Weise in einen Tiger. Er wechselt radikal und unmittelbar von einem Seinszustand in den anderen über. Mit seiner feurigen Energie beschützt er die, die ihm folgen. Sie unterziehen sich einer radikalen inneren Wandlung, die Ihre alten Überzeugungen und Vorstellungen über den Haufen wirft. Sie können voller Selbstvertrauen handeln, denn Sie sind mit geistigen Helfern verbunden, die Sie führen werden. Es ist nicht notwendig, nach Zeichen und Omen Ausschau zu halten. Ihre eigenen inneren Prozesse werden die Dinge beleuchten. *Richtung:* Eine großartige, fruchtbare Zeit kündigt sich an. Scheuen Sie sich nicht, allein zu handeln. Handeln Sie! Sie sind mit einer kreativen Kraft verbunden.

Sechs auf der obersten: Wenn der Auftrag des Himmels sich ändert, sollten Sie das Orakel konsultieren, um in Verbindung mit dem Tao zu bleiben. Verwandeln Sie sich in einen Panther. Wechseln Sie graziös, anmutig und unabhängig von einem Seinszustand in den anderen über. Unentwickelte Menschen, die sich an alles anpassen, was ihren Weg kreuzt, werden das imitieren, indem sie einfach ihre Masken wechseln. Bleiben Sie, wo Sie sind. Das verspricht Heil und gutes Gelingen durch die Freisetzung transformierender Energien. Wenn Sie zu diesem Zeitpunkt versuchen, für Disziplin zu sorgen, oder sich auf eine Expedition begeben, schneiden Sie sich von den geistigen Helfern ab und sind ohne Schutz und Führung. *Richtung:* Scharen Sie Menschen um sich und geben Sie ihnen ein gemeinsames Ziel. Das verbindet Sie mit einer kreativen Kraft.

50 Der Kessel / Das Halten
TING

Schlüsselworte: Finden Sie ein inneres Bild. Halten und transformieren Sie Ihr Problem im Kessel Ihrer Imagination.

In dieser Situation sind die transformierenden Eigenschaften eines heiligen Gefäßes und die Imaginationskräfte von Bedeutung. Der Schlüssel zu angemessenem Handeln liegt darin, das gegenwärtige Problem im Gefäß der Vorstellung zu halten und durch ein inneres Bild zu transformieren. Sie müssen tief in Ihr Problem eintauchen, um zu verstehen, was es bedeutet. Aus dieser inneren Achtsamkeit erwächst ein Gefühl der Sicherheit und ein neuer Anfang. Dies ist die richtige Zeit, um über die Dinge nachzusinnen, sie langsam vor dem geistigen Auge zu drehen und wenden. Das wird Ihnen durch die Freisetzung transformierender Energien Glück und bedeutsame Ereignisse bescheren. Es erfreut die Geistwesen, die Ihnen dafür Erfolg und Durchsetzungskraft schenken und Sie befähigen, die Situation zu einem guten Ende zu führen.

Gefäß/Halten, TING: Ein Kessel mit zwei Henkeln auf drei Beinen, ein heiliges Gefäß, in dem Opfergaben gekocht und rituelle Mahlzeiten bereitet werden; das Gründungssymbol eines Familienclans oder einer Dynastie; ein Behälter; beinhalten, halten und transformieren, umwandeln; weihen, einsegnen, mit der geistigen Welt verbinden; gründen, errichten, sichern; kostbar, gut verwurzelt. Dieses uralte Ideogramm stellt eine Geisterbeschwörung dar.

Das Hexagramm symbolisiert innere Durchdringung, die eine sich ausbreitende strahlende Klarheit fördert. Das Feuer über dem Holz. Handeln Sie entschlossen und durchbrechen Sie innere Barrieren. Wenn das Alte erst einmal eliminiert wurde, kann nichts den Platz des Kessels einnehmen und seine transformierende Kraft aufhalten. Das heilige Gefäß ist ein Symbol für den Erneuerungsprozeß. Ordnen Sie die Angelegenheit, um Ihr weiteres Schicksal auf eine solide Grundlage zu stellen. »Der Kessel« impliziert das Kreieren und Benutzen von Symbolen, so wie das Feuer das Holz benutzt. Opfern Sie den Geistwesen etwas, indem Sie es kochen. Der Weise nutzt diese Art des Opfers, um den höchsten geistigen Wesen etwas darzubieten und um einsichtige und edle Menschen zu nähren. Das erhöht die Sensibilität des Ohres und des Auges und verleiht Ihnen die Fähigkeit, unsichtbare Dinge zu sehen. Das Flexible und Anpassungsfähige steigt nach oben. Es kann Ihnen helfen, in die Mitte zu kommen und sich mit dem Starken und Festen zu verbinden. Das erfreut die Geistwesen und ist die Grundlage von Erfolg, Durchsetzungskraft und der Fähigkeit, die Situation zu einem guten Ende zu führen.

Linien der Wandlung
Sechs auf der untersten Position: Stellen Sie das Gefäß auf den Kopf, um eine Blockade zu entfernen. Irgend etwas blockiert die Kommunikation und Sie müssen andere als die üblichen Kanäle benutzen, um sie wieder herzustellen. Das Verlassen dieser blockierenden Situation vertieft Ihr Verständnis und bringt Gewinn. Es ist, als nähme man sich eine Konkubine, weil die Ehefrau kein Kind bekommen kann. Das ist kein Fehler und bedeutet auch nicht, daß man rebelliert. Es bedeutet einfach zu erkennen, was von Wert ist, und entsprechend zu handeln. *Richtung:* Eine großartige und fruchtbare Zeit bricht an. Handeln Sie entschlossen. Sie sind mit einer kreativen Kraft verbunden.

Neun auf der zweiten: Das Essen kocht im Kessel. Sie erwägen etwas, das wirklich von Wert ist. Denken Sie darüber nach, wer Ihre Gefährten und Partner sind und wie weit Sie ihnen trauen können. Jemand in Ihrer Umgebung ist von Krankheit, Chaos, Wut oder Haß beeinträchtigt. Doch diese Schwingungen können Sie nicht erreichen. Akzeptieren Sie diese Trennung. Die damit verbundene Freisetzung transformierender Energien verspricht Heil und gutes Gelingen. Denken Sie darüber nach, wohin Sie das, was Sie hier kochen, bringen wollen. Führen Sie Ihre Pläne zu Ende, ohne in Extreme zu verfallen. *Richtung:* Suchen Sie außerhalb der Normen. Vielleicht müssen Sie sich auf eine Reise begeben. Scheuen Sie sich nicht, allein zu handeln. Sie sind mit einer kreativen Kraft verbunden.

Neun auf der dritten: Die Henkel des Kessels wurden entfernt. Alles ist ins Stocken geraten. Sie können die Dinge nicht steuern. Sie kommen nicht an den Nektar heran. Machen Sie sich keine Sorgen, das ist Teil eines Prozesses, der Ihre Sichtweise der Dinge verändern und erneuern wird. Die Veränderung bereitet sich vor. Sie wird wie Regen herabfallen und Ihre Zweifel und Befürchtungen hinwegwaschen. Führen Sie Ihren Plan zu Ende. Das verspricht Heil und gutes Gelingen durch die Freisetzung transformierender Energien. Vermeiden Sie Selbstgerechtigkeit. *Richtung:* Sammeln Sie Kraft für einen entscheidenden neuen Schritt.

Neun auf der vierten: Sie brechen den Fuß des Kessels ab. Was Sie zu tun gedenken ist falsch. Tun Sie es nicht. Sie laufen Gefahr, das Fundament, auf dem Sie stehen, zu zerstören und die Bruchstücke auf den Menschen fallen zu lassen, der Sie unterstützt. Alles wird besudelt werden. Solches Handeln schneidet Sie von den geistigen Helfern ab und bringt Sie in Gefahr. Warum sollten Sie einen Vertrauensbruch begehen? *Richtung:* Diese Lösung ist vom Übel. Wenn Sie sich aus der Situation hinausführen lassen, können Sie Ihr verborgenes Potential entdecken. Die Situation verändert sich bereits.

Sechs auf der fünften: Dieser Kessel hat goldene Henkel und Metallringe, mit denen Sie ihn transportieren können. Ihre Pläne sind »gekocht«. Sie haben die Mitte gefunden. Versuchen Sie, Ihre Ideen umzusetzen. Das bringt Einsicht und Gewinn. *Richtung:* Handeln Sie. Dadurch verbinden Sie sich mit einer kreativen Kraft.

Neun auf der obersten: Sie haben etwas Wertvolles im Kessel gefunden, eine Idee, die Ihrem Leben eine Richtung geben kann. Das verspricht Heil und gutes Gelingen durch die Freisetzung transformierender Energien. Dies wird sich letztendlich positiv auf alles und alle auswirken. Es eröffnet Ihnen eine ganz neue Welt. Verleihen Sie dieser Idee Ausdruck. Geben Sie Ihr Gestalt und Form. *Richtung:* Bleiben Sie beharrlich. Handeln Sie entschlossen. Sie sind mit einer kreativen Kraft verbunden.

51 Die Erschütterung / Das Erregende
CHEN

Schlüsselworte: Der Schock des Neuen. Die Dinge geraten in Aufruhr; lassen Sie sich nicht nervös machen.

Diese Situation wird von einem aufrüttelnden aber auch inspirierenden Schock beherrscht. Die richtige Art und Weise damit umzugehen, besteht darin, neue Aktivitäten anzuregen und Dinge in Bewegung zu bringen. Überdenken Sie die Situation, mit der Sie konfontiert werden, betrachten Sie die Dinge mit neuen Augen. Lassen Sie sich nicht nervös machen. Verlieren Sie nicht Ihre Tiefe und Konzentration. Was zunächst bedrohlich oder erschreckend erscheint, wird Ihnen schon bald Anlaß zur Freude geben. Das erfreut die Geistwesen, die Ihnen dadurch Erfolg und Durchsetzungskraft schenken und Sie befähigen, die Situation zu einem guten Ende zu führen. Der Donner grollt und alle Menschen erschrecken. Sie können ihre ängstlichen Schreie hören. Doch dann verwandelt sich der Schrecken in Freude und Sie hören die Menschen lachen und miteinander reden. Die Schockwelle breitet sich im Umkreis von fünfzig Kilometern aus. Bleiben Sie konzentriert und zielgerichtet. Halten Sie den Becher mit dem Trankopfer ganz ruhig in Ihren Händen, damit der Duft des dunklen Weines aufsteigen und die Geistwesen anlokken kann.

Erschüttern, CHEN: In Aufruhr bringen, inspirieren; aufwecken, aufrütteln; schockieren, erschrecken, in Ehrfurcht versetzen, alarmieren; gewaltiger Donnerschlag (im Denken der Chinesen kommt der Donner von unten), Erdbeben; in Bewegung bringen, beginnen; ängstigen, erzittern lassen; majestätisch, heftig; *auch:* erregen, beeinflussen, einwirken auf; arbeiten, handeln; die Schale durchstoßen; das Aufbrechen der Knospe. Das Ideogramm stellt Regen dar und enthält das Zeichen für »Aufregung«.

Das Hexagramm weist auf wiederholte Schocks hin, durch die die Dinge in Aufruhr geraten. Aufeinanderfolgende Donnerschläge. Überdenken Sie Ihre Situation, betrachten Sie sie mit neuen Augen. Nichts ist besser geeignet, um die Verwirklichung einer großen Idee herbeizuführen, als der ehrfurchtgebietende Schock des Donners. »Die Erschütterung« bedeutet, daß Dinge in Bewegung gebracht werden. Es bedeutet, Dinge in Angriff zu nehmen und Projekte zu beginnen. Besorgt und aufgewühlt müssen Sie Ihr Inneres erforschen und sich der Entwicklung anpassen. Das erfreut die Geistwesen, die Ihnen dafür Erfolg und Durchsetzungskraft schenken und Sie befähigen, die Situation zu einem guten Ende zu führen. Der Schock kommt und versetzt alle in Schrecken, doch die dadurch ausgelöste Furcht wird sich am Ende als Segen erweisen. Wenn der Schrecken sich in befreiendes Lachen verwandelt, werden Sie bereits haben, was Sie brauchen. Die Erschütterung schreckt alle auf, die weiter entfernt sind, und versetzt alle in höchsten Schrecken, die sich in unmittelbarer Nähe befinden. Verlieren Sie nicht Ihre Tiefe und Konzentration. Wenn der Donnerschlag die Erde erzittern läßt, ist es Zeit, hinauszugehen und den Tempel der Vorfahren, den Feldaltar, aufzusuchen und den Göttern des Wachstums und der Fruchtbarkeit ein Opfer zu bringen. Seien Sie der Zeremonienmeister des Fruchtbarkeitsrituals.

Linien der Wandlung
Neun auf der untersten Position: Die Erschütterung kommt und alles erstarrt vor Schreck. Doch dann hört man befreiendes Gelächter. Transformierende Energien werden freigesetzt. Das verspricht Heil und gutes Gelingen. Der durch diesen Impuls zum Handeln ausgelöste Schreck wird sich am Ende sehr segensreich auswirken. Alles gerät in Aufruhr. Lassen Sie sich davon bewegen und anregen. Nach dem ersten Schrecken werden Sie bald alles haben, was Sie brauchen. *Richtung:* Sammeln Sie Kraft, damit Sie rasch reagieren können, wenn der Impuls kommt. Überdenken Sie Ihre Situation, betrachten Sie sie mit neuen Augen. Sammeln Sie Kraft für einen entscheidenden neuen Schritt.

Sechs auf der zweiten: Die Erschütterung setzt einen zornigen alten Geist frei, der zurückkehrt, um sich für frühere Mißachtung zu rächen. Eine schwierige Zeit. Sie verlieren alles, was Ihnen wertvoll erscheint. Erklimmen Sie den Berg der Transformation. Rennen Sie dem Verlorenen nicht hinterher. Sie erhalten alles zurück, wenn der siebte Tag anbricht. Sie haben eine starke Kraft hinter sich. *Richtung:* Wenn Sie sich führen lassen, können Sie Ihr verborgenes Potential entdecken. Die Situation verändert sich bereits.

Sechs auf der dritten: Die Erschütterung erweckt alles zu neuem Leben. Mut, Stärke, Energie und Freude kehren zurück. Geben Sie diesem Impuls nach. Das ist kein Fehler. Sie sehen die Dinge ganz klar. Die gegenwärtige Situation entspricht Ihnen nicht. *Richtung:* Bewegen Sie sich! Dann wird für Sie eine fruchtbare Zeit anbrechen. Scheuen Sie sich nicht, allein zu handeln. Nehmen Sie die Dinge in Angriff. Sie sind mit einer kreativen Kraft verbunden.

Sechs auf der vierten: Die Erschütterung schleudert Sie in einen Morast. Dieser Impuls zum Handeln verwirrt und blockiert Sie. Die Situation ist noch nicht klar. *Richtung:* Etwas Bedeutsames kehrt in Ihr Leben zurück. Öffnen Sie sich für neue Ideen. Übernehmen Sie nicht die Führung. Sorgen Sie für alles Notwendige.

Sechs auf der fünften: Die Erschütterung kommt und geht. Der Impuls zum Handeln ist unbeständig. Das verursacht Probleme. Ein zorniger alter Geist kehrt zurück, um sich für frühere Mißachtung zu rächen. Wenn es Ihnen gelingt, an Ihrem Vorhaben festzuhalten, werden Sie viel zu tun bekommen. Sie bewegen sich durch gefährliches Terrain und sind exponiert. Konzentrieren Sie sich vorrangig auf das, was jetzt getan werden muß. Ihre großartige Idee wird nicht verloren gehen. *Richtung:* Gehen Sie mit dem Fluß der Ereignisse. Machen Sie einen Schritt nach dem anderen. Sammeln Sie Kraft für einen entscheidenden neuen Schritt.

Sechs auf der obersten: Die Kraft des Donners, der Handlungsimpuls geht in einem Wust von Anforderungen und Verpflichtungen unter. Sie beobachten, wie dies den Menschen in Ihrer Umgebung widerfährt, und erschrecken angesichts der damit verbundenen Konsequenzen. Versuchen Sie nicht, für Disziplin zu sorgen oder die Dinge in Ordnung zu bringen. Dadurch würden Sie sich nur von den geistigen Helfern abschneiden und in Gefahr bringen. Lassen Sie sich von diesen Vorgängen nicht direkt beeinflussen. Es betrifft Ihre Nachbarn. Beobachten Sie einfach, was geschieht. Das ist kein Fehler. Sie werden die Leute von Heirat und Verbindungen reden hören. Hüten Sie sich vor solchen Worten. Sie sind noch nicht bis zum Zentrum der Dinge vorgestoßen. Obwohl in der Situation eine Falle lauert, können Sie vermeiden, sich darin zu verfangen. Was Ihren Nachbarn zustieß, sollte Ihnen eine Warnung sein. *Richtung:* Beißen Sie sich durch das vor Ihnen liegende Hindernis hindurch. Betrachten Sie die Situation mit neuen Augen. Sammeln Sie Kraft für einen entscheidenden neuen Schritt.

52 Das Stillhalten / Die Festigung
KEN

Schlüsselworte: Eine Phase nähert sich ihrem Ende. Werden Sie ruhig und still, festigen und definieren Sie Dinge.

In dieser Situation geht es darum, eine Grenze wahrzunehmen oder zu erkennen, daß sich ein Zyklus seinem Ende nähert. Der Schlüssel zu angemessenem Handeln liegt hier in der Fähigkeit, still zu werden und innezuhalten, um zu verstehen, was bisher erreicht wurde. Werden Sie ruhig. Versuchen Sie nicht weiterzukommen. Durchschauen Sie Ihre Wünsche. Dadurch verbinden Sie sich mit der geistigen Welt und erlauben den geistigen Helfern, in Erscheinung zu treten. Bringen Sie Ihren Körper zur Ruhe. Sitzen Sie still mit aufgerichtetem Rücken. Das verhilft Ihnen zu innerer Ruhe, so daß sich Ihr Ego nicht in überstürzten, zwanghaften Handlungen verstrickt. Bewegen Sie sich in dieser Zeit durchs Leben, als wären die anderen Menschen nicht da. Das ist kein Fehler, sondern erlaubt Ihnen, sich innerlich zu zentrieren und zu stabilisieren.

Stillhalten/festigen, KEN: Grenze, Barriere, Hindernis; still, ruhig, gelassen; sich weigern voranzuschreiten; einzäunen, begrenzen, abgrenzen; beenden, vollenden; über das bisher Geschehene reflektieren; fest, solide, einfach, schlicht; der Berg als Begrenzung und Zuflucht; *auch:* innehalten, zum Stillstand bringen. Das Ideogramm stellt ein Auge und einen Menschen dar, der sich umdreht, um zu sehen, was zu der gegenwärtigen Situation geführt hat.

Das Hexagamm symbolisiert Begrenzungen. Eine Bergkette. Das Erkennen dieser natürlichen Barriere befreit Sie von dem Zwang zum Handeln. Sie können die Dinge nicht ununterbrochen in Bewegung halten. Manchmal müssen Sie sie auch zum Stillstand bringen. Stillhalten heißt innehalten. Bleiben Sie in Ihrer gegenwärtigen Situation und meditieren Sie über das, was bisher war. Innehalten bedeutet, Dinge zu festigen. Wenn ein Zeitzyklus zu Ende geht, müssen Sie innehalten, wenn ein neuer beginnt, müssen Sie sich bewegen. Bringen Sie Dinge in Bewegung oder zum Stillstand, ohne den rechten Zeitpunkt zum Handeln aus den Augen zu verlieren. Dann leuchtet Ihr Tao hell. Jetzt ist es wichtig, innerlich zur Ruhe zu kommen und in der gegenwärtigen Situation zu verweilen. Lassen Sie die Gedanken nicht über die gegenwärtige Situation hinausgehen. Die einzige Verbindung zwischen dem Höheren und dem Niederen besteht darin, daß sie Gegenpole bilden. Sie vermischen sich nicht. Lassen Sie nicht zu, daß Ihr Ego Sie in unerwünschte Situationen verstrickt. Indem Sie durchs Leben gehen, als seien die anderen Menschen nicht da, befreien Sie sich von Irrtümern und vermeiden Fehler in der Zukunft.

Linien der Wandlung
Sechs auf der untersten Position: Bringen Sie Ihre Füße zur Ruhe. Unternehmen Sie nichts. Sichern Sie Ihre Basis. So schaffen Sie die Voraussetzung für günstige Gelegenhei-

ten, Gewinn und Erkenntnis. *Richtung:* Verschönern Sie Ihre Umgebung. Setzen Sie gebundene Energien frei. Die Situation verändert sich bereits.

Sechs auf der zweiten: Bringen Sie Ihre Schienbeine zur Ruhe. Halten Sie inne, gehen Sie nicht weiter. Sie können die Menschen, die Ihnen folgen, nicht retten, denn sie rennen weiter, koste es, was es wolle. Das macht Sie traurig, aber Sie dürfen nicht aufhören, auf Ihre innere Stimme zu hören. *Richtung:* Die Situation ist vom Übel. Wenn Sie sich hinausführen lassen, können Sie Ihr verborgenes Potential entdecken. Die Situation verändert sich bereits.

Neun auf der dritten: Mit Ihrem Versuch, die Dinge zur Ruhe zu bringen und zu festigen, lähmen Sie Ihre Hüften und Ihren unteren Rücken. Sie teilen sich in zwei Hälften. Das ruft einen alten zornigen Geist auf den Plan, der sich für frühere Mißachtung rächen will. Ätzender, beißender Qualm steigt auf. Ihr Herz wird von den Schwierigkeiten erdrückt. Das ist nicht der richtige Weg, um die Dinge in Ordnung zu bringen. *Richtung:* Lösen Sie sich von diesen alten Vorstellungen und öffnen Sie sich für neue. Übernehmen Sie nicht die Führung. Sorgen Sie für alles Notwendige.

Sechs auf der vierten: Zentrieren und stabilisieren Sie Ihre Persönlichkeit. Das ist kein Fehler. Es befreit Sie von Irrtümern. Sie müssen die zwanghaften Aktivitäten Ihres Körpers unterbinden. *Richtung:* Trennen Sie sich von Menschengruppen. Scheuen Sie sich nicht, allein zu handeln. Sie sind mit einer kreativen Kraft verbunden.

Sechs auf der fünften: Bringen Sie Ihre Kiefergelenke zur Ruhe. Dann machen die aus Ihrem Munde kommenden Worte Sinn und sind mit Ihrem inneren Wesen verbunden. All Ihre Zweifel und Bedenken werden sich in Luft auflösen. Konzentrieren Sie sich vor allem darauf, die Folgen von Übertreibungen und Einseitigkeit zu korrigieren. *Richtung:* Machen Sie einen Schritt nach dem anderen. Sammeln Sie Kraft für einen entscheidenden neuen Schritt.

Neun auf der obersten: Festigen Sie die Situation durch Ehrlichkeit und Großzügigkeit. Seien Sie großmütig. Das verspricht Heil und gutes Gelingen durch die Freisetzung transformierender Energien. Legen Sie diese Qualitäten bei der Durchführung Ihrer Pläne an den Tag, dann werden Sie sie auch bei anderen finden. *Richtung:* Sprechen Sie in einfachen Worten und bleiben Sie bei den Tatsachen. Setzen Sie gebundene Energien frei. Sie werden von Ihrem Problem befreit. Die Situation verändert sich bereits.

53 Allmähliches Durchdringen / Allmählicher Fortschritt, CHIEN

Schlüsselworte: Machen Sie vorsichtig einen Schritt nach dem anderen. Übernehmen Sie nicht die Kontrolle.

In dieser Situation geht es darum, allmählich ein Ziel zu erreichen. Der Schlüssel zu angemessenem Handeln liegt hier in der Fähigkeit, durch sanftes Durchdringen langsam und stetig vorwärtszukommen. Wählen Sie den weiblichen Weg, indem Sie sich mit der Yin-Energie verbinden. Durch diese allmähliche Entwicklung finden Sie den richtigen Platz, den Ort, wo Sie hingehören. Gehen Sie Schritt für Schritt vor und versuchen Sie nicht, die Situation zu beherrschen. Das verspricht Heil und gutes Gelingen durch die Freisetzung transformierender Energien. Zu guter Letzt werden Sie die Meisterschaft erlangen und ein neues Betätigungsfeld finden. Prüfen Sie, ob Ihre Ideen umsetzbar sind. Das bringt Einsicht und Gewinn.

Allmählich durchdringen / allmählich fortschreiten, CHIEN: In ganz kleinen Schritten vorwärtskommen; allmählich, langsam aber sicher; erreichen, hineingießen, hineinfließen; durchfeuchten, durchdringen; beeinflussen, einwirken auf; glatt, gleitend. Das Ideogramm stellt die durchdringende Kraft des Wassers dar.

Das Hexagramm symbolisiert eine innere Grenze, die äußeres Wachstum stabilisiert. Das Durchdringende (Holz) über dem Berg bildet die Bedingung für die allmähliche Entwicklung. Sammeln Sie Kraft für einen entscheidenden neuen Schritt. Sie können nicht für immer am gleichen Platz bleiben. Durchdringen bedeutet fortschreiten. Seien Sie wie eine Frau, die verheiratet wird und der Initiative des Mannes den Vorrang einräumt. Verlassen Sie sich auf Ihre moralische und intellektuelle Stärke und Ihre Fähigkeit, das Tao zu verwirklichen und somit die Qualität des Alltagslebens zu verbessern. Das wird Sie auf jeden Fall weiterbringen. Indem Sie sich mit der Yin-Energie verbinden und den weiblichen Weg gehen, erlangen Sie Meisterschaft und finden ein neues Betätigungsfeld. Sie finden den Platz, den Sie sich wünschen. Rechtes Beharren bringt echten Erfolg. Sie müssen aber auch eigene Verhaltensweisen korrigieren, um weiterzukommen. Damit wirken Sie auch korrigierend auf die Verteilung von Macht und Verantwortung ein. Sie stoßen zu einem soliden Platz im Zentrum vor. Festigen Sie Ihre Vorstellungen und Wünsche und bleiben Sie dennoch anpassungsfähig. Dringen Sie sanft bis zum Kern der Angelegenheit vor. So verhindern Sie, daß die neue, belebende Energie sich vorzeitig erschöpft.

Linien der Wandlung
Sechs auf der untersten Position: Die Wildgänse fliegen weiter zum Ufer des Flusses. Der Seelenvogel taucht auf. Eine neue Beziehung beginnt. Sie sind wie ein kleines Kind, das vor einem Berg von Problemen steht. Ein zorniger alter Geist ist zurückgekehrt, um sich für frühere Mißachtung zu rächen. Versuchen Sie, die Probleme mit Wor-

ten zu lösen. Das ist kein Fehler. Verhalten Sie sich wie der jüngere Sohn. Dann werden Sie rechtschaffen und gerecht handeln. *Richtung:* Sammeln Sie Kraft für einen entscheidenden neuen Schritt.

Sechs auf der zweiten: Die Wildgänse fliegen weiter zu dem großen Felsen. Die Seele findet eine Basis. Die Beziehung ist glückverheißend. Man ißt und trinkt und feiert zur Freude aller ein Fest. So werden heilbringende, transformierende Energien freigesetzt. Lassen Sie auch andere an diesem Segen und Ihrer Freude teilhaben. *Richtung:* Dringen Sie sanft zum Kern der Angelegenheit vor. Wandeln Sie potentielle Konflikte in kreative Spannung um. Die Situation verändert sich bereits.

Neun auf der dritten: Die Wildgänse fliegen weiter auf das hohe Felsplateau. Die Seele fühlt sich abgeschnitten und verliert ihren Weg. Der Ehemann wird bestraft und kehrt nicht zurück. Die Ehefrau ist schwanger und verweigert ihre Unterstützung. Die Beziehung bricht unter gegenseitigen Beschuldigungen zusammen. Ganz gleich, ob Sie der Ehemann oder die Ehefrau sind, solches Verhalten schneidet Sie von den geistigen Helfern ab und bringt Unheil. Widerstehen Sie der Versuchung, Konflikte gewaltsam zu lösen. Vermeiden Sie jegliche Brutalität. Das führt zu Einsicht und Gewinn. Ein gewalttätiger Ehemann verhält sich nicht besser als ein betrunkener Narr. Eine Ehefrau, die ihre Unterstützung versagt, verliert ihre Identität. Geben Sie beide nach, arbeiten Sie zusammen und schützen Sie sich gegenseitig. *Richtung:* Treten Sie einen Schritt zurück und überdenken Sie die Situation. Betrachten Sie sie von allen Seiten. Lösen Sie sich von alten Vorstellungen und öffnen Sie sich für neue. Sorgen Sie für alles Notwendige.

Sechs auf der vierten: Die Wildgänse fliegen weiter zu den Bäumen. Vielleicht bekommen Sie ein Dach über dem Kopf. Das ist eine gute Übergangslösung. Zumindest ist es kein Fehler. Durch Nachgeben und Dienen können Sie sich der Situation anpassen. *Richtung:* Bald müssen Sie sich zurückziehen. Machen Sie sich keine Sorgen und versuchen Sie nicht, an Dingen oder Situationen festzuhalten. Sie sind mit einer kreativen Kraft verbunden.

Neun auf der fünften: Die Wildgänse fliegen weiter zum Grabhügel. Die Seele beschäftigt sich mit Bildern aus Ihrer Vergangenheit. Das Ehepaar bittet die Geister der Ahnen um Rat. Die Ehefrau wird nicht vor dem Ablauf von drei Jahren schwanger werden. Das heißt, es wird eine Weile dauern, bis das gegenwärtige Problem gelöst ist. Versuchen Sie nicht, die Dinge zu schnell zu vollenden. Es lohnt sich auf jeden Fall, Zeit und Mühe zu investieren. Das verspricht Heil und gutes Gelingen durch die Freisetzung transformierender Energien. Am Ende wird Sie nichts mehr zurückhalten und Sie werden den gesuchten Platz finden. *Richtung:* Verankern Sie Ihren Wunsch innerlich. Setzen Sie gebundene Energien frei. Ihre Befreiung naht. Die Situation verändert sich bereits.

Neun auf der obersten: Die Wildgänse fliegen weiter auf das hohe Plateau. Sie können ihre Federn für die Riten und Tänze gebrauchen, die Sie mit den Urkräften der Schöpfung in Kontakt bringen. Das verspricht Heil und gutes Gelingen durch die Freisetzung transformierender Energien. Die Reise findet ihr Ende in der Welt der Symbole. Alles findet seinen richtigen Platz. *Richtung:* Überdenken Sie Ihre Situation, betrachten Sie sie mit neuen Augen. Sammeln Sie Kraft für einen entscheidenden neuen Schritt.

54 Das heiratende Mädchen / Die Unterordnung
KUEI MEI

Schlüsselworte: Verwirklichen Sie verborgene Potentiale. Lassen Sie sich führen.

In dieser Situation müssen Sie eine Veränderung durchmachen, die Sie nicht beeinflussen können. Sie unterliegt nicht Ihrer Kontrolle. Die lenkende Kraft ist größer als Sie. Die richtige Art und Weise, damit umzugehen, besteht darin, diese Tatsache zu akzeptieren und sich führen zu lassen. Sie können die Situation nicht umgehen. Sie spiegelt ein tiefes, unbewußtes Bedürfnis, das Sie zu einem neuen Betätigungsfeld hinzieht, zu dem Platz, an den Sie gehören. Versuchen Sie nicht, andere zu disziplinieren oder die Situation unter Ihre Kontrolle zu bringen. Das würde Sie von den geistigen Helfern abschneiden und in Gefahr bringen. Sie sollten weder versuchen, Ihren Willen durchzusetzten, noch einen Plan oder ein Ziel verfolgen. Das Freisein von Zielen und Plänen bringt Einsicht und Gewinn.

Konvertieren, KUEI: Zu etwas zurückkehren, zurückgehen; seine Form verändern, sich verwandeln in; wiederherstellen, zurückfallen auf, zurückgeben, loyal werden; angehören; ein junges Mädchen verheiraten. Das Ideogramm stellt eine Frau dar, die sich darauf vorbereitet, einem Haushalt vorzustehen.

Mädchen, MEI: Ein junges Mädchen, eine Jungfrau; die jüngere oder zweite Schwester. Das Ideogramm stellt eine Frau dar und enthält das Zeichen für »noch nicht«.

Das Hexagramm symbolisiert die heitere Anpassung an neue Umstände und Situationen. Über dem Nebel rollt der

Donner. Die Dinge sind bereits in Bewegung. Um fortzuschreiten müssen Sie einen Weg finden, Ihr verborgenes Potential umzusetzen. Dies erreichen Sie am besten, wenn Sie den weiblichen Weg wählen und sich mit der Yin-Energie verbinden. Versuchen Sie nicht, die Situation zu beherrschen oder zu kontrollieren. Passen Sie sich an und tun Sie, was erforderlich ist. Wenn Sie die Dinge zur Vollendung bringen, erkennen Sie, welche Dinge Sie auf Ihrem Weg nicht brauchen können. Dieses Hexagramm spiegelt die große Weisheit von Himmel und Erde. Würden diese beiden Kräfte sich nicht auf diese Weise verbinden, könnten die unzähligen Wesen nicht geboren werden. Für das junge Mädchen bedeutet dieser Zeitpunkt Ende und Anfang zugleich. Die Schlüsselworte sind hier »Ausdruck« und »Freude«. Auf diese Weise findet die Verwandlung des jungen Mädchens statt. Es ist weder angebracht, andere zu disziplinieren, noch auf dem eigenen Willen zu beharren. Das ist in dieser Situation völlig unangemessen und würde Sie von den geistigen Helfern abschneiden. Machen Sie keine Pläne und versuchen Sie nicht, die Dinge zu steuern. Bleiben Sie flexibel und anpassungsfähig und reiten Sie so auf der starken Energiewelle.

Linien der Wandlung
Neun auf der untersten Position: Das junge Mädchen kommt als Zweitfrau in den Haushalt. Ein Behinderter bekommt die Möglichkeit, seinen Weg zu machen und seinen Lebensunterhalt zu verdienen. Sie werden in einer untergeordneten Position eingesetzt. Akzeptieren Sie das frohen Mutes. Es ermöglicht Ihnen, Ihren Weg zu gehen. Sorgen Sie für Disziplin und bringen Sie Dinge in Ordnung. Es ist von Vorteil, sich auf eine Expedition zu begeben. Das verspricht Heil und gutes Gelingen durch die Freisetzung transformierender Energien. Bleiben Sie in dieser Position beharrlich. Wenn Sie mit Ihrem Vorgesetzten kooperieren,

wird sich das für Sie sehr vorteilhaft auswirken. *Richtung:* Setzen Sie gebundene Energien frei. Ihre Befreiung naht. Die Situation verändert sich bereits.

Neun auf der zweiten: Schauen Sie sich die Situation aus einer unabhängigen Perspektive an. Es ist von Vorteil, sich in die Einsamkeit zurückzuziehen und die Dinge aus dem Verborgenen zu betrachten. Das bringt Einsicht und Gewinn. Die Regeln haben sich noch nicht geändert. *Richtung:* Auf Sie wartet ein heilsamer Schock. Überdenken Sie die Situation. Sammeln Sie Kraft für einen entscheidenden neuen Schritt.

Sechs auf der dritten: Das Mädchen wandelt sich durch Warten. Haben Sie Geduld. Wenn Sie jetzt eine untergeordnete Stellung akzeptieren, stellen Sie die ganze Situation auf den Kopf. Der richtige Zeitpunkt ist noch nicht gekommen. *Richtung:* Stärken Sie Ihre Position. Seien Sie resolut. Sie sind mit einer kreativen Kraft verbunden.

Neun auf der vierten: Der vereinbarte Zeitpunkt für die Verheiratung des Mädchens ist verstrichen. Kein Grund, in Panik zu geraten. Verschieben Sie Ihr Vorhaben und handeln Sie in Ihrem eigenen Rhythmus. Auf diese Weise verbinden Sie sich mit dem Geist der Zeit. Warten Sie auf den richtigen Augenblick und handeln Sie dann. Innerlich sollten Sie jedoch nicht träge werden. *Richtung:* Eine wichtige Verbindung bahnt sich an. Damit kehrt etwas Bedeutsames in Ihr Leben zurück. Öffnen Sie sich für neue Ideen. Übernehmen Sie nicht die Führung. Sorgen Sie für alles Notwendige.

Sechs auf der fünften: Der große Ahnherr verheiratet das Mädchen. Das ist ein Glück und Erfolg verheißendes Omen. Lassen Sie sich durch die Verbindung aber nicht von Ihrem Weg abbringen. Was aus dem Schoß der ersten Frau kommt, ist nicht so gut wie das, was aus dem Schoß der zweiten Frau kommt. Nehmen Sie sich den fast vollen Mond zum Vorbild. Das verspricht Heil und gutes Gelingen durch die Freisetzung transformierender Energien. Historisch betrachtet ist dies der Zeitpunkt, da eine Herrscherfamilie der nächsten Dynastie weicht. Akzeptieren Sie Ihre untergeordnete Stellung. Sie befinden sich genau im Zentrum der Dinge. Sie sollten Ihre Bewegungsfreiheit und die Möglichkeit, Ihre Ideen zu verwirklichen, zu schätzen wissen. *Richtung:* Drücken Sie sich aus, und schließen Sie sich mit anderen zusammen. Suchen Sie sich eine unterstützende Gruppe und bleiben Sie in ihrer Mitte. Sammeln Sie Kraft für einen entscheidenden neuen Schritt.

Sechs auf der obersten: Eine Frau bietet einen leeren Korb dar. Ein Mann opfert eine blutleere Ziege. Das sind nur leere Formen. Dieser Situation haftet etwas Steriles an, sie bringt Ihnen keinerlei Vorteile. Hier herrscht ein Mangel an Ehrlichkeit und Aufrichtigkeit. *Richtung:* Wandeln Sie potentielle Konflikte in kreative Spannung um. Die Situation verändert sich bereits.

55 Die Fülle / Der Höhepunkt
FENG

Schlüsselworte: Lassen Sie Ihr Licht scheinen. Geben Sie mit vollen Händen.

Dies ist eine Zeit des Überflusses und der fruchtbaren Fülle. Sie können sich ausdehnen und aus dem Vollen schöpfen. Lassen Sie Ihre Begeisterung überfließen, seien Sie großzügig und unterstützen Sie andere. Geben Sie mit vollen Händen. Das erfreut die Geistwesen, die Ihnen dafür Erfolg und Durchsetzungskraft schenken und Sie befähigen, die Situation zu einem guten Ende zu führen. Fühlen Sie sich wie ein König, der die Macht hat, Glück und Wohlstand zu schenken. Lassen Sie Sorgen, Ängste und Traurigkeit hinter sich. Seien Sie wie die Sonne am Mittag. Lassen Sie Ihr Licht auf alle scheinen und vertreiben Sie die Schatten.

Überfließen, FENG: Reiche Ernte; fruchtbar, überfließend, reichhaltig, zahlreich; üppig, produktiv; Fülle, Höhepunkt; reif, prächtig, luxuriös, fett; übertrieben, zu viel; viele Talente, Freunde, Reichtümer besitzen. Das Ideogramm stellt ein überfließendes Gefäß, Getreidegarben und ein Füllhorn dar.

Das Hexagramm symbolisiert ein Licht, das mit seiner Wärme alles durchdringt und zum Wachstum anregt. Donner und Blitz bilden die Bedingung für den Höhepunkt. Sammeln Sie all Ihre Kraft. Scheuen Sie sich nicht, allein zu handeln. Sich ein neues Aktivitätsfeld zu erschließen bedeutet, eine großartige Idee zu haben und umzusetzen. »Die Fülle« bezieht sich auf Ihre großartige Idee. Viele Dinge – unter anderem auch Konflikte und Sorgen – haben dazu beigetragen, daß Sie nun an diesem Punkt angelangt sind.

Regeln Sie rechtliche Angelegenheiten und wählen Sie angemessene Strafen. Alles ist von Licht und Bewußtheit durchdrungen. Dieses Licht ist die Quelle des Überflusses. Sehen Sie sich selbst als König, der die Möglichkeit hat, alle anderen an seinem Reichtum und Überfluß teilhaben zu lassen. Konzentrieren Sie sich auf große Dinge. Machen Sie sich von allen Ängsten, Sorgen und trüben Gedanken frei. Lassen Sie Ihr Licht scheinen. Wenn die Sonne den Zenit erreicht hat, beginnt sie bereits wieder zu sinken. Wenn der Mond am vollsten ist, beginnt er wieder abzunehmen. Himmel und Erde sorgen für Fülle und Leere. Es gibt eine Zeit, um sich mit anderen zusammenzuschließen und gemeinsam etwas aufzubauen, und eine Zeit, um Strukturen zerfallen zu lassen, damit etwas Neues entstehen kann. Das gilt für die Menschenwelt ebenso wie für das Reich der Seelen und geistigen Wesen, die die Geschicke der Welt lenken.

Linien der Wandlung
Neun auf der untersten Position: Sie begegnen Ihrem Herrn auf gleicher Ebene. Eine sehr vorteilhafte Begegnung mit einem Menschen, der Sie lehren und Ihnen helfen kann. Sie können diese Beziehung eine ganze Zeitlang fortsetzen. Das ist kein Fehler. Beharrlichkeit bringt Ehre und Erfolg. Sie werden sich selbst übertreffen. Wenn die Zeit um ist, müssen Sie allerdings gehen, sonst droht Unheil.
Richtung: Seien Sie anfangs besonders vorsichtig. Scheuen Sie sich nicht, allein zu handeln. Sie sind mit einer kreativen Kraft verbunden.

Sechs auf der zweiten: Der Überfluß schirmt Sie ab und schützt Sie. Am Mittag können Sie das Nordlicht sehen, die große Sternenkonstellation am Himmel. Ihre Position ermöglicht es Ihnen, Dinge wahrzunehmen, die andere nicht sehen können. Wenn Sie diese Erkenntnisse jedoch direkt in Ihrem Handeln umsetzen, wird man Ihnen mißtrauen und Sie verletzen. Vertrauen Sie auf Ihre Verbindung zu den geistigen Helfern. Sie werden Sie führen und Ihre Qualitäten offenbaren. Das verspricht Heil und gutes Gelingen durch die Freisetzung transformierender Energien. Vertrauen Sie darauf, daß Ihre Verbindung zur inneren Welt Ihnen hilft, Ihren Weg und Ihr Ziel zu finden.
Richtung: Nehmen Sie alle Kraft zusammen und fassen Sie einen festen Entschluß. Seien Sie resolut. Sie sind mit einer kreativen Kraft verbunden.

Neun auf der dritten: Alles fließt über und breitet sich in alle Richtungen aus. Am Mittag können Sie den Himmel voller Sterne sehen. Sie brechen sich Ihren rechten Arm. Sie nehmen die Dinge auf außergewöhnliche Weise wahr. Sie sind in eine solche Fülle von Ereignissen verstrickt, daß Sie das Innere nicht mehr vom Äußeren unterscheiden können. Sie verlieren Ihre Fähigkeit, direkt zu handeln. Das ist nicht Ihre Schuld. Es ist kein Fehler, sich dem Überfluß zu ergeben. Sie werden nicht in der Lage sein, Großes zu erreichen oder Ihr Projekt zu Ende zu führen. *Richtung:* Auf Sie wartet der heilsame Schock, der stets mit dem Beginn eines neuen Zeitabschnitts einhergeht. Überdenken Sie Ihre Situation, betrachten Sie sie mit neuen Augen. Sammeln Sie Kraft für einen entscheidenden neuen Schritt.

Neun auf der vierten: Der Überfluß schirmt Sie ab und schützt Sie. Am Mittag können Sie das Nordlicht sehen, die große Sternenkonstellation am Himmel. Ihre Position ermöglicht es Ihnen, Dinge wahrzunehmen, die andere nicht sehen können. Inmitten dieser Fülle treffen Sie Ihren Herrn im Verborgenen. Dies ist eine wichtige Verbindung mit jemandem, der Sie lehren und Ihnen helfen kann. Das verspricht Heil und gutes Gelingen durch die Freisetzung transformierender Energien. Ihre Position ist nicht angemessen. Sie stehen im Schatten. Unternehmen Sie etwas, um das zu ändern. *Richtung:* Akzeptieren Sie die auf Sie zukommende schwierige Zeit. Dadurch werden gebundene Energien freigesetzt und Ihre Probleme gelöst. Die Situation verändert sich bereits.

Sechs auf der fünften: Die kommende Entwicklung wird Ihnen Lob und Belohnungen einbringen, ganz gleich, ob es sich dabei um etwas handelt, das Sie selbst tun, oder ob einfach ein neues Kapitel im Buch des Lebens beginnt. Die dadurch freigesetzten transformierenden Energien wirken sich sehr positiv aus. *Richtung:* Stellen Sie sich auf andere Weise dar als bisher und gehen Sie neue Wege. Sie sind mit einer kreativen Kraft verbunden.

Sechs auf der obersten: Überfluß unter einem Dach. Sie schirmen Ihr Heim ab und linsen durch den Türspalt. Sie benutzen Ihre Fülle, um sich von anderen abzusondern. Das schneidet Sie von den geistigen Helfern ab und bringt

Sie in Gefahr. Wenn Sie so weitermachen, werden Sie bald isoliert und einsam sein. Sie werden drei Jahre lang keinen anderen Menschen mehr sehen. Sie tragen den Kopf so hoch, daß er fast den Himmel berührt. Was versuchen Sie zu verbergen? *Richtung:* Werden Sie sich Ihrer selbst bewußt. Sammeln Sie Kraft und befreien Sie sich aus dieser Situation. Handeln Sie.

56 Das Reisen / Die Suche
LÜ

Schlüsselworte: Reisen, Wanderschaft, eine einsame Suche.

In dieser Situation geht es um Reisen, um Wanderschaft und um eine einsame Suche. Die richtige Art und Weise damit umzugehen, besteht darin, anderen als Fremder zu begegnen, dessen Identität und Mission einem weit entfernten Zentrum entspringen. Sie stehen außerhalb der normalen Gemeinschaft und befinden sich auf einer ganz persönlichen Suche. Bleiben Sie bescheiden und flexibel. Passen Sie sich an alles an, was Ihren Weg kreuzt. Das erfreut die Geistwesen, die Ihnen dafür Erfolg und Durchsetzungskraft schenken und Sie befähigen, die Situation zu einem guten Ende zu führen. Sie sollten bereit sein, sich allein auf die Reise und auf die Suche zu machen. Prüfen Sie, ob Ihre Ideen umsetzbar sind. Das verspricht Heil und gutes Gelingen durch die Freisetzung transformierender Energien.

Reisen/Suchen, LÜ: Reisen, wandern, umherfahren; an fern vom eigenen Heim gelegenen Orten verweilen; vorübergehend; Besucher, Logiergast; ein Trupp Soldaten auf einer Mission; eine Gruppe (Reisender), die ein gemeinsames Ziel hat; ein Fremder in einem fremden Land. Das Ideogramm stellt um ein Banner versammelte Menschen dar, die sich von einem Symbol leiten lassen, das für ein fernes Ziel steht.

Das Hexagramm steht für eine innere Begrenzung, die die sich stets wandelnde Wahrnehmung stabilisiert. Feuer über dem Berg. Scheuen Sie sich nicht, allein zu handeln. Wenn Ihre wichtigste Vision nicht mehr realisierbar ist, ist es Zeit, Ihr bisheriges Domizil hinter sich zu lassen. Nutzen Sie auf Ihren Reisen die Gelegenheit, voneinander isolierte Menschen miteinander in Kontakt zu bringen. Betrachten und klären Sie die Dinge sorgfältig. Lassen Sie sich nicht durch Konflikte oder Komplikationen aufhalten. Treffen Sie klare Entscheidungen, selbst wenn diese schmerzliche Veränderungen mit sich bringen. Es ist von Vorteil, bescheiden und anpassungsfähig zu bleiben. Das erfreut die Geistwesen. Das Anpassungsfähige und Flexible drängt nach außen. Wenn Sie dieser Energie nachgeben und damit kooperieren, verbinden Sie sich mit dem Festen und Starken. In sozialen und persönlichen Beziehungen sollten Sie sich zur Zeit zurückhalten. Dadurch wird Ihnen vieles bewußt werden. So wird Ihnen auch klar, weshalb der Zeitgeist bescheidene Zurückhaltung erfordert. Sie sollten bereit sein, allein zu reisen und zu suchen. Prüfen Sie, ob Ihre Ideen umsetzbar sind. Das verspricht Heil und gutes Gelingen durch die Freisetzung transformierender Energien. Die Zeit des Reisens ist eine wahrhaft großartige Zeit.

Linien der Wandlung
Sechs auf der untersten Position: Die Reise entwickelt sich zu einem unbefriedigenden Hin und Her. Der Reisende verärgert alle mit lästigen Banalitäten. Ihr Verhalten ist unangenehm und Ihr Denken kleinkariert. So werden Sie

Ihre Sicherheiten verlieren und eine Katastrophe heraufbeschwören. Ihr Ziel wird sich in Luft auflösen, noch bevor Sie sich auf den Weg gemacht haben. Wollen Sie wirklich so selbstzerstörerisch handeln? *Richtung:* Machen Sie sich Ihre Denk- und Verhaltensmuster bewußt. Scheuen Sie sich nicht, allein zu handeln. Sie sind mit einer kreativen Kraft verbunden.

Sechs auf der zweiten: Der Reisende nähert sich einem Rastplatz. Da dieser Lagerplatz allen Menschen offensteht, ist es ratsam, auf seine Habseligkeiten achtzugeben. Unterstützen Sie diejenigen, die von Ihnen abhängig sind. Sie bekommen einen jungen Helfer zur Seite gestellt, jemanden, der Ihnen helfen kann, Ihre Ideen umzusetzen. Führen Sie Ihre Pläne ohne jegliche Übertreibungen zu Ende. *Richtung:* Sie können Ihre Situation mit Hilfe Ihrer Vorstellungskraft verändern und etwas Bedeutsames ins Leben rufen. Handeln Sie mit Entschlossenheit. Sie sind mit einer kreativen Kraft verbunden.

Neun auf der dritten: Der Reisende zündet den Rastplatz an und verliert den jungen Helfer. Dies ist eine schwierige Zeit. Sie begegnen einem zornigen alten Geist, der zurückgekehrt ist, um sich für frühere Mißachtung zu rächen. Die Situation birgt die reale Gefahr einer Verletzung. Lassen Sie sich nicht in den Konflikt hineinziehen. Vermeiden Sie Selbstgerechtigkeit. *Richtung:* Haben Sie keine Angst. Langsam, aber sicher gelangen Sie ans Licht. Betrachten Sie Ihre Situation mit neuen Augen. Sammeln Sie Kraft für einen entscheidenden neuen Schritt.

Neun auf der vierten: Der Reisende etabliert sich in einer stabilen Position. Sie erlangen eine gute Position, Wohlstand und einen guten Ruf, also alles, wovon ein Reisender nur träumen kann. Doch Sie sind nicht glücklich und zufrieden. Sie haben sich in dieser neuen Situation noch nicht zurechtgefunden. Trotz aller äußeren Anzeichen des Wohlstandes und des Ansehens ist Ihnen schwer ums Herz. *Richtung:* Zügeln Sie Ihr Verlangen und erkennen Sie Ihre Grenzen. Setzen Sie gebundene Energien frei. Ihre innere Befreiung wird nicht mehr lange auf sich warten lassen. Die Situation verändert sich bereits.

Sechs auf der fünften: Nehmen Sie das, was Sie sich wünschen, ins Visier und schießen Sie. Es ist das Ziel Ihrer Suche. Sie zielen auf etwas Intelligentes und Schönes, das wahrscheinlich Ihre bisherigen Möglichkeiten übersteigt und sehr gut verteidigt wird. Wenn Sie es erlangen können, können Sie Ihre Situation in Ordnung bringen. Falls der erste Versuch fehlschlägt, sollten Sie sich nicht entmutigen lassen. Es wird Ihnen schließlich gelingen, Ihre Pläne zu Ende zu führen. Sie werden Ansehen erlangen und Handlungsvollmachten erwerben. *Richtung:* Wenn Sie bekommen haben, was Sie brauchen, sollten Sie sich aus der Situation zurückziehen. Sie sind mit einer kreativen Kraft verbunden.

Neun auf der obersten: Der Vogel zerstört sein eigenes Nest. Die Reisenden lachen zuerst und brechen dann in Tränen aus. Versuchen Sie nicht, Ihre Pläne in die Tat umzusetzen! Anfangs mag es scheinen, als würde die Sache Ihnen Freude bereiten, aber sie würde Sie zweifellos ins Unglück stürzen. Sie würden all Ihre Habe und sogar Ihr Heim verlieren. Sie würden sich damit von den geistigen Helfern abschneiden und in Gefahr bringen. Sie versuchen, Dinge zu erreichen, die außerhalb Ihrer Reichweite liegen. Mit Ihrer Selbstgerechtigkeit schaden Sie sich enorm. *Richtung:* Seien Sie äußerst vorsichtig. Scheuen Sie sich nicht, allein zu handeln. Sie werden mit einer gefährlichen Kraft konfrontiert.

57 Das Eindringliche / Die Grundlage
SUN

Schlüsselworte: Dringen Sie sanft zum Kern des Problems vor.

In dieser Situation geht es um den beständigen Einfluß der Grundlage, auf der die Dinge wachsen und gedeihen. Der Schlüssel zu angemessenem Handeln liegt hier in der Fähigkeit, sanft und flexibel zum Kern des Problems vorzudringen. Gehen Sie so unauffällig wie möglich zu Werke. Lassen Sie sich von der Situation leiten. Bleiben Sie bescheiden und kooperativ, passen Sie sich an alles an, was Ihren Weg kreuzt. Nehmen Sie sich die sanfte, durchdringende Kraft des Windes zum Vorbild oder machen Sie es den Pflanzen nach, die sich ganz allmählich ausdehnen und ihre Wurzeln und Äste ausbreiten. Das erfreut die Geistwesen, die Ihnen dafür Erfolg und Durchsetzungskraft schenken und Sie befähigen, die Situation zu einem guten Ende zu führen. Halten Sie an Ihrem Ziel fest und lenken Sie die Dinge in die richtige Richtung. Suchen Sie weise Menschen auf, die Sie beraten und Ihnen helfen können. Besinnen Sie sich auf die Kraft in Ihrem eigenen Innern und auf Ihre Fähigkeit, Ihre Gedanken zu ordnen. All das bringt Einsicht und Gewinn.

Durchdringen/Grundlage, SUN: Unterstützung, Fundament, Basis; durchdringen, eindringen, hineinbringen; sanft, mild, subtil, fügsam, unterwürfig; sich freiwillig unterordnen, sich formen lassen, *auch:* Wind, Wetter; Bäume; Pflanzen mit sich ausbreitenden Wurzeln und Ästen. Das Ideogramm stellt Dinge auf einer sie unterstützenden Grundlage dar.

Das Hexagramm symbolisiert einen allmählichen, unablässigen Einfluß, der durch das Sanfte, Durchdringende (Wind) hervorgerufen wird. Es ist wichtig, potentielle Konflikte in kreative Spannung umzuwandeln. Falls Sie auf Reisen sind und kein eigenes Heim haben, heißt das für Sie, sich bescheiden im Hintergrund zu halten und Ihre Bemühungen so unauffällig wie möglich zu gestalten. In dieser Situation wird alles wegfallen, was Sie daran hindert, das Tao zu verwirklichen. Beurteilen und bewerten Sie die Dinge in der Zurückgezogenheit. Versuchen Sie, gegensätzliche Kräfte auszugleichen. Führen Sie aus, was Ihnen aufgetragen wurde. Das Feste und Starke ist bis zum Kern vorgedrungen. Es bringt die Dinge in Bewegung und rückt sie zurecht. Bleiben Sie flexibel und anpassungsfähig, damit Sie mit dieser starken Kraft kooperieren. Aus diesem Grunde freuen sich die Geistwesen, wenn Sie sich an alles anpassen, was Ihren Weg kreuzt. Es ist außerdem von Vorteil, ein Ziel zu haben und die Dinge sanft in eine bestimmte Richtung zu lenken. Suchen Sie weise Menschen auf, die Ihnen helfen und Sie beraten können. Besinnen Sie sich auf Ihre innere Kraft, und betrachten Sie sich Ihre Art und Weise, Ihre Gedanken zu ordnen. All das bringt Einsicht und Gewinn.

Linien der Wandlung
Sechs auf der untersten Position: Anpassungsfähig zu sein bedeutet nicht, sich unentschlossen treiben zu lassen. Es kann sein, daß Sie oft die Richtung wechseln müssen. Doch welchen Weg Sie auch wählen, bleiben Sie fest. Seien Sie wie ein Krieger. Wenn Sie unentschlossen sind, ziehen Sie unnötigerweise Ihr Ziel in Zweifel. Dieser Entwicklung können Sie gegensteuern, indem Sie energisch und entschlossen versuchen, Ihre Ideen umzusetzen. Das bringt Einsicht und Gewinn und bereitet Sie darauf vor, die Führung zu übernehmen. *Richtung:* Sammeln Sie kleine Dinge

an, um etwas Großes zu erreichen. Wandeln Sie potentielle Konflikte in kreative Spannung um. Die Situation verändert sich bereits.

Neun auf der zweiten: Dringen Sie bis zum tief verborgenen Ursprung dieser alten Geschichte vor. Wenden Sie sich an einen Schamanen oder lesen Sie alte Texte. Bringen Sie die Ursachen dieser Angelegenheit ans Licht, wie verworren sie auch sein mögen. Das verspricht Heil und gutes Gelingen durch die Freisetzung transformierender Energien. Das ist kein Fehler. Sie haben die Möglichkeit, zum Kern des Problems vorzudringen. *Richtung:* Gehen Sie Schritt für Schritt vor. Sammeln Sie Kraft für einen entscheidenden neuen Schritt.

Neun auf der dritten: Durchdringend und ungeduldig! Sie stellen unaufhörlich Forderungen. Wenn Sie so weitermachen, werden Sie beschämt und gedemütigt und verlieren Ihr Ziel aus den Augen. *Richtung:* Machen Sie sich von Illusionen frei. Lassen Sie das innere Licht durchscheinen. Verinnerlichen Sie die Situation. Öffnen Sie sich für neue Ideen. Übernehmen Sie nicht die Führung. Sorgen Sie für alles Notwendige.

Sechs auf der vierten: Was immer Sie vorhaben, tun Sie es! All Ihre Befürchtungen und Bedenken werden sich in Luft auflösen. Wenn Sie auf die Jagd gehen, erlegen Sie drei verschiedene Arten von Wild. Sie bekommen alles, was Sie wollen. Sie sind in der Lage, etwas Solides aufzubauen. *Richtung:* Sie sind mit einer kreativen Kraft verbunden.

Neun auf der fünften: Prüfen Sie, ob Ihre Ideen umsetzbar sind. Das verspricht Heil und gutes Gelingen durch die Freisetzung transformierender Energien. All Ihre Zweifel und Bedenken werden sich auflösen. Letztendlich wird sich dies positiv auf alle und alles auswirken. Versuchen Sie nicht, Ihre Pläne zu schnell durchzuführen. Nehmen Sie sich drei Tage Zeit zur Vorbereitung, bevor die

Frucht erscheint, und drei Tage danach, um sicherzugehen, daß alles in Ordnung ist. *Richtung:* An dieser Situation ist etwas faul. Finden Sie die Ursache heraus. Versuchen Sie, das verborgene Potential zu entdecken. Die Situation verändert sich bereits.

Neun auf der obersten: Sie versuchen, zum Kern eines alten Problems vorzudringen. Lassen Sie das sein. Gehen Sie nicht weiter, sonst werden Sie Ihre gesamte Habe und Ihre Position verlieren. Wenn Sie versuchen, Ihre Vorstellungen umzusetzen, schneiden Sie sich von den geistigen Helfern ab und bringen sich in Gefahr. Sie sind mit Ihrem Versuch, die Dinge zu steuern und zu korrigieren, zu weit gegangen. Das Ende der Fahnenstange ist erreicht und Sie sind erschöpft. *Richtung:* Verbinden Sie sich mit anderen über Ihre alltäglichen gemeinsamen Bedürfnisse. Wandeln Sie potentielle Konflikte in kreative Spannung um. Die Situation verändert sich bereits.

58 Die Öffnung / Der Ausdruck
TUI

Schlüsselworte: Drücken Sie sich aus! Schließen Sie sich mit anderen zusammen, ermutigen und inspirieren Sie andere. Freuen Sie sich des Lebens.

In dieser Situation geht es um Kommunikation, Freude und lebendigen Austausch mit anderen. Daher sollten Sie sich jetzt offen ausdrücken und Ihre Gedanken mit anderen teilen. Ermutigen Sie andere Menschen, spornen Sie sie an und heitern Sie sie auf. Gehen Sie offen und freundlich auf Ihre Mitmenschen zu, tauschen Sie Informationen aus. Freuen Sie sich am Leben und helfen Sie auch anderen, sich von Zwängen und Einschränkungen zu befreien. Das erfreut die Geistwesen, die Ihnen dafür Erfolg und Durchsetzungskraft schenken und Sie befähigen, die Situation zu einem guten Ende zu führen.

Offenheit/Ausdruck, TUI: Offene Oberfläche, Schnittstelle; aufeinander einwirken, sich gegenseitig durchdringen oder beeinflussen; ausdrücken, überreden, anregen, anspornen, aufheitern, sich freuen; Vergnügen, Freude, Genuß; empfänglich, zugänglich, frei, ungehindert; sich treffen, versammeln, austauschen, handeln; ausgießen; der Mund und die Worte, die daraus hervorkommen; *auch:* Dunst, über einem See aufsteigender feiner Nebel; anreichern, befruchten. Das Ideogramm stellt einen sprechenden Menschen dar.

Das Hexagramm symbolisiert freien, ungehinderten Ausdruck und zwischenmenschlichen Austausch. Die Nebelschwaden treffen aufeinander. Suchen Sie sich eine unterstützende Gruppe und bleiben Sie in ihrer Mitte. Wenn Sie etwas durchdringen wollen, müssen Sie es aktivieren. Offenheit bedeutet hier, die Dinge durch offenen Ausdruck in Bewegung zu bringen. Machen Sie sich in dieser Phase nicht rar, sondern verbringen Sie Zeit mit anderen Menschen. Treffen Sie sich mit Freunden zu gemeinsamen Gesprächen und Unternehmungen. Das Feste und Starke befindet sich im Zentrum, das Flexible und Anpassungsfähige an der Peripherie. Versuchen Sie, Ihre Ideen umzusetzen, indem Sie ihnen Ausdruck verleihen und andere Menschen dafür begeistern. Auf diese Weise dienen Sie den himmlischen Mächten und verbinden sich mit anderen zum Nutzen aller. Wenn Sie den Menschen erklären, um was es geht, bevor diese sich an die Arbeit machen, werden sie nicht darüber nachdenken, wie schwer die Arbeit ist. Wenn Sie ihnen erklären, weshalb etwas schwierig und einschränkend ist, werden sie über ihren Schatten springen.

Sie können andere bei deren persönlichen Zielen ermutigen, indem Sie ihnen die wesentliche Idee nahebringen und erläutern.

Linien der Wandlung
Neun auf der untersten Position: Offener Ausdruck führt zu Harmonie. Bringen Sie die Dinge zusammen. Schließen Sie Frieden. Bemühen Sie sich um Einheit und Ausgleich. Das verspricht Heil und gutes Gelingen durch die Freisetzung transformierender Energien. Handeln Sie, ohne zu zweifeln. *Richtung:* Dies wird Sie aus der Isolation befreien. Suchen Sie sich eine unterstützende Gruppe und bleiben Sie in ihrer Mitte. Sammeln Sie Kraft für einen entscheidenden neuen Schritt.

Neun auf der zweiten: Indem Sie Ihren Ideen Ausdruck verleihen, verbinden Sie sich mit geistigen Helfern, die Sie führen werden. Das verspricht Heil und gutes Gelingen durch die Freisetzung transformierender Energien. Vertrauen Sie darauf, daß Sie auf dem richtigen Weg sind. *Richtung:* Lassen Sie sich vom Fluß der Ereignisse leiten. Gehen Sie schrittweise vor. Sammeln Sie Kraft für einen entscheidenden neuen Schritt.

Sechs auf der dritten: Ihnen bietet sich die Gelegenheit, sich auszudrücken und andere zu überzeugen. Nehmen Sie sich in acht! Dies ist nicht günstig für Sie. Wenn Sie jetzt handeln, schneiden Sie sich von den geistigen Helfern ab und bringen sich in Gefahr. Die Situation ist nicht angemessen. *Richtung:* Seien Sie resolut. Unternehmen Sie etwas. Sie sind mit einer kreativen Kraft verbunden.

Neun auf der vierten: Momentan sollten Sie die Dinge abwägen, sich mit anderen beraten, feilschen, handeln, argumentieren. Sie sind in dieser Angelegenheit noch nicht zu einer Übereinkunft gekommen. Halten Sie Ärger, Wut und Haß rigoros im Zaum, lassen Sie nicht zu, daß solche plötzlich auftauchenden Gefühle Ihr Urteilsvermögen beeinträchtigen. *Richtung:* Artikulieren Sie Ihre Vorstellungen. Gehen Sie nach innen. Versuchen Sie nicht, die Situation zu kontrollieren. Sorgen Sie für alles Notwendige.

Neun auf der fünften: Lösen Sie sich von alten Vorstellungen. So verbinden Sie sich mit geistigen Helfern, die Sie führen werden. Sie werden mit einem zornigen alten Geist konfrontiert, der zurückgekehrt ist, um sich für frühere Mißachtung zu rächen. In dieser Situation ist es wichtig, Dinge zu korrigieren und Angelegenheiten zu ordnen. *Richtung:* Wenn Sie sich führen lassen, können Sie Ihr verborgenes Potential entdecken. Die Situation verändert sich bereits.

Sechs auf der obersten: Zögern Sie die Dinge etwas hinaus, indem Sie zunächst Ihre Vorstellungen artikulieren. Die Situation ist noch nicht geklärt. Gehen Sie sehr vorsichtig zu Werke. *Richtung:* Suchen Sie sich eine unterstützende Gruppe und bleiben Sie in ihrer Mitte. Sammeln Sie Kraft für einen entscheidenden neuen Schritt.

59 Die Auflösung
HUAN

Schlüsselworte: Räumen Sie alles aus dem Weg, was den Fluß der schöpferischen Energie blockiert.

Diese Situation bietet die Chance, Mißverständnisse aufzuklären und Illusionen und Hindernisse aufzulösen. Die richtige Art und Weise damit umzugehen, besteht darin, alles aus dem Weg zu räumen, was Klarheit und Verständnis behindert. Zerstreuen Sie die Wolken, lassen Sie das Eis schmelzen, vertreiben Sie Ängste und Sorgen, lösen Sie Illusionen auf, klären Sie Mißverständnisse und räumen Sie Verdächtigungen aus. Sorgen Sie dafür, daß der Nebel sich verzieht und die Sonnenstrahlen durchscheinen können. Das erfreut die Geistwesen, die Sie dafür mit Erfolg und Durchsetzungskraft belohnen und Sie befähigen, die Situation zu einem guten Ende zu führen. Seien Sie wie ein König, der einen Tempel voller Bilder visualisiert und mit seinen Visionen die Menschen eint und mit höheren Zielen verbindet. Dies ist die richtige Zeit, um ein wichtiges Projekt in Angriff zu nehmen oder sich mit einem Ziel vor Augen in den Strom des Lebens zu wagen. Prüfen Sie, ob Ihre Ideen umsetzbar sind. Das bringt Einsicht und Gewinn.

Auflösen, HUAN: Wolken zerstreuen, Hindernisse durchbrechen; Illusionen und Ängste auflösen, Verdächtigungen ausräumen; Dinge klären, Widerstände auflösen; lösen, trennen; alles Starre und Festgefahrene in Bewegung bringen und verändern; scmelzendes Eis, fließendes Wasser, sich lichtender Nebel. Das Ideogramm stellt Wasser dar und enthält das Zeichen für »ausdehnen«. Es weist auf die Veränderung von Formen durch Auflösung oder Zerstreuung hin.

Das Hexagramm symbolisiert eine sanft fließende, alles durchdringende Bewegung. Der Wind bewegt sich über dem Wasser. Verinnerlichen Sie die Situation und sorgen Sie für alles Notwendige. Wenn etwas ausgedrückt wird, lösen sich Blockaden auf und Klarheit entsteht. Das ist hier mit »Auflösung« gemeint. Auflösung bedeutet, daß das Licht durchscheinen kann. Die Könige früherer Zeiten nutzten diese Zeit, um Tempel zu errichten und den höheren Mächten Opfer darzubringen. Die Auflösung erfreut die Geistwesen. Sie werden Sie mit Erfolg und Durchsetzungskraft belohnen und Sie befähigen, die Situation zu einem guten Ende zu führen. Das Feste und Starke dauert an, ohne sich zu erschöpfen. Das Flexible und Anpassungsfähige bestimmt die äußere Situation und verbindet sich mit dem Starken. Seien Sie wie der König, der sich einen Tempel voller Bilder vorstellt, die ihn und sein Volk mit höheren Mächten und Zielen vereinen. Dies ist der richtige Zeitpunkt, um wichtige Unternehmungen zu beginnen oder sich mit einem Ziel vor Augen in den Strom des Lebens zu wagen. Machen Sie Ihr Boot klar, das Sie zu neuen Ufern tragen wird, und machen Sie sich daran, etwas Solides aufzubauen.

Linien der Wandlung
Sechs auf der untersten Position: Irgend jemand ist in Not oder irgend etwas ist in Unordnung. Retten Sie den Menschen oder die Situation mit der feurigen Wildheit eines Pferdes. Seien Sie wie der Ritter in seiner Rüstung. Das verspricht Heil und gutes Gelingen durch die Freisetzung transformierender Energien. Geben Sie dem Handlungsimpuls nach und versuchen Sie, etwas zu erreichen. *Richtung:* Dies ist eine tiefe und ehrliche Verbindung. Verinnerlichen Sie die Situation. Sorgen Sie für alles Notwendige.

Neun auf der zweiten: Lösen Sie Blockaden auf, indem Sie loslassen, worauf Sie sich bisher stützten. Lassen Sie Ihre gewohnten »Krücken« los. Das hilft Ihnen zu bekommen, was Sie sich wünschen. *Richtung:* Ziehen Sie alle Aspekte der Angelegenheit in Betracht und versuchen Sie, das Wesentliche der Situation zu erfassen. Lösen Sie sich von alten Vorstellungen und öffnen Sie sich für neue. Sorgen Sie für alles Notwendige.

Sechs auf der dritten: Lösen Sie Blockaden auf, indem Sie aufhören, sich mit Ihrem Körper zu identifizieren. Achten Sie darauf, daß weder Ihre Wünsche, noch Ihr Bedürfnis nach Selbstausdruck Sie von Ihrem eigentlichen Ziel abbringen. Das ist sehr wichtig. Erkennen Sie Ihr Ziel außerhalb von sich selbst. *Richtung:* Dringen Sie vorsichtig zum Kern des Problems vor. Wenn Sie sich führen lassen, können Sie Ihr verborgenes Potential entdecken. Die Situation verändert sich bereits.

Sechs auf der vierten: Lösen Sie Ihre Herde auf, das heißt die Gruppe von Menschen oder die Energien, mit denen Sie sich normalerweise umgeben. Das setzt transformierende Energien frei und ist die Quelle großen Glücks und bedeutungsvoller Ereignisse. Die Loslösung von jenen Menschen, die Sie normalerweise umgeben, befähigt Sie, den Schrein auf der Hügelkuppe zu sehen, wo Sie die geistigen Führer anrufen können. Gehen Sie dorthin, aber tun Sie es nicht, um sich vor irgend etwas zu verstecken. Auf diese Weise bekommen Sie die Gelegenheit, darüber zu meditieren, was wirklich von Bedeutung ist. So wird eine großartige Idee in Ihr Bewußtsein dringen. *Richtung:* Wenn die neue Zeit anbricht, sollten Sie Ihren Standpunkt direkt und überzeugend vertreten. Suchen Sie sich eine unterstützende Gruppe und bleiben Sie in ihrer Mitte. Sammeln Sie Kraft für einen entscheidenden neuen Schritt.

Neun auf der fünften: Ein Befehl von oben und ein großer Aufschrei. Das müssen Sie ausschwitzen. Der König verlegt seine Residenz und Sie sind an diesem Projekt beteiligt. Das ist kein Fehler. So kommt Ihre Situation ins Lot. *Richtung:* Sie verstehen die Situation noch nicht ganz. Gehen Sie nach innen. Öffnen Sie sich für neue Ideen. Sorgen Sie für alles Notwendige.

Sechs auf der obersten: Versuchen Sie, die Ursachen für Konflikte jeder Art zu beseitigen. Bringen Sie alles, was Ihnen wertvoll ist, an einen weit entfernten Ort, bevor Sie handeln. Das ist kein Fehler. Vermeiden Sie negative Entwicklungen, indem Sie sich von Versuchungen fernhalten. *Richtung:* Gehen Sie das Risiko ein. Sie werden mit einer gefährlichen Situation konfrontiert, die Sie nicht umgehen können. Verinnerlichen Sie die Situation. Öffnen Sie sich für neue Ideen. Sorgen Sie für alles Notwendige.

60 Die Regulierung / Die Beschränkung
CHIEH

Schlüsselworte: Artikulieren Sie Ihre Gedanken. Setzen Sie Grenzen. Geben Sie den Dingen Rhythmus und Form.

In dieser Situation geht es um die Relationen zwischen den Dingen. Die richtige Art und Weise damit umzugehen, besteht darin, sich zu artikulieren und die Verbindungen deutlich zu machen. Drücken Sie Ihre Gedanken aus. Trennen und unterscheiden Sie Dinge. Teilen Sie die Zeit in Abschnitte und Einheiten ein. Schaffen Sie ein System, in dem jedes Ding seinen Platz hat. Das erfreut die Geistwesen, die Sie dafür mit Erfolg und Durchsetzungskraft belohnen und Sie befähigen, die Situation zu einem guten Ende zu führen. Achten Sie jedoch darauf, daß Sie sich selbst und anderen nicht zu schwere Beschränkungen auferlegen. Zu harte und enge Regeln würden Sie daran hindern, Ihre Ideen umzusetzen.

Regulieren/artikulieren, CHIEH: Trennen, unterscheiden und verbinden; Ideen verbal ausdrücken; zusammenfügen, in Abschnitte einteilen; Kapitel, Intervalle, Zeiteinheiten, Rhythmen; die Monate; Grenzen, Regeln, Zeremonien, Rituale, Jahreszeitenfeste; messen, einteilen, mäßigen, temperieren; fest, loyal, aufrichtig; Grade, Ebenen, Klassen. Das Ideogramm stellt die Verbindungspunkte oder Gelenke an einem Bambusstamm dar.

Das Hexagramm symbolisiert eine Kraft, die den Fluß der Ereignisse reguliert. Der Strom über den Nebeln bildet die Bedingung für die Beschränkung. Gehen Sie nach innen, verinnerlichen Sie die Situation und sorgen Sie für alles Notwendige. Man kann den Dingen nicht gestatten, sich unbegrenzt auszudehnen. Sie müssen in Bahnen gelenkt oder reguliert, also auch zurückgehalten werden. Zur Zeit ist es wichtig, Dinge in Einheiten einzuteilen, Dinge zu berechnen und zu messen. Denken Sie darüber nach, was es bedeutet, das Tao zu verwirklichen, bevor Sie handeln. Wenn Sie die Dinge artikulieren und regulieren, erfreuen Sie die Geistwesen, die Sie dafür mit Erfolg und Durchsetzungskraft belohnen und Sie befähigen, die Situation zu einem guten Ende zu führen. Regulieren Sie das Schwache und das Starke und achten Sie darauf, daß das Starke im Zentrum bleibt. Zu harte oder enge Regeln würden Sie allerdings daran hindern, Ihre Ideen umzusetzen, und Sie vom Tao entfernen. Drücken Sie sich aus, handeln Sie, gehen Sie Risiken ein. Dies ist der richtige Zeitpunkt, um Ihre Situation nach außen hin darzustellen. Vermeiden Sie Extreme, bleiben Sie in der Mitte und kommunizieren Sie mit anderen Menschen. Himmel und Erde regulieren die Energien und die vier Jahreszeiten manifestieren sie. Durch intelligentes Regulieren und Einteilen halten Sie Schaden von Menschen und Dingen fern.

Linien der Wandlung
Neun auf der untersten Position: Verlassen Sie nicht das Haus. Diese Beschränkung ist kein Fehler. Bleiben Sie zur Zeit in Ihrer eigenen Welt. So erkennen Sie am besten, wann Sie sich mit anderen verbinden können und wann die Kommunikation blockiert ist. *Richtung:* Sie werden mit einer gefährlichen Situation konfrontiert und müssen schließlich handeln. Verinnerlichen Sie die Situation. Öffnen Sie sich für neue Ideen. Sorgen Sie für alles Notwendige.

Neun auf der zweiten: Wenn Sie sich nicht von Ihren gewohnten Denk- und Verhaltensmustern lösen, schneiden Sie sich von den geistigen Helfern ab und sind ohne Schutz und Führung. Die Zeit geht zur Neige. Verpassen Sie nicht die günstige Gelegenheit. *Richtung:* Ein neuer

Zeitabschnitt beginnt. Sorgen Sie dafür, daß alles den für sein Wachstum geeigneten Platz findet. Lösen Sie sich von alten Vorstellungen und öffnen Sie sich für neue. Sorgen Sie für alles Notwendige.

Sechs auf der dritten: Wenn Sie die Dinge nicht artikulieren und keine Grenzen setzen, werden Sie stets schmerzlichen Erinnerungen nachhängen. Denken Sie darüber nach. Das ist kein Fehler. Wer hat Schuld an all dieser Verwirrung und Not? *Richtung:* Warten Sie den richtigen Moment zum Handeln ab. Wandeln Sie potentielle Konflikte in kreative Spannung um. Die Situation verändert sich bereits.

Sechs auf der vierten: Artikulieren Sie Ihre Ideen friedlich und ruhig. Das erfreut die Geistwesen, die Sie dafür mit Erfolg und Durchsetzungskraft belohnen und Sie befähigen, die Situation zu einem guten Ende zu führen. *Richtung:* Drücken Sie sich aus und versuchen Sie, andere Menschen zu inspirieren. Suchen Sie sich eine unterstützende Gruppe. Sammeln Sie Kraft für einen entscheidenden neuen Schritt.

Neun auf der fünften: Artikulieren Sie Ihre Ideen liebenswürdig, beschwingt und anmutig. Lassen Sie alle Gefühle der Bitterkeit und des Hasses los und vermeiden Sie Anschuldigungen und Vorwürfe. Das verspricht Heil und gutes Gelingen durch die Freisetzung transformierender Energien. Wenn Sie auf diesem Weg weitergehen, ernten Sie Anerkennung und werden geachtet. Bleiben Sie, wo Sie sind, und dringen Sie zum Kern der Angelegenheit vor. *Richtung:* Eine wichtige Verbindung bahnt sich an. Damit kehrt etwas Bedeutsames in Ihr Leben zurück. Öffnen Sie sich für neue Ideen. Sorgen Sie für alles Notwendige.

Sechs auf der obersten: Harte Maßnahmen und bittere Worte. Führen Sie Ihr Vorhaben nicht aus, ganz gleich, worum es sich handelt. Wenn Sie versuchen, diese Pläne zu verwirklichen, schneiden Sie sich von den geistigen Helfern ab und sind ohne Schutz und Führung. Darüber sollten keine Zweifel bestehen. Sie würden sich so vom Tao entfernen. *Richtung:* Bringen Sie zunächst die inneren und äußeren Aspekte Ihres Lebens in Einklang und stimmen Sie sich auf die kosmische Ordnung ein. Gehen Sie nach innen und öffnen Sie sich für neue Ideen. Sorgen Sie für alles Notwendige.

61 Das innere Zentrum / Der Einklang
CHUNG FU

Schlüsselworte: Stellen Sie eine Verbindung zwischen den inneren und äußeren Aspekten Ihres Lebens her. Stimmen Sie sich auf die kosmische Ordnung ein.

In dieser Situation geht es um die innere Wahrheit, darum, das eigene Leben in Einklang mit der geistigen Welt oder kosmischen Ordnung zu bringen. Die richtige Art und Weise damit umzugehen, besteht darin, die inneren und äußeren Aspekte des eigenen Lebens miteinander zu verbinden und diese Aufgabe momentan zum wichtigsten Anliegen zu machen. Bemühen Sie sich um Aufrichtigkeit, Wahrhaftigkeit, Verläßlichkeit. Bringen Sie Ihre innere Vision und Ihre äußeren Lebensumstände miteinander in Einklang. Machen Sie sich leer, damit Sie die innere Stimme hören können, und lassen Sie sich dann im Zusammensein mit anderen von dieser inneren Stimme leiten. Es ist wichtig, daß Sie dabei ehrlich und aufrichtig sind. So verbinden Sie sich mit geistigen Helfern, die Sie führen werden. Schwimmen Sie wie ein Delphin im Fluß des Tao. Das verspricht Heil und gutes Gelingen durch die Freisetzung transformierender Energien. Dies ist der richtige Zeitpunkt, um sich mit einem Ziel vor Augen in den Strom des Lebens zu wagen oder ein wichtiges Projekt in Angriff zu nehmen. Versuchen Sie Ihre Ideen umzusetzen, das bringt Einsicht und Gewinn.

Das innere Zentrum, CHUNG: Innen, zentral, ruhig, stabil; zentrieren; ausgeglichen, korrekt; vermitteln, dazwischen liegend; das Herz, das Innenleben; der stabile Kern, von dem aus man den äußeren Ereignissen begegnen kann. Das Ideogramm stellt einen Pfeil im Zentrum einer Zielscheibe dar.

Einklang, FU: Einklang zwischen Innenwelt und Außenwelt; aufrichtig, wahrhaftig, erwiesen, glaubwürdig, verläßlich; Vertrauen haben; mit geistigen Helfern verbunden sein und von ihnen geführt werden; Gefangene oder Beute machen, erfolgreich sein. Das Ideogramm stellt eine Vogelkralle dar, die ein Jungtier hält. Es steht sowohl für Schutz als auch für erfolgreiche Beutezüge.

Das Hexagramm symbolisiert innere Energien, die in der Außenwelt ihren Ausdruck finden. Der Wind erhebt sich über den Nebeln. Verinnerlichen Sie die Situation und sorgen Sie für alles Notwendige. Bringen Sie sich zum Ausdruck und vertrauen Sie dabei auf Ihre innere Kraft. Innere Wahrheit bedeutet auch Vertrauenswürdigkeit. Denken Sie über rechtliche Konsequenzen nach, bevor Sie sich auf etwas einlassen, und vermeiden Sie schwerwiegende Urteile. Bleiben Sie innerlich flexibel und anpassungsfähig, damit das Starke und Feste bis ins Zentrum vordringen kann. Ausdruck und rechtes Beharren verbinden Sie mit den geistigen Helfern und helfen Ihnen, auf neue Art und Weise mit Macht und Verantwortung umzugehen. Seien Sie wie ein Delphin, der im Ozean des Tao schwimmt. Lassen Sie sich auf die Energie des Wassers ein. Das verspricht Heil und gutes Gelingen durch die Freisetzung transformierender Kräfte. Dies ist der richtige Zeitpunkt, um wichtige Projekte in Angriff zu nehmen. Machen Sie sich in einem leeren hölzernen Boot auf die Reise. Prüfen Sie, ob Ihre Ideen umsetzbar sind. Das bringt Einsicht und Gewinn und verbindet Sie mit der kosmischen Ordnung.

Linien der Wandlung

Neun auf der untersten Position: Es ist von Vorteil, Vorkehrungen zu treffen. Dadurch werden transformierende positive Kräfte freigesetzt. Bleiben Sie wachsam, umsichtig und konzentriert. Wenn Sie unablässig über jemand anderen nachdenken, können Sie sich nie entspannen. Ihr Ziel ist noch nicht klar. *Richtung:* Machen Sie sich von Spannungen und Illusionen frei. Verinnerlichen Sie die Situation. Sorgen Sie für alles Notwendige.

Neun auf der zweiten: Ein Kranich ruft aus seinem Versteck. Der junge Sohn erwidert den Ruf. Ich habe einen Liebesbecher. Komm zu mir und ich gieße ihn aus. Eine Seele antwortet auf den Ruf der anderen, die aus ihrem Versteck heraus zu einem geheimen Fest einlädt. Diese Verbindung berührt Ihr Herz und transformiert Sie. Zögern Sie nicht, dem Ruf zu folgen. *Richtung:* Eine sehr fruchtbare Zeit bricht an. Verstärken Sie Ihre Bemühungen. Lösen Sie sich von alten Vorstellungen und öffnen Sie sich für neue. Sorgen Sie für alles Notwendige.

Sechs auf der dritten: Sie werden mit antagonistischen Kräften, mit entgegengesetzten, gleich starken Energien konfrontiert. Sie blasen zum Angriff und bitten gleich darauf um Waffenstillstand. Sie weinen und dann lachen Sie. In dieser Situation können Sie nur wenig tun, denn sie ist Ihnen nicht angemessen. *Richtung:* Konzentrieren Sie sich auf kleine Dinge, um etwas Großes zu erreichen. Wandeln Sie potentielle Konflikte in kreative Spannung um. Die Situation verändert sich bereits.

Sechs auf der vierten: Der Mond ist fast voll. Trennen Sie sich von Ihrer Gruppe. Das ist kein Fehler. Wenn Sie sich jetzt absondern und Ihren eigenen Weg gehen, können Sie sich mit höheren Kräften verbinden. *Richtung:* Versuchen Sie, Schritt für Schritt Ihren Weg zu finden. Wandeln Sie potentielle Konflikte in kreative Spannung um. Sammeln Sie Kraft für einen entscheidenden neuen Schritt.

Neun auf der fünften: Setzen Sie Ihre Ideen in die Tat um. Sie sind mit geistigen Helfern verbunden, die Sie führen werden. Das wird Sie mit anderen so fest verbinden wie die Glieder einer Kette. Kein Makel. Dies ist der richtige Zeitpunkt, um Ihre gegenwärtige Situation zurechtzurüken. *Richtung:* Reduzieren Sie Ihre gegenwärtigen Aktivitäten und Verpflichtungen, um Energien für neue Entwicklungen freizuhaben. Halten Sie Ärger und Wut im Zaum. Etwas Bedeutsames kehrt in Ihr Leben zurück. Öffnen Sie sich für neue Ideen und sorgen Sie für alles Notwendige.

Neun auf der obersten: Der Schrei eines Vogels verliert sich am Himmel. Dies ist nichts als leeres Geschwätz. Wenn Sie versuchen, Ihre Ideen auf diese Weise zu verwirklichen, schneiden Sie sich von den geistigen Helfern ab und sind ohne Schutz und Führung. Weshalb sollten Sie so weitermachen? *Richtung:* Setzen Sie Grenzen und machen Sie Ihre Wünsche deutlich.

62 Des Kleinen Übergewicht
HSIAO KUO

Schlüsselworte: Seien Sie vorsichtig und flexibel. Halten Sie an Ihren Zielen fest.

In dieser Situation werden Sie mit einer überwältigenden Vielfalt von Einzelheiten konfrontiert. Die richtige Art und Weise damit umzugehen, besteht darin, sich einem Detail nach dem anderen zuzuwenden und sich darauf einzuschwingen. Gehen Sie äußerst gewissenhaft und vorsichtig zu Werke. Passen Sie sich achtsam an alles an, was auf Sie zukommt. Das erfreut die Geistwesen, die Ihnen dafür Erfolg und Durchsetzungskraft schenken und Sie befähigen, die Situation zu einem guten Ende zu führen. Prüfen Sie, ob Ihre Ideen umsetzbar sind. Das bringt Einsicht und Gewinn. Kleine Dinge können zur Zeit getan werden, doch große Dinge sollte man nicht in Angriff nehmen. Wenn die Vögel hoch fliegen, hinterlassen sie folgende Botschaft: Es ist nicht gut, nach oben zu drängen, besser ist es, unten zu bleiben. Das verspricht Heil und gutes Gelingen durch die Freisetzung transformierender Energien. Behalten Sie Ihr Ziel im Auge.

Klein, HSIAO: Gering, gewöhnlich, unbedeutend; sich an das anpassen, was einem begegnet; hineinnehmen, kleiner machen; schwinden, sich verringern; klein, dünn, schmächtig; Yin-Energie.

Übergewicht, KU: Über etwas hinausgehen; etwas überschreiten; über etwas hinausschießen; etwas überwinden, etwas hinter sich lassen; eine Grenze überschreiten, Schwierigkeiten überwinden; Normen übertreten, sich außerhalb der Grenzen bewegen; zuviel.

Das Hexagramm symbolisiert eine innere Beschränkung, die aufstrebende Energien im Zaum hält. Über dem Berg rollt der Donner. Scheuen Sie sich nicht, allein zu handeln. Wenn Sie etwas gefunden haben, auf das Sie vertrauen können, müssen Sie sich davon bewegen lassen. Die Zeit erfordert eine gewisse Demut. Wenn Sie sehr bescheiden und zurückhaltend sind, können Sie Begrenzungen überwinden. In persönlichen oder geschäftlichen Beziehungen sollten Sie äußerst höflich sein. Bei Trauerfällen sollten Sie äußerst mitfühlend sein. In Geldangelegenheiten sollten Sie äußerst sparsam sein. Bescheidene Zurückhaltung erfreut die Geistwesen, die Sie dafür mit Erfolg und Effektivität belohnen und Sie befähigen, die Situation zu einem guten Ende zu führen. Versuchen Sie, Ihre Ideen umzusetzen. Das bringt Einsicht und Gewinn. Das Flexible und Anpassungsfähige befindet sich im Zentrum. Deshalb können Sie in kleinen Dingen viel erreichen. Das Starke und Feste hat seine zentrale Bedeutung verloren. Dies ist nicht der Zeitpunkt für große Unternehmungen. Der hoch fliegende Vogel hat folgende Botschaft für Sie: Es ist nicht gut, nach oben zu streben; besser ist es, unten zu bleiben. Dadurch werden heilbringende, transformierende Energien freigesetzt. Oben werden Ihre Pläne durchkreuzt; der richtige Platz ist unten. Dort können Sie Ergebnisse erzielen.

Linien der Wandlung
Sechs auf der untersten Position: Der Vogel versucht zu fliegen und stürzt in einen Graben. Ihr Handeln ist nicht angemessen. Auf diese Weise schneiden Sie sich von den geistigen Helfern ab und sind ohne Schutz und Führung. Die Zeit erlaubt solche Unternehmungen einfach nicht. *Richtung:* Eine fruchtbare Zeit bricht an. Sammeln Sie Kraft. Sie sind mit einer schöpferischen Energie verbunden.

Sechs auf der zweiten: Gehen Sie an Ihrem Großvater vorbei und besuchen Sie Ihre Großmutter. Sie treffen nicht den Herrn, sondern den Diener. Versuchen Sie nicht, Ihre Forderungen aggressiv durchzusetzen. Es ist ratsam, sich mit einer untergeordneten Position zu begnügen. Nehmen Sie die Haltung eines Dieners an. Drängen Sie nicht nach oben. *Richtung:* Solches Handeln bringt Dinge von bleibendem Wert hervor. Seien Sie resolut. So verbinden Sie sich mit einer kreativen Kraft.

Neun auf der dritten: Dieser Plan gefährdet Sie und macht Sie verletzbar. Ihnen bleibt nur noch die Verteidigung. Wenn Sie auf diesem Weg weitergehen, riskieren Sie Ihr Leben. Sie schneiden sich von den geistigen Helfern ab und sind ohne Schutz und Führung. Handeln Sie nicht! *Richtung:* Sammeln Sie Kraft, damit Sie bereit sind, wenn der wahre Aufruf zum Handeln Sie erreicht. Überdenken Sie Ihre Situation, betrachten Sie sie mit neuen Augen. Sammeln Sie Kraft für einen entscheidenden neuen Schritt.

Neun auf der vierten: Ihr Handeln ist angemessen. Sie werden erhalten, was Sie sich wünschen. Lassen Sie sich die jetzt nachlassenden Schwierigkeiten eine Warnung sein. Versuchen Sie nicht, neue Möglichkeiten zu finden, im Alten zu verharren. Diese Situation entspricht Ihnen nicht. Wenn Sie gefunden haben, was Sie brauchen, wird es Ihnen nicht möglich sein zu bleiben. *Richtung:* Halten Sie sich mit Ihren Worten zurück und bleiben Sie bei den Tatsachen. Setzen Sie gebundene Energien frei. Ihre Befreiung naht. Die Situation verändert sich bereits.

Sechs auf der fünften: Vom Westen her ziehen dichte Wolken auf, doch der Regen läßt noch auf sich warten. Der Edelmann schießt einen Pfeil ab und verbindet sich mit jemandem im verborgenen. In einer Zeit zunehmender Spannung treten Sie mit einer verborgenen Kraft in Verbindung. Die Situation treibt auf einen Höhepunkt zu und führt zu einer dauerhaften Verbindung mit einer höheren Macht. *Richtung:* Öffnen Sie sich diesem Einfluß. Er bringt Sie mit einer schöpferischen Kraft in Kontakt.

Sechs auf der obersten: Wenn Sie so vorgehen, werden Sie nicht bekommen, was Sie wollen, sondern sich immer weiter davon entfernen. Sie sind wie ein Vogel, der immer höher fliegt und die Erde weit unter sich zurückläßt. Tun Sie das nicht, sonst schneiden Sie sich von den geistigen Helfern ab und sind ohne Schutz und Führung. Sie beschwören innere und äußere Schwierigkeiten herauf. Das ist wahrhaftig zuviel. *Richtung:* Befreien Sie sich aus dieser Situation. Scheuen Sie sich nicht, allein zu handeln. So verbinden Sie sich mit einer kreativen Kraft.

63 Bereits in der Furt
CHI CHI

Schlüsselworte: Bleiben Sie im Prozeß. Die Situation verändert sich bereits.

In dieser Situation geht es um bereits ablaufende Prozesse und Entwicklungen. Der Schlüssel zu angemessenem Handeln liegt hier in der Fähigkeit, sich auf diese Entwicklungen einzulassen und sie aktiv zu fördern. Sie sind gerade dabei, den Fluß der Ereignisse zu durchqueren. Die Dinge befinden sich bereits an ihrem richtigen Platz. Passen Sie sich an alles an, was Ihnen begegnet. Bieten Sie Hilfe und Unterstützung an. Das erfreut die Geistwesen, die Sie dafür mit Erfolg und Durchsetzungskraft belohnen und Sie befähigen, die Situation zu einem guten Ende zu führen. Versuchen Sie, Ihre Ideen umzusetzen. Das bringt Einsicht und Gewinn. Bleiben Sie im Prozeß. So werden heilbringende, transformierende Energien freigesetzt. Wenn Sie versuchen, die Dinge zur Vollendung zu bringen, schaffen Sie Chaos und Verwirrung. Bleiben Sie unterwegs.

Bereits, CHI: Vollendet, beendet; Hinweis auf Vergangenes; so, wie es ist. Das Ideogramm stellt eine vor einer Essensschale kniende Person dar, die ihre Mahlzeit bereits begonnen hat.

Furt, CHI: Einen Fluß überqueren, ein Hindernis überwinden, eine Aktion in Angriff nehmen; Hilfe und Unterstützung bieten, Erleichterung verschaffen; Erfolg haben, etwas zum erfolgreichen Abschluß bringen, vollenden. Das Ideogramm stellt über eine ebene Fläche fließendes Wasser (eine flache Furt) dar.

Das Hexagramm symbolisiert aktive Klarheit. Der Fluß über dem Feuer bildet die Bedingung für die bereits begonnene Entwicklung. Die Dinge köcheln bereits. Sammeln Sie Ihre Kräfte und stellen Sie sie in den Dienst der bereits ablaufenden Prozesse. Sie waten durch die Furt und haben die Mitte des Flusses bereits überquert. Das bedeutet, die Dinge in Ordnung zu bringen. Denken Sie intensiv über Probleme und Sorgen nach. Bereiten Sie sich darauf vor und wappnen Sie sich dagegen. Passen Sie sich an alles an, was Ihnen begegnet. Das erfreut die Geistwesen. Sie werden Sie dafür mit Erfolg und Durchsetzungskraft belohnen und Sie befähigen, die Situation zu einem guten Ende zu führen. Prüfen Sie, ob Ihre Ideen umsetzbar sind. Das bringt Einsicht und Gewinn. Sie sind am richtigen Platz. Stellen Sie ein Gleichgewicht zwischen dem Flexiblen und Anpassungsfähigen und dem Starken und Festen her. Bleiben Sie im Prozeß. Dadurch werden heilbringende, transformierende Energien freigesetzt. Anpassungsfähigkeit bringt Sie in Ihre Mitte. Unterbrechen Sie den begonnenen Prozeß nicht, indem Sie versuchen, Dinge zur Vollendung zu bringen und abzuschließen. Das würde nur Unordnung schaffen und Verwirrung stiften. Wenn Sie das tun, entfernen Sie sich vom Tao.

Linien der Wandlung
Neun auf der untersten Position: Halt! Bremsen Sie Ihren Karren. Sie preschen zu schnell vorwärts. Die Dinge müssen sich erst setzen. Hier ist langsames, bedächtiges Vorgehen angebracht. *Richtung:* Überdenken Sie die Situation. Sammeln Sie Kraft für einen entscheidenden neuen Schritt.

Sechs auf der zweiten: Eine Ehefrau verliert den Schleier, der sie schützt und ihre Identität verbirgt. Etwas Wertvolles ist verlorengegangen, doch diese Entwicklung fördert etwas ebenso Wertvolles zutage. Jagen Sie dem Verlorenen nicht hinterher. In sieben Tagen bekommen Sie es zurück. Bleiben Sie in Ihrer Mitte und verbinden Sie sich mit dem Tao. *Richtung:* Warten Sie auf den richtigen Moment zum Handeln. Wandeln Sie potentielle Konflikte in kreative Spannung um. Die Situation verändert sich bereits.

Neun auf der dritten: Der große Ahnherr bezwingt Dämonen in allen vier Himmelsrichtungen. Er wird drei Jahre brauchen, um sie unter Kontrolle zu bringen. Es ist ein schwieriges Unterfangen, das viel Zeit in Anspruch nimmt. Im Laufe dieses Prozesses müssen Sie sich mit Ihren eigenen Dämonen und Schatten auseinandersetzen. Passen Sie sich nicht an und tun Sie sich nicht mit kleingeistigen Menschen zusammen. Versuchen Sie, zielgerichtet zu bleiben, auch wenn Sie erschöpft und bekümmert sind. *Richtung:* Dies ist ein neuer Anfang. Geben Sie jedem Ding einen Platz, an dem es wachsen und gedeihen kann. Lösen Sie sich von alten Vorstellungen und öffnen Sie sich für neue. Sorgen Sie für alles Notwendige.

Sechs auf der vierten: Geben Sie acht! Auch Seidenkleider können an einem einzigen Tag zu Lumpen werden. Sie überqueren den Fluß in einem beschädigten Boot und müssen das Leck vielleicht mit Ihrem Sonntagsstaat stopfen. Seien Sie ständig auf der Hut. Sie haben guten Grund, mißtrauisch zu sein. *Richtung:* Stellen Sie sich auf andere Weise dar. Bemühen Sie sich um Erneuerung auf allen Ebenen. Das verbindet Sie mit einer kreativen Kraft.

Neun auf der fünften: Der östliche Nachbar opfert einen Bullen. Der westliche Nachbar bringt ein kleines, aber von Herzen kommendes Opfer dar. Vergleichen Sie sich nicht mit den Reichen und protzen Sie nicht. Hier kommt es auf Aufrichtigkeit und ein Gefühl für den rechten Zeitpunkt an. Wenn Sie sich selbst treu bleiben, können Sie die Geschenke aus der geistigen Welt empfangen. Großes Glück und bedeutsame Ereignisse kündigen sich an. Bleiben Sie aufrichtig und zielgerichtet. *Richtung:* Akzeptieren Sie die gegenwärtigen Schwierigkeiten. Setzen Sie gebundene Energien frei. Ihre Befreiung naht. Die Situation verändert sich bereits.

Sechs auf der obersten: Sie tauchen mit dem Kopf unter Wasser. Sie sind zu tief verstrickt und verlieren sich selbst. Ein zorniger alter Geist ist zurückgekehrt, um sich für frühere Mißachtung zu rächen. Sie sind nicht in der Lage, damit umzugehen. Weshalb sollten Sie sich also weiterhin damit herumschlagen? *Richtung:* Suchen Sie sich eine unterstützende Gruppe, und bleiben Sie in ihrer Mitte. Sammeln Sie Kraft für einen entscheidenden neuen Schritt.

64 Noch nicht in der Furt
WEI CHI

  Schlüsselworte: Sammeln Sie Kraft für einen entscheidenden neuen Schritt.

In dieser Situation stehen Sie vor einer wichtigen Veränderung, die sich auf Ihr ganzes Leben auswirken wird. Die richtige Art und Weise damit umzugehen, besteht darin, genügend Kraft für diesen entscheidenden neuen Schritt zu sammeln. Sie sind im Begriff, einen Plan zu verwirklichen, den Fluß zu überqueren oder ein Hindernis zu überwinden. Die Situation birgt großartige Möglichkeiten. Stellen Sie sicher, daß Ihr Vorhaben gut durchdacht ist und daß Sie genügend Kraft gesammelt haben, um die Furt zu durchqueren, ohne steckenzubleiben. Das erfreut die Geistwesen, die Sie dafür mit Erfolg und Durchsetzungskraft belohnen und Sie befähigen, die Situation zu einem guten Ende zu führen. Sorgen Sie dafür, daß es Ihnen nicht geht wie dem kleinen Fuchs, der, nachdem er den Fluß schon fast überquert hat, mit dem Schwanz im Schlamm des gegenüberliegenden Ufers untertaucht. So würden Sie Ihr Ziel aus den Augen verlieren und wüßten nicht, was tun, um Hilfe zu finden.

Noch nicht, WEI: Unvollständig, noch nicht existent; noch nicht manifest (wird sich aber im Laufe der Zeit manifestieren). Das Ideogramm stellt einen Baum dar, der seine Äste noch nicht ausgebreitet hat.

Furt, CHI: Einen Fluß überqueren, ein Hindernis überwinden, ein Projekt in Angriff nehmen; Hilfe und Unterstützung bieten, Erleichterung verschaffen; Erfolg haben, etwas erfolgreich abschließen, vollenden. Das Ideogramm stellt über eine ebene Fläche (eine flache Furt) fließendes Wasser dar.

Das Hexagramm weist auf ein Potential hin, auf eine Möglichkeit, Ordnung zu schaffen. Feuer über dem Wasser bildet die Bedingung für diese Entwicklung. Die Dinge sind noch nicht am richtigen Platz, aber sie sind auf dem Weg dorthin. Die Lebensenergie erschöpft sich nie, das Potential ist immer vorhanden. Das ist die tiefere Bedeutung des Hexagramms »Noch nicht in der Furt«, welches auch auf eine Verringerung der männlichen Triebkraft hinweist. Unterziehen Sie alle Sie umgebenden Menschen und Dinge einer sorgfältigen Betrachtung, und treffen Sie Ihre Wahl. Sammeln Sie Kraft für einen entscheidenden neuen Schritt in Ihrem Leben. Das erfreut die Geistwesen, die Sie dafür mit Erfolg und Durchsetzungskraft belohnen und Sie befähigen, die Situation zu einem guten Ende zu bringen.

Durch anpassungsfähiges, flexibles Vorgehen können Sie zur Mitte vorstoßen. Der kleine Fuchs, der den Fluß überquert und auch den schlammigen Grund des jenseitigen Ufers überwinden muß, bleibt stets in seiner Mitte. Wenn Sie sich auf den Weg machen und dann im Schlamm versinken, kann Ihnen auch kein Plan mehr helfen. Lassen Sie in Ihrem Bemühen also nicht nach, bewegen Sie sich unermüdlich weiter. Sie sind noch nicht am richtigen Platz, doch das Schwache und das Starke wirken harmonisch zusammen, um Sie dahin zu bringen, wo Sie hingehören.

Linien der Wandlung
Neun auf der untersten Position: Ihr Schwanz taucht im Schlamm unter. Sie versuchen, zu schnell zuviel zu erreichen. Solches Vorgehen führt zu Demütigungen und Reue. Wenn Sie so handeln, zeigen Sie damit nur, daß Sie die Entwicklung nicht verstanden haben und sich nicht über die Konsequenzen Ihres Handelns im Klaren sind. *Richtung:* Wandeln Sie diesen potentiellen Konflikt in kreative Spannung um. Die Situation verändert sich bereits.

Neun auf der zweiten: Bremsen Sie Ihren Karren. Beginnen Sie vorsichtig und langsam. Wenn Sie auf diese Weise versuchen, Ihre Ideen umzusetzen, werden heilbringende transformierende Energien freigesetzt. Bleiben Sie in Ihrer Mitte und korrigieren Sie Ihre Vorgehensweise, wo es nötig ist. *Richtung:* Langsam, aber sicher gelangen Sie ans Licht. Setzen Sie gebundene Energien frei. Ihre Befreiung naht. Sammeln Sie Kraft für einen entscheidenden neuen Schritt.

Sechs auf der dritten: Sie machen sich bereit, den Fluß zu überqueren und bereiten sich auf einen entscheidenden neuen Schritt vor. Es ist in dieser Situation nicht angebracht, andere Menschen zu disziplinieren oder zu bestrafen. Auch ist es nicht von Vorteil, sich auf eine Expedition zu begeben, um die Dinge in Ordnung zu bringen. Das würde Sie nur von den geistigen Helfern abschneiden und ohne Schutz und Führung zurücklassen. Tauchen Sie mit einem Ziel vor Augen in den Strom des Lebens ein. Beginnen Sie ein wichtiges neues Projekt. Das bringt Einsicht und Gewinn. *Richtung:* Verwurzeln Sie sich in der Welt der Imagination. Sie können dadurch etwas sehr Bedeutsames schaffen. Zögern Sie nicht. Sie sind mit einer kreativen Kraft verbunden.

Neun auf der vierten: Versuchen Sie, Ihre Ideen umzusetzen. Das verspricht Heil und gutes Gelingen durch die Freisetzung transformierender Energien. All Ihre Zweifel und Bedenken werden sich in Luft auflösen. Mobilisieren Sie Ihre Streitkräfte. Dringen Sie ins Reich des Dämonen ein. Nach drei Jahren harter Arbeit werden Sie in der Hauptstadt geehrt und reich belohnt werden. Dies ist ein großes Projekt, das erst nach langer Zeit Früchte tragen wird. Im Laufe dieses Prozesses müssen Sie sich auch mit Ihren eigenen inneren Dämonen und Schatten auseinandersetzen, doch am Ende werden Sie anerkannt und belohnt. Sie bewegen sich tatsächlich auf Ihr Ziel zu. *Richtung:* Im Augenblick haben Sie die Situation noch nicht richtig verstanden. Etwas Bedeutsames kehrt zurück. Seien Sie offen dafür. Sorgen Sie für alles Notwendige.

Sechs auf der fünften: Versuchen Sie, Ihre Ideen umzusetzen. Das verspricht Heil und gutes Gelingen durch die Freisetzung transformierender Energien. Sie werden es nicht bereuen. Ihre Verbindung zum Tao wird sichtbar, denn Ihr Vorhaben steht in Einklang mit den geistigen Kräften. Die Geistwesen werden Sie auf Ihrem Weg führen. Ihr Glück wird Sie strahlen lassen. *Richtung:* Präsentieren Sie Ihre Ideen klar und ansprechend. Suchen Sie sich eine unterstützende Gruppe. Sammeln Sie Kraft für einen entscheidenden neuen Schritt.

Neun auf der obersten: Setzen Sie Ihre Pläne vertrauensvoll in die Tat um. Sie sind mit geistigen Helfern verbunden, die Sie führen werden. Feiern Sie diesen Augenblick gemeinsam mit anderen, doch vermeiden Sie dabei Maßlosikeit, sonst verlieren Sie die Fähigkeit, Ihre Ideen zu artikulieren. Wenn Sie sich an diesen Rat halten, bleiben Sie mit den Geistwesen verbunden. *Richtung:* Setzen Sie gebundene Energien frei. Die Situation verändert sich bereits.

Literatur

Die Liste sämtlicher I Ging-Übersetzungen und aller Bücher über das I Ging ist sehr umfangreich und würde den Rahmen dieses Buches sprengen. Daher beschränken wir uns darauf, die Bücher und Artikel zu nennen, mit denen Stephen Karcher gearbeitet hat.

Die klassische neo-konfuzianische Übersetzung:
I Ging · Das Buch der Wandlungen, herausgegeben, erläutert und aus dem Chinesischen übersetzt von Richard Wilhelm, Diederichs, München 1995 (22. Auflage)

Eine klassische Studie:
Wilhelm, Hellmut: *Sinn des I Ging*, Diederichs, München 1995 (9. Auflage)

Eine interessante neue Übersetzung der älteren Teile des I Ging:
Jing-Nuan, Wu: *Yijing*, Taoist Study Series, Washington DC 1991

Die umfangreichste, in englischer Sprache lieferbare Übersetzung:
Karcher, Stephen und Ritsema, Rudolf: *I Ching: The Classic Chinese Oracle of Change*, Element Books, Shaftesbury 1994

Eine umfangreiche Liste sämtlicher Bücher über das I Ging:
Hacker, Edward A.: *The I Ching Handbook*, Paradigm Publications, Brookline 1993

Chinesische Gedanken über das I Ging:
Peterson, Willard: »Making Connections: Commentary on the Attached Verbalizations of the Book of Change«, *Harvard Journal of Asiatic Studies*, 42/1, pp 67–112, June 1992

Die Psychologie des Orakels:
von Franz, Marie Luise: *On Divination and Synchronicity: The Psychology of Meaningful Chance*, Inner City Books, Toronto 1980
Jacobi, Jolande: *Complex/Archetype/Symbol*, Princeton University Press, Princeton 1974

Chinesische Geschichte und Kultur:
Granet, Marcel: *Chinese Civilization*, Routledge, London 1930
Maspero, Henri: *China in Antiquity*, University of Massachusetts Press, Amherst 1978